KB205298

우리에게 평화를 주소서

우리에게 평화를 주소서

초판 1쇄 인쇄 2021년 11월 4일
초판 1쇄 발행 2021년 11월 10일

지은이 이상규
펴낸이 유동휘
펴낸곳 SFC출판부
등록 제104-95-63000
주소 (06593) 서울특별시 서초구 고무래로 10-5 2층 SFC출판부
Tel (02)596-8493
Fax 0505-300-5437
홈페이지 www.sfcbooks.com
이메일 sfcbooks@sfcbooks.com
기획·편집 편집부
디자인편집 최건호
ISBN 979-11-87942-58-0 (03230)
값 15,000원

우리에게 평화를 주소서

Dona Nobis Pacem

기독교 평화론의 역사

이상규 지음

SFC

목차

추천사

평화란 무엇인가? 기독교인이든 아니든 모든 사람들이 품고 있는 이 질문에 대해 답하기란 여간 쉽지 않다. 이러한 때, 평생 교회사를 가르쳐 온 저자의 경험과 풍부한 사료를 토대로 저술한 『우리에게 평화를 주소서』를 만나게 된 것은 엄청난 축복이다. 이 책은 평화신학의 흐름을 성서, 역사, 운동, 인물 등 주제별로 알기 쉽게 정리해 놓았을 뿐 아니라, 역사에 숨겨져 있던 핵심 사안과 평화학의 주요 쟁점이 무엇이었는지 명쾌하게 설명하고 있다. 무엇보다 역사에 분명한 목소리로 존재하였으나 제대로 소개되지 않았던 역사적 평화교회 전통을 기존의 기독교 평화신학과 연결하여 설명한 것은 상찬할 만하다. 첫 장을 열자마자 흥미진진하게 펼쳐지는 평화신학, 평화인물, 평화운동, 평화사상의 쟁점에 이어 대한민국 정부가 펼쳐왔던 통일 및 평화담론으로까지 연결한 것은 이제 더 이상 기독교 평화주의가 종교 안에만 머물러 있을 수 없다는 사실을 확인시켜 주는 듯하다. 평화학의 도서 목록에 자신 있게 추천할 만한 기독교 평화주의 책을 갖게 되었다는 마음에 기쁨을 감출 길이 없다.

김복기 목사 메노나이트교회 선교사, 평화저널 『플랜P』 발행인

내가 꼭 저술하고픈 책 중 하나는 기독교 평화주의와 그 역사를 일별하면서 지금 여기의 한국 사회와 교회에 어떤 의미를 지니는지를 탐색하는 것이었다. 학식과 인품 모두 존경과 사랑을 받는 이상규 교수님께서 전문적 깊이와 대중적으로 잘 읽히는 책을 쓰신 것이 나에게도, 독자에게도 복이다. 피스메이커로 부름 받았으나 트러블메이커가 된 듯 싶어 애통하며 하나님의 아들이라 일컬음을 받고자 하는 이들에게 이 책은 복이 될 것이다.

김기현 목사 로고스교회 담임, 로고스서원 대표, 작가, 존 요더 번역가

어쩌면 '평화'야말로 모든 기독교적 운동의 보편적인 목표라고 할 수 있을 것이다. 하지만 현실의 고되고 복잡한 상황에서 이 평화를 이루어 간다는 것은 그야말로 하나님의 초월적 섭리가 아니면 어렵게만 보일 때가 많다. 그러므로 역사적으로 교회가 평화를 어떻게 추구해 왔는지 살펴보는 것은 또한 하나님께서 다양한 시대와 지역의 환경에서 교회를 통해 어떻게 평화를 일구어 오셨는지를 살펴보는 일이 되겠다. 이 책은 교회의 평화론을 크게 '정당전쟁론'과 '평화주의'로 구분하고 있지만 어느 하나만을 정답으로 제시하지는 않는다. 우리가 처한 현실의 저마다 다른 상황 속에서 실제로 평화를 일구시는 성령님의 역사를 기대하는 것이다. 나와 이웃이 평화 얻기를 간절히 바라는 모든 기독교 신앙인들에게 지혜를 더해 주는 좋은 책이다.

허태영 목사 학생신앙운동(SFC) 전국 대표 간사

최근 한국사회에서 평화는 중요한 화두가 되고 있다. 6.25전쟁의 발발과 재난, 그 이후 전개된 남북 간의 군사적 대결을 경험하면서 평화에 대한 이상이 심화되었다. 특히 북한의 핵 실험과 더불어 군사적 위협이 심화되고 있는 현실에서 평화는 우리 시대의 과제가 되었다.

우리 사회에서 평화, 평화공존 혹은 평화통일에 대한 관심이 보다 구체적으로 나타나기 시작한 것은 1980년대 이후였다. 긴장 완화와 평화통일에 대한 논의가 일기 시작했고, 기독교권에서도 평화를 주제로 하는 여러 논저들이 소개되고 출판되기 시작했다. 그럼에도 불구하고 남북한 간의 긴장은 계속되고 있고 북한 핵개발과 핵무기는 한반도 평화의 심각한 위협이 되고 있다.

근년에 북미 간 혹은 남북한 간 여러 차례 정상회담이 개최되었으나 이런 접촉이 평화를 담보해 주지는 못한다는 사실이 드러났다. 정략적 동기 자체가 진정한 의미의 평화 논의를 저해한 것이다. 이런 현실에서 전쟁과 평화가 성경과 역사에서 어떻게 이해되어 왔는가는 중요한 관심사가 되었고, 이를 간명하고도 평이하게 정리하는 것이 필요하다고 판단한 SFC 출판부는 이 책의 집필을 필자에게 의뢰하였다. 집필을 의뢰받은 지 2년이 훌쩍 지났으나 이런 저런 분주한 일로 지체되었고, 이제야 이 책을 발간하게 되었다. 여러 가지로 부족하고 미흡하다는 점을 인정하지만 마냥 미루고 있을 수 없어 이렇게 출판하게 되었다.

이 책의 기획에서부터 출판에 이르기까지 유익한 충고를 주신 SFC 출판부에 깊은 감사의 말씀을 드린다. 또 이 책 원고를 읽고 유익한 충고를 주신 박효빈 선생과 조규통 목사, 그리고 이 책을 기꺼이 추천해 주신 평소에 존경하는 김기현 박사님, 김복기 목사님, 허태영 목사님께 감사를 드린다. 여러 가지로 미비하지만 전쟁과 평화에 대한 교회사의 전통을 이해하는 데 다소라도 도움이 되기를 바랄 뿐이다.

2021년 8월 15일

이상규

1. 서론: 문제와 과제

평화平和, peace는 인류가 추구해 온 고상한 가치였지만, 지상에서 실현하기 가장 어려운 과제였다. 인류는 거듭된 전쟁과 폭력, 인명살상과 상실, 자연의 파괴와 같은 엄청난 재난을 경험하였지만 지금도 세계 도처에서 긴장과 대립, 폭력과 전쟁이 식지 않고 있다. 어떤 점에서 인류의 역사는 전쟁의 역사였다. 그렇기에 플라톤Platon, 427-347 B.C.은 인류가 소멸되기 전까지는 전쟁이 사라지지 않을 것이라는 자조적인 말을 했을 정도였다.

제1차 세계대전과 같은 대규모의 국제적인 전쟁을 경험한 이후 서구에서는 반전反戰운동과 반전사상이 일어났고, 평화에 대한 학문적 연구가 시작되었다. 이런 관심은 기독교권에서 발전된 평화주의Pacifism와 더불어 1920년대 이후 사회과학의 한 분야로 발전하였고, 이후 평화학Peaceology은 학제간 연구의 주제가 되기도 했다. 제2차 세계대전 이후 세계 평화에 대한 갈망은 국제연합UN과 같은 국제기구 창립의 동기가 되었고, 세계교회협의회WCC 또한 평화에 대한 염원에서 발의된 교회협의체였다. 이런 결과로 제2차 대전 이후 서구학계에서 평화에 대한 연구는 상당한 발전을 가져왔고, 수많은 연구물이 출판되었다. 이런 시류에 부응하여 여러 대학에 평화연구소 혹은 그와 유사한 기관 및 기구들이 설립되기도 했다. 그러나 그것이 평화를 가져온 것은 아니었다. 인간 내부의 죄가 해결되지 않는 한 지상에서의 평화는 요원한 이상에 지나지 않을 것이다.

평화는 한국에서도 중요한 주제가 되고 있다. 특히 해방과 분단, 6.25 동란의 발발과 그 재난, 그 이후 남북 간의 군사적 대결을 경험하면서 평화에 대한 갈망 또한 심화되었다. 북한의 핵 개발과 군사적 위협이 심화되고 있는 현실에서 비전非戰이나 비폭력 혹은 평화를 논한다는 것은 비현실적인 공허한 이상으로 치부되기도 했으나 1970년대 이후 평화, 평화공존 혹은 평화통일에 대한 관심이 보다 구체적으로 나타나기 시작했다. 긴장 완화와 평화통일에 대한 논의와 함께 평화에 대한 관심이 제기되어 1980년대 이후 기독교권에서도 평화를 주제로 하는 여러 논저들이 소개되거나 출판되기 시작했다.[1] 특히 1980년대 이후 메노나

---

1. 이 시기 한국에서 출판된 대표적인 저술들로는(발간 연대순) 존 매쿼리(조만 역), 『평화의 개념』(대한기독교서회, 1980), R. H. 베인튼(최수일 역), 『전쟁 평화 기독교』(대한기독교서회, 1981), 알버트 마린(오만규 역), 『전쟁과 그리스도인의 양심』(성광문화사, 1982), P. C. 크레이기(김갑동 역), 『기독교와 전쟁 문제』(성광문화사, 1985), 씨셀라 복(박상섭 역), 『평화를 위한 전략』(인간사랑, 1991), 데이빗 아트킨슨(한혜경, 허천희 역), 『평화의 신학』(나눔사, 1992), 클라우스 벵스트(정지련 역), 『로마의 평화』(한국신학연구소, 1994), 최상용, 『평화의 정치사상』(나남, 1997), 이리에 아키라(이종국, 조진구 역), 『20세기의 전쟁과 평화』(을유문화사, 1999), 지오프리 블레이니(이웅현 역), 『평화와 전쟁』(지성, 1999), 요한 갈퉁(강종일 외 역), 『평화적 수단에 의한 평화』(들녘, 2000), 율리치 모서(신상길, 최무열), 『평화의 복음』(한국장로교출판사, 2001), 김두식, 『칼을 쳐서 보습을』(뉴스앤조이, 2002), 김두식, 『평화의 얼굴』(교양인,

이트Mennonites 신학자 존 요더John Howard Yoder, 1927-97가 소개되고 그의 작품이 역간되면서 재세례파Anabaptists의 평화주의 전통에 대한 관심이 고조되었다.

평화peace를 히브리어나 아람어에서는 샬롬שָׁלוֹם, 그리스어로는 에이레네εἰρήνη, 그리고 라틴어로는 팍스pax라고 말한다. 이 말은 다 같이 상호간 대립하던 두 나라 사이에서 전쟁을 하지 않기로 체결한 관계를 의미했다. 고대 게르만에서는 평화를 'Fridu'라고 했는데, 내부적으로는 법의 다스림으로, 외적으로는 군사적으로 보호되는 안전한 공간을 의미했다. 후기에 와서 'Frieden'으로 변화되었다. 이상의 단어들은 약간의 차이점이 없지 않지만 공통적으로 전쟁이 없는 상태를 칭하는 비전非戰 혹은 무전無戰의 상태를 칭하는 단어가 된 것이다.

오늘 우리가 말하는 평화에 대한 가르침, 혹은 평화사상은 근원적으로 성경에서 시원始原하였고, 기독교 전통에서 발전된 이념이었다. 평화는 초기 기독교 공동체가 추구해 온 중요한 가치였다. 예수님께서는 "화평케 하는 자는 복이 있다"라고 하셨는데마5:9, 여기서 말하는 '화평케 하는 자Peacemaker'는 라틴어로 'pacifici'이다. 이 말은 넓은 의미로 평화를 위해 일하고 대립이나 투쟁, 피 흘림이나 폭력, 그리고 전쟁을 없

2007), 존 하워드 요더, 『예수의 정치학』(IVP, 2007), 존 드라이버(이상규 역), 『초기 그리스도인들이 본 전쟁과 평화』(KAP, 2010), 박도현, 『정의로운 전쟁과 평화주의』(예영, 2010), 하워드 요더(김기현, 전남식 역), 『근원적 혁명』(대장간, 2011), 하워드 요더(김복기), 『교회, 그 몸의 정치』(대장간, 2011), 가이 허쉬버그(최봉기 역), 『전쟁, 평화, 무저항』(대장간, 2012), 하워드 요더(서일원 역), 『어린 양의 전쟁』(대장간, 2012), 자크 에륄(이창헌 역), 『폭력에 맞서』(대장간, 2012), 박종구, 『종교의 두 얼굴, 평화와 폭력』(홍성사, 2013), 하워드 요더(최충원 역), 『비폭력 평화주의의 역사』(대장간, 2015) 등이 있다.

애기 위해 싸우는 이들을 의미했다. 'pacifici'는 좁은 의미로 군 복무를 반대하는 이들을 의미하는 용어로 사용되기도 했다.

이런 배경에서 예수님의 가르침에 근거하여 비폭력, 비전 혹은 반전 이념을 추구하는 정신을 평화주의Pacifism, Pazifismus라고 말하고, 이를 주창하는 이들을 기독교평화주의자Christian pacifists라고 부른다. 그런데 'Pacifism'이란 단어는 1904년에 출판된 옥스포드 사전*The Complete Oxford Dictionary*에는 포함되지 않았고, 1982년 간행된 옥스퍼드 사전에 처음 실리게 된다. 이 점은 평화주의가 최근의 관심사였다는 점을 반영한다.

그렇다면 성경은 전쟁과 평화에 대해 어떻게 가르치고 있을까? 이 점에 대해서는 통일된 견해가 없다. 구약과 신약에서 전쟁에 대한 태도가 다르고, 성경이 전쟁의 폐기를 가르치는지 아니면 응징의 정당성을 인정하는 것인지에 대해서도 상반된 견해가 없지 않다. 구약은 평화를 말하기에 앞서 전쟁, 복수를 지지한다고 주장하기도 한다. 평화주의자들에게 있어서 구약에서의 전쟁 기록은 골치 아픈 난제로 간주되었다. 그래서 전쟁 기사에 대한 새로운 해석을 통해 난제를 해소하고자 했다. 그 새로운 해석이란 구약 자체를 부인하거나, 근원적으로 구약의 기록을 역사적 사실에 대한 기록이라기보다는 영적 의미를 중시하는 것으로 해석하는 것이다. 구약의 전쟁 기록을 신령주의神靈主義, Spiritualism 적으로 해석하여 그 역사성을 부인한다. 그러나 여러 학자들은 계시의 연속성이라는 취지에서 구약과 신약은 일관적으로 평화를 가르치고 이를 시위하고 있다고 이해하고 있다. 특히 '역사적 평화교회Historic Peace

Churches'[2] 신학자들은 성경은 절대絶對평화주의를 가르치고 있다고 주장한다.

분명한 사실은 전쟁은 이 세상에서 인간이 저지를 수 있는 가장 큰 만행이라는 점이다. 이 점은 역사가 보여 주는 실상이다. 제1차 세계대전에서는 1천5백만 명이 목숨을 잃었다. 당대의 역사가들은 이 전쟁을 '최악의 소모전'이라고 불렀다. 그런데 제2차 대전에서는 이보다 8배 많은 7천만 명에서 1억 3천만 명이 목숨을 잃었다. 3년 1개월간 지속된 6.25전쟁에서는 한국군 62만 명, 유엔군 16만 명, 북한군 93만 명, 중국군 100만 명 등 군인 270만여 명과 민간인 250만여 명남한 99만 968명, 북한 150만이 죽거나 다쳤고, 남편을 잃은 과부는 30만여 명에 달했다. 이들에게 딸린 자녀들이 약 51만 7천 명이었다.[3] 10만 명의 고아가 생겨났고, 이산가족은 1천만 명에 달했다. 당시 남북한 전체 인구는 약 3천만 명이었으므로 전체 인구의 3분지 1이 육체적으로 혹은 정신적으로 고통을 당했고, 그 아픔은 70여 년이 지난 지금까지 계속되고 있다. 국토는 황폐화되었고, 시설물, 건물, 도로, 철도, 교량, 항만 시설 등 국가 기간산업도 파괴되었으며, 주택, 교육 및 의료 시설, 교회당, 문화재가 파괴되었다.[4]

지금도 전쟁에서의 살인의 만행은 계속되고 있다. 아프가니스탄에서의 끔찍한 살상이 그것이다. 강간, 납치, 고문이 자행되고 있고, 무고한

---

2. 전쟁이나 무력, 혹은 폭력을 반대하는 평화주의(pacifism)을 지향하는 메노나이트(Mennonite), 퀘이커(Quaker), 그리고 형제교회(Brethren Church)를 '역사적 평화교회'라고 부른다.

3. 한국기독교역사학회, 『한국기독교의 역사3』 (서울: 한국기독교역사연구소, 2009), 67.

4. 이상규, "6.25전쟁과 한국교회", 「장로교 역사와 신앙」 3(2020. 9), 13-14.

자를 총살하고 사지를 절단하고 목을 베는 처참한 상황이 문명화된 오늘에도 자행되고 있다. 전쟁은 군인만이 아니라 무죄한 자의 피를 흘리고 수많은 이들에게 지울 수 없는 아픔과 고통을 주고 있다. 전쟁은 거대한 악이다.

이런 현실을 생각해 볼 때 평화, 용서와 사랑, 이해와 관용, 배려는 기독교회가 가르치는 정신이자 인류가 추구해야 하는 가장 소중한 가치라고 할 수 있다. 이 점에 대해 우선 성경은 평화에 대해 어떻게 가르치고 있는가에 주목하여 평화 논의의 성경적 근거를 제시하고자 한다. 그후 초기 기독교에서 현대에 이르기까지 전쟁과 평화가 어떻게 이해되어 왔는가를 주요 사건과 인물을 중심으로 소개하면서, 평화에 대한 성경의 가르침에 교회와 서구 사회가 어떻게 반응해 왔는가를 살펴보고 전쟁 없는 평화에 대한 여러 구상들을 소개하고자 한다.

2. 구약성경에서 본 전쟁과 평화

1) 평화의 개념

구약에는 전쟁에 대한 기록과 함께 평화에 대한 이상이 동시에 나타나 있는데, 우선 평화의 개념에 대해 소개하고, 구약에서의 전쟁과 평화 문제에 대해서 살펴보려 한다. 구약에서 '평화'를 지칭하는 대표적인 용어는 히브리어 '샬롬םﬠﬡﬤ'인데, 구약성경에는 이 말과 관련된 단어가 482회 사용되었다.[1] 샬롬이란 흔히 전쟁이 없는 상태삿4:17, 왕상4:24, 전3:8 를 의미하는 것으로 이해되고 있지만, 사실 이 단어는 보다 광범위한 의미를 담고 있다. 샬롬은 전쟁이 없는 상태를 의미할 뿐만 아니라, 인간 관계에서의 모든 갈등과 대립이 없는 조화, 심리적 평안, 병이 없는 건강한 상태, 육체적이고 정신적인 안녕과 복지, 사회적 안정, 풍요롭고도

---

1. 동사 샬렘(sâlēm, '완전하게 하다')이 103회, 명사 샬롬(sâlôm, '완전')이 237회, 셸렘('화목제')이 87회, 샬람(sâlam, '계약')이 19회, 형용사 샬렘(sâlēm, '완전한')이 36회 사용되었다. 이를 종합하면 482회나 된다.

행복한 상태 등을 포괄하는 의미가 있다. 다시 말하면, 온전하고 건강한 상태, 완전과 완성, 안전과 평안, 조화와 질서, 복지와 안녕, 해방과 구원 등을 포괄하는 의미라고 할 수 있다. 이렇게 볼 때 샬롬이라는 단어만큼 좋은 단어는 없는 것 같다. 성경 히브리어 사전Brown Driver Briggs, BDB을 보면 이 샬롬이라는 용어가 어떻게 사용되었는지 그 용례를 보여 주는데, 이 기록을 중심으로 샬롬이라는 단어의 의미를 몇 가지 유형으로 정리해 보자.

첫째, 완전完全을 의미한다.[2] 수학상의 완전이라고 말할 수 있는데, 예레미야 13장 19절을 보면 유대인들이 하나도 남기지 않고 모두 잡혀갔다고 하여 완전히 포로가 되었다고 말한다. "유다가 다 잡혀가되, 온전히 잡혀가도다"라는 기록에서 '온전히'로 번역된 단어 '셔로밈שְׁלוֹמִים' 은 샬롬의 복수형인데, 온전 혹은 완전을 말할 때도 이 샬롬이라는 단어가 사용되었음을 알 수 있다. 둘째, 신체상의 건강 혹은 안전의 의미로도 사용되었다. 시편 38장 3절, "주의 진노로 말미암아 내 살이 성한 곳이 없사오며, 나의 죄로 말미암아 내 뼈에 평안함이 없나이다."에서 '성함'이 샬롬שׁלוֹם인데, 이는 샬롬은 건강이나 안전의 의미로도 사용되었음을 알 수 있다.

셋째, 심리적으로 그리고 육체적으로 편안한 상태를 의미한다. 요셉의 형들이 양식을 구하러 애급으로 내려가 동생 요셉을 만났을 때 요셉이 아버지 야곱의 안부를 물었다. 창세기 43장 27절에서, "요셉이 그들의 안부를 물으며 가로되 너희가 말하던 그 노인이 안녕하시냐?"라

---

2. 민영진, "구약에서 본 샬롬," 「기독교사상」 (1979. 1), 46-7.

고 말했을 때 '안녕'이 바로 샬롬שָׁלוֹם인데, 의문사 '하ה'를 결합하여 '안녕하시냐?הֲשָׁלוֹם'라고 했다. 또 모세가 장인 이드로를 맞아들일 때인 출애굽기 18장 7절에서, "모세가 나가서 그의 장인을 맞아 절하고 그에게 입 맞추고 그들이 서로 문안하고 함께 장막에 들어가서"에서 '문안하고' 곧 '안부를 묻고'에서 '안부'로 번역된 단어가 '샬롬שָׁלוֹם'이다. 넷째, 화평이나 평안, 혹은 만족을 의미하기도 한다. 창세기 15장 15절을 보면, "너는 장수하다가 평안히 조상에게로 돌아가 장사 될 것이오"의 '평안히'나 시편 4편 8절의 "내가 평안히 눕고 자기도 하리니 나를 안전하게 살게 하시는 이는 오직 여호와시이니이다"의 '평안히'도 '샬롬שָׁלוֹם'이다.

이상에서 제시한 바처럼 샬롬이라는 단어는 구약성경에서 완전, 건강, 편안, 평안 등의 '상태'를 의미하고 있음을 알 수 있다. 그런데 구약에서 이 샬롬이라는 단어는 특히 '관계'를 표시하는 문맥에서 더 빈번하게 사용되었음을 볼 수 있다. 아래의 세 가지 경우가 그것이다.

우선, 인간관계에서 볼 수 있는 평화로운 상태, 혹은 조화롭게 사는 인간관계를 의미한다. 예레미야 20장 10절의 "내 친한 벗도 다 내가 실족하기를 기다리며"에서 '내 친한 벗'은 직역하면 '나의 샬롬의 사람들אֱנוֹשׁ שְׁלוֹמִי'이고, 예레미야 38장 22절의 "네 친구들"은 '네 샬롬의 사람들'이다. 샬롬이라는 단어가 평화로운 인간관계를 의미한다는 점을 알 수 있다.

둘째, 전쟁을 억제하는 화친이나 국가 간의 평화로운 관계를 칭하기도 한다. 여호수아 9장 15절의 "여호수아가 곧 그들과 화친하여 그들을 살리리라는 조약을 맺고"에서 '화친하여'는 '우호관계שָׁלוֹם'를 맺기로 한 것인데, 여기서도 샬롬이란 단어가 사용되었다. 에스겔 34장 25절, 37장 26절의 '화평의 언약בְּרִית שָׁלוֹם'도 이런 경우에 해당한다.

셋째, 하나님과의 관계, 특히 언약 관계를 의미하는 경우에도 샬롬이라는 용어가 사용되었다. 예컨대, 이사야 54장 10절에서, "산들이 떠나며 언덕들은 옮겨질지라도 나의 자비는 네게서 떠나지 아니하며, 나의 '화평의 언약'은 흔들리지 아니하리라."에서 '화평의 언약이 바로 '평화의 계약בְּרִית שָׁלוֹם'으로 표현되었다.

따라서 샬롬은 사람들과 그리고 하나님과의 관계에서 오는 완전함 completeness과 온전함wholeness에서 누리는 안녕well-being의 상태를 의미하기도 한다는 점을 알 수 있다. 그렇기 때문에 샬롬이라는 단어가 난공불락의 요새를 뜻하는 '예루살렘יְרוּשָׁלַיִם'이 될 수 있었다. 구약 선지자들에 의하면 참된 평화는 하나님께서 그분 백성과 세우신 언약 안에서 의와 공의가 이루어지고, 공동의 복지가 이루어지고, 모든 사람에 대한 평등과 정의가 이루어지는 것이라고 말한다. 그래서 말라기 선지자는 이스라엘과 맺으신 하나님의 언약은 "생명과 평강의 언약"말2:5이라고 말한 것이다. 샬롬은 하나님과 바른 교제 속에서 이웃과도 바른 관계를 누리는 완전함을 의미했다.

이상에서 살펴본 바처럼 구약에서 평화를 의미하는 '샬롬'이라는 말은 전쟁이 없는 상태만을 의미하지 않고, 안녕, 건강, 평안, 복지, 등을 포함하는 보다 포괄적인 개념임을 알 수 있다. 이렇게 볼 때 샬롬은 전쟁이 없는 상태인 동시에 '인간 사회에서 누리는 가장 좋은 것'을 칭하는 단어임을 알 수 있다.

2) 구약에서의 전쟁

그런데 구약에 보면 평화에 대한 가르침만 있는 것이 아니다. 수많은 전쟁 사건이 기록되어 있다. 구약에는 사해死海 남단의 싯딤 골짜기에서의 시날, 엘라살, 엘람, 고임 등 이른바 북방왕 동맹군과의 교전창14:1-2을 시작으로, 바벨론 전역에서 유대인을 죽이려했던 하만의 궤계에9:1-9까지 130건의 전쟁 기록이 나온다. 특히 모세가 인도한 출애굽 여정과 여호수아에 의한 가나안 입경과 정복 전쟁이 중심을 이루고 있고, 그 이후에도 여러 전쟁 기사가 나온다. 특히 구약은 하나님을 군사적 개념인 '용사勇士'로 혹은 '만군萬軍의 하나님'으로 묘사하기도 한다. 미카엘 그랜트M. Grant는 "전쟁은 고대 역사에서 가상 빈번했고, 가상 중요한 주제였다."라고 했는데,[3] 구약에서도 전쟁은 중요한 주제였다. 구약에서 전쟁을 뜻하는 밀하마מלחמה라는 단어가 구약에서 300회 이상 나타난다는 점이 이 점을 반증하고 있다.

후에 살펴보겠지만 구약의 전쟁 기록이 중세시대의 '성전론聖戰論, 거룩한 전쟁 이론'의 기초가 되기도 했고, 이슬람의 지하드Zihard[4] 사상의 근거가 되기도 했다. 또 기독교회에 의해 수행된 수많은 전쟁에 정당성을 부여하는 근거로 오용되기도 했다. 예컨대, 예레미야 48장 10절의 "여호와의 일을 태만히 하는 자는 저주를 받을 것이요, 자기 칼을 금하

---

3. Michael Grant, *Ancient History* (NY: Harper, 1965), 128-152.
4. 지하드는 아랍어로 '고투' 혹은 '분투'를 의미한다. 라마단 기간의 일출 때 욕구를 참고 금식 규정을 준수하는 것도 영적인 지하드라고 말한다. 지하드는 '이교도들과의 투쟁'이라는 의미로 성전(聖戰)을 뜻하는 용어로도 사용되지만 지하드와 성전이 동의어는 아니다.

여 피를 흘리지 아니하는 자도 저주를 당할 것이로다."라는 말씀은 십자군 운동, 곧 1095년 11월의 클레르몽 공의회Council of Clermont를 시작으로 1291년까지 성지 탈환을 명목으로 전개된 약 200년간의 전쟁의 가장 중요한 전거였고, 이 말씀에 근거하여 학살이 정당화되기도 했다.

그렇다면 구약에 기록된 전쟁 기록이나 전사戰史를 어떻게 이해할 수 있을까? 이 점에 대해서는 세 가지 주장이 있어 왔다. 첫째는, 구약은 전쟁을 문제시하지 않는다는 입장이다. 구약에서의 전쟁은 하나님의 공의의 실현이며, 하나님의 심판의 한 양상이므로 전쟁을 하나님의 당연한 주권적 통치로 받아들이는 입장이다. 즉 구약성경은 평화주의를 말하지 않는다는 입장이다. 그래서 구약은 전쟁을 지지하고 살육과 복수를 당연한 것으로 받아들이고 있다고 생각한다. 둘째, 구약의 전쟁을 실제 발생한 사건으로 보지 않고 풍유적Allegorical으로 이해하여 영적靈的, spiritual 전쟁으로 보는 입장이다. 즉 전쟁사를 영적으로 해석함으로서 구약의 전쟁 기록 자체를 부인한다. 이런 입장을 취했던 대표적인 인물이 오리게네스Origenes, c.185-c.254였다.

셋째, 구약성경 자체를 거부하거나 무시하는 입장이다. 이런 입장을 대표하는 인물이 마르키온Marcion of Sinope, c.85-160이며 이를 마르키오니즘Marcionism이라고 말한다.[5] 85년경 비두니아Bithynia 지방 본도Pontus의 해변 도시 시노페Sinope에서 출생한 마르키온은 140년경부터 로마에서 활동했는데, 144년부터 로마교회로부터 이단으로 정죄되었으나 165년까지 로마에 거주하면서 이단설을 유포했다. 마르키온을 추

---

5. 김정준, 『이스라엘 신앙과 신학』(서울: 성문학사, 1970), 178-9.

종하는 마르키온파Marcionites의 가장 큰 주장은 구약의 하나님과 신약의 하나님을 구분하고, 구약의 폐기를 주장했다는 점이다. 이들은 구약의 하나님은 전쟁의 신이자 복수하는 신으로 신약의 하나님과 동일하지 않다고 보고 구약의 폐기를 주장한 것이다. 마르키온은 구약성경 자체를 인정하지 않았다. 두 번째와 세 번째 경우는 구약의 전쟁 기사 자체를 부인함으로서 평화주의를 옹호하는 입장이라고 볼 수 있다.

홍해 도강 사건과 '용사이신 하나님'

이제 구체적으로 구약의 전쟁 기록에 대해 살펴보자. 먼저 홍해를 건넌 사건부터 살펴보자. 출애굽한 이스라엘 백성이 직면했던 최초의 군사적 대결은 홍해 앞에서 애굽 군대와의 대결이있다. 이스라엘 백성들이 바알스본 맞은편 비하히롯에 도달했을 때 바로는 이들을 다시 잡아오기 위한 군사 작전을 시작했다출14:5. 이때 백성들은 두려워하여 다시 애굽으로 돌아가자고 했으나, 모세는 "여호와께서 너희를 위해 대신 싸우신다."라고 선언했다14:14. 여기서 이른바 '여호와의 전쟁' 이론이 도출되었다. 하나님께서 이스라엘 백성들을 인도하여 기적적으로 홍해를 건너게 하셨다. 이 승리를 노래한 시가 출애굽기 15장 1절에서 18절인데, '바다의 노래'로 알려진 이 시는 여호와의 성전론에 원용되었다.

이 때에 모세와 이스라엘 자손이 이 노래로 여호와께 노래하니 일렀으되 내가 여호와를 찬송하리니 그는 높고 영화로우심이요 말과 그 탄 자를 바다에 던지셨음이로다 여호와는 나의 힘이요 노래시며 나의 구원이시로다 그는 나의 하나님이시니 내가 그를 찬송할 것이요 내 아버지의 하나님이시니 내가 그를 높이리로다 여호와는 용사시니 여호와는 그의 이름이시로다 그가 바로의 병거와 그의 군대를 바다에 던지시니 최고의 지휘관들이 홍해에 잠겼고 깊은 물이 그들을 덮으니 그들이 돌처럼 깊음 속에 가라앉았도다 여호와여 주의 오른손이 권능으로 영광을 나타내시니이다 여호와여 주의 오른손이 원수를 부수시니이다 주께서 주의 큰 위엄으로 주를 거스르는 자를 엎으시니이다 주께서 진노를 발하시니 그 진노가 그들을 지푸라기 같이 사르니이다 주의 콧김에 물이 쌓이되 파도가 언덕 같이 일어서고 큰 물이 바다 가운데 엉기니이다 …… 여호와여 신 중에 주와 같은 자가 누구니이까 주와 같이 거룩함으로 영광스러우며 찬송할 만한 위엄이 있으며 기이한 일을 행하는 자가 누구니이까 주께서 오른손을 드신즉 땅이 그들을 삼켰나이다. (출15:1-12)

이 시는 "여호와는 '용사勇士, אִישׁ מִלְחָמָה, 전사'"출15:3라고 지칭하며 전쟁에서 승리를 가져다주신 하나님께 영광을 돌리고 있다. 이 전쟁 기사를 어떻게 이해할 수 있을까? 서양 기독교 전통에서 여호와의 전쟁 기사는 광범위하고 지속적인 관심의 대상이 되어 왔다.[6] 앞서 보았듯 마르키온Marcion은 '용사'로 지칭된 하나님 이미지는 신약의 본문과 명백하

---

6. 이 점에 대한 대표적인 학자가 Gerhard von Rad였다. 그의 *Der Heilige Krieg im alten Israel* (Zurich: Zwingli-Verlag, 1951)의 영역본은 *Holy War in Ancient Israel* (Eerdmans, 1991)이다. 이 주제에 대한 한국인의 연구로는 Sa-Moon Kang(강사문), *Divine War in the Old Testament and in the Ancient Near East* (Berlin: de Gruyter, 1989)가 있다.

게 상충되며 신약에 묘사된 하나님의 모습과 조화될 수 없다고 주장하며 구약을 거부하였다. 그러나 구약의 거부가 해결책일 수 없다. 마르키온파가 구약을 거부한다고 해서 구약의 전쟁을 어떻게 볼 것인가 하는 문제가 해결되는 것이 아니기 때문이다.

반면에 '여호와의 전쟁'이라는 관점에서 이해하는 크로스F. M. Cross, 고트발트N. W. Gottwalt, 폰 라트G. von Rad 등의 학자들은 '용사이신 하나님'은 하나님에 대한 인간의 개념, 곧 의인법적 언어anthropomorphic language일 뿐이라고 주장한다. 하나님의 계시는 두 가지 방법으로 이루어지는데, 첫째는 말씀spoken word을 통한 계시이고, 다른 하나는 인간 역사에의 참여를 통한 계시였다. 전자가 '말씀하시는 하나님God who speak'이라면, 후자는 '행동하시는 하나님God who work'의 계시라고 말한다. 후자의 계시 양식은 이스라엘의 역사 속에서, 특히 출애굽 사건에서 설명되고 있는데, 하나님을 '용사'라고 한 것은 인간의 역사 속에 개입하시는 하나님에 대한 인간의 이해를 반영한 것일 뿐이라고 주장한다. 인간의 삶의 자리에서 하나님에 관한 경험은 인간의 용어로 표현될 수밖에 없고, 그 한 가지 용어가 '용사이신 하나님'이라는 것이다. 이것은 그분 백성을 인도하시는 하나님에 대한 인식의 반영일 뿐이라는 해석이다. '용사이신 하나님' 외에도 구약에는 여러 하나님 칭호가 언급되는데, 대표적인 경우가 '만군萬軍의 여호와'이다.[7] 이 용어는 구약에서 상이한 문맥에서 200회 이상 사용되었는데, '여호와의 전쟁'이라는 관

---

7. '만군의 여호와'로 번역된 'Yahweh Tsebaoth'의 '처바오트'(Tsebaoth)는 '군대'의 복수형으로 하나님 칭호로 제일 처음 사용된 것은 삼상17:45이다. 즉 다윗이 블레셋장군 골리앗 앞에 설 때 처음 사용되었다. 그 외에도 삼상4:3-4, 삼하6:17-18, 7:2,8, 7:26-7 등이다.

점에서는 이 용어 또한 하나님 인식의 한 형태라고 본다. 따라서 하나님을 용사로 표현했다고 해서 모든 전쟁의 정당성을 지지하는 것으로 볼 수 없다고 주장한다.

또 이들은 "이스라엘인과 바로의 군대가 실제로 전쟁을 했다는 말이 아니다."라고 주장한다.[8] 여호와 하나님을 '용사'로 개념화한 것은 당대에 지상에서 가장 위대한 나라였던 이집트의 정예군을 격파하신 여호와께서는 인간 역사에서 그 어떤 세력보다 강한 '역사의 주인'출15:14-15이시라는 선언일 뿐이라는 말이다. 이 본문은 하나님께서 인간 역사에 참여하신다는 신앙고백이며, 이스라엘은 죄스러운 전쟁에 참여해서는 안 되며, 전쟁은 오직 하나님께만 속한 것임을 보여 준 사건출15:3, 삼상 17:47, 대하20:15이라고 주장하면서[9] 모든 종류의 인간의 전쟁은 언제나 악하고 인간의 전쟁 참여를 금지시키는 특이한 전쟁신학이라고 설명한다. 그래서 하나님을 '용사'로 표현한 것이 전쟁이나 살상을 정당화한 것이 아니라고 주장한다.

결국 '여호와의 전쟁'이라는 관점에서 구약을 이해하는 진보적 신학자들은 출애굽과 홍해 도강 사건을 역사적 사건에 대한 진술이라고 보지 않는다. 도리어 구약의 전쟁 기록은 실제 역사와 무관하게 하나님의 인간 역사에의 관여나 섭리, 주권적 사역을 개념화하고 있을 뿐이라고 주장한다. 즉 구약은 전쟁을 찬양하거나 전쟁을 정당화하지 않는다는 입장이다. 그러나 결과적으로 볼 때, 이런 주장은 물리적 전쟁을 부

---

8. 김이곤, "구약성경적 입장에서 본 평화," 「기독교사상」 325(1985. 7), 103.
9. 김이곤, 104.

인하는 것으로서 오리게네스나 마르키온과 다를 바 없다. 구약에서의 비전非戰 혹은 반전反戰의 이념을 주장하기 위해 역사적 사실을 부인하고 있다.

그렇다면 개혁주의자들은 이 본문을 어떻게 이해하는가? 구약성경에 언급된 전쟁 기록은 역사적 사실이고, 위의 본문에서 하나님을 용사로 표현한 것은 실제로 하나님께서 이스라엘을 위해 대신 싸우셨다는 의미로 이해한다. 그러나 그렇다고 해서 이 본문을 가지고 무조건 전쟁을 정당화하는 것도 옳지 않고, 반대로 모든 종류의 전쟁을 조건 없이 부인하는 평화주의를 지지하는 것으로 볼 수도 없다. 근본적으로 구약성경을 하나님의 구원 역사라는 거시적 안목에서 이해해야 한다. 인간 역사에의 개입을 통한 하나님의 자기 계시는 구원의 역사구속사, Heilsgeschichte, 곧 하나님의 구원 역사라는 전망perspective에서 이해하는 것이 중요하다. 그래서 전쟁 기록도 하나님의 주권적 통치와 하나님의 심판이라는 관점에서 이해할 수 있을 것이다. 무엇보다도 이 사건과 후에 언급할 구약에서의 전쟁 관여를 우리가 본받을 '모범example'으로 보는 것은 옳지 않다. 구약 본문이 우리가 본받아야 할 모범을 제시하는 '모범'의 기능이 없는 것은 아니지만, 구약을 모범으로만 이해한다면 구약의 각 본문을 도덕화道德化, moralizing하거나 구약 전체의 내적 통일성을 상실할 위험이 있기 때문이다. 분명한 사실은 '용사이신 하나님' 개념은 역사적 사실의 표현이지만, 그것이 전쟁을 합리화 시키지 않으며 전쟁의 정당성을 뒷받침해 주는 근거로 볼 수도 없다는 점이다. 전쟁은 하나님의 심판이자 통치의 한 가지 수단이었다.[10]

---

10. 박우택, 『모세오경』, 112-114.

가나안 정복과 '거룩한 전쟁'

신명기에는 이스라엘 백성들에게 가나안 정복을 명하는 여러 기록들이 있다_{신7:1-2, 7:16, 20:10 이하, 수8:24-25, 10:40}. 특히 신명기 20장 10절 이하를 보면 전쟁에 대한 교시가 기록되어 있다.

네가 어떤 성읍으로 나아가서 치려 할 때에는 그 성읍에 먼저 화평을 선언하라. 그 성읍이 만일 화평하기로 회답하고 너를 향하여 성문을 열거든 그 모든 주민들에게 네게 조공을 바치고 너를 섬기게 할 것이요. 만일 너와 화평하기를 거부하고 너를 대적하여 싸우려 하거든 너는 그 성읍을 에워쌀 것이며, 네 하나님 여호와께서 그 성읍을 네 손에 넘기시거든 너는 칼날로 그 안의 남자를 다 쳐 죽이고, 너는 오직 여자들과 유아들과 가축들과 성읍 가운데에 있는 모든 것을 너를 위하여 탈취물로 삼을 것이며 너는 네 하나님 여호와께서 네게 주신 적군에게서 빼앗은 것을 먹을지니라. 네가 네게서 멀리 떠난 성읍들 곧 이 민족들에게 속하지 아니한 성읍들에게는 이같이 행하려니와 오직 네 하나님 여호와께서 네게 기업으로 주시는 이 민족들의 성읍에서는 호흡 있는 자를 하나도 살리지 말지니, 곧 헷 족속과 아모리 족속과 가나안 족속과 브리스 족속과 히위 족속과 여부스 족속을 네가 진멸하되 네 하나님 여호와께서 네게 명령하신 대로 하라. 이는 그들이 그 신들에게 행하는 모든 가증한 일을 너희에게 가르쳐 본받게 하여 너희가 너희의 하나님 여호와께 범죄 하게 할까 함이니라.

위의 본문에는 두 가지 상이한 작전 명령이 포함되어 있다. 첫째10-15, 약속의 땅 외곽 지역을 공격할 경우 화의和議를 선언하고, 그 선언이 받아들여지지 않을 경우 그 성읍을 포위하고 그 성의 모든 남자를 죽여야 한다. 그러나 여자들이나 유아들, 그리고 육축들은 살려둘 수 있고 노획물을 취할 수 있다. 둘째16-18, 약속의 땅 내의 지역을 공격할 경우 성읍을 포위하고 성내의 모든 생물, 곧 사람과 생축을 남김없이 죽여야 한다. 이런 멸절은 가나안 땅의 이교적 풍습으로부터 영향 받지 않게 하기 위함이었다. 군사적 측면에서 본다면 토지의 점령과 군사력의 파괴, 그리고 새로운 군사력 배양의 가능성을 소멸시키는 것이었다. 이 명령에 따라 실제로 이스라엘 백성은 여호수아의 영도 아래 가나안에서 정복 전쟁을 벌이게 된다. 물론 온전히 순종한 것은 아니지만, 가나안 정복에서 14차례의 전쟁을 통해 총 31개 적군과 대결하게 된다.

가나안 정복 전쟁을 독일의 폰 라트는 '거룩한 전쟁milhāmāh qedhōshāh'으로 일컬어 왔다.[11] 폰 라트에 의해 처음 사용된 이 용어는 이스라엘 백성이 약속의 땅인 가나안 땅에 정착해 가는 과정에서 수행한 정복 전쟁을 의미한다. 이 전쟁을 '거룩한 전쟁'이라고 칭하게 된 것은 이 전쟁은 인간이 주도하는 것이 아니라 하나님께서 주도하신 것이라고 보았기 때문이다. 그런데 앞에서 지적했듯이 폰 라트는 이런 기록들은 실전實戰에 대한 객관적 기록으로 볼 수 없다고 주장한다. 이 사건들이 기원전 10세기를 전후한 팔레스타인과 그 주변에서 실제로 일어났던 역사적 사건에 기초한다 하더라도 '전쟁'에 대한 객관적 묘사로 볼 수 없다

---

11. G. von Rad, *Der Heilige Krieg im alten Israel* (Zurich: Zwingli-Verlag, 1951).

는 주장이다. 단지 하나님의 구원역사에 대한 신앙고백을 진술한 것에 불과하다고 말한다.[12]

다시 말하면 가나안 정복사가 보여 주는 거룩한 전쟁은 인간의 전쟁이 아닌 여호와의 전쟁이고, 이스라엘 군대가 싸우는 것이 아니라 여호와께서 친히 싸우시는 것이고, 이스라엘 군대는 가만히 서서 여호와의 능력과 승리를 '믿고' 보기만 했다는 것이다. 그래서 가나안 입경과 가나안 정복 전쟁은 '거룩한 전쟁' 기사로서 전쟁의 역사적 배경이나 전쟁의 정당성을 말하는 것이 아니라, 오히려 배타적으로 여호와 하나님에 대한 절대 신앙만이 승리와 평화로 가는 유일하고도 진정한 길이라는 '성서적 평화이념'을 증언하는 데 있다고 주장한다. 다시 말하면 가나안 땅 거류민의 완전 진멸을 요구하는 거룩한 전쟁 사상은 실제 전쟁 상황을 반영한다기보다는 가나안 이교와의 절대 비타협을 요구하는 이스라엘

---

12. 김이곤, 95. 이 전쟁은 대략 다음과 같은 순서로 진행된다고 말한다. (1) 먼저 나팔을 불어 사람들을 소집한다(삿3:27, 6:34이하). (2) 진지에 모인 '여호와의 군대'는 엄격한 종교제도의 규율을 따라야 하며, 성결한 군대가 되어야 한다(수3:5, 삼상21:5이하). (3) 싸움이 시작되기 전에 제사를 드리고 하나님의 명령을 기다린다(삼상7:9, 13:9이하). (4) "여호와가 ……을 너희 손에 붙이셨다"는 완료형의 하나님 약속이 주어진다(수2:24, 6:2 등). (5) 여호와께서 전쟁에서 백성들의 선두에 서신다. 적군은 지리멸렬해진다(출15:14-16, 수2:9). (6) 이때 이스라엘 군대가 적군을 진멸함으로써 싸움은 끝난다. '진멸'이란 말의 히브리어는 "헤렘(hērem)"인데, 본래 이 말은 '파문,' '추방,' 혹은 '신에게만 바쳐진 물건'을 뜻한다. '거룩한 전쟁'에서 '헤렘'이란 전쟁 상대가 된 상대방의 군사뿐만 아니라 그 도성에 살고 있는 사람과 생축 등 살아 있는 모든 것을 죽이고, 금, 은, 동, 철 등 탈취물은 여호와께 바치는 것을 의미한다(수6:18이하, 8:22이하, 삼하5:20 등). (7) 싸움을 승리로 끝낸 군사들은 '집으로 돌아가라'는 명령을 듣고 각각 자기 처소로 돌아감으로써 '거룩한 전쟁'은 끝을 맺는다. 발터 침멀리, 『구약신학』, 76.

의 배타적 예배라는 예배적cultic 상황을 반영한다는 것이다.[13]

정리하면, 폰 라트에 의하면 가나안 정복에 대한 전쟁 기사는 하나의 설화說話, tale이므로 실전實戰에 대한 역사로 볼 수 없을 뿐만 아니라, 그것이 전쟁을 지지하거나 전쟁의 정당성을 보여 주는 근거가 될 수 없다. 폰 라트는 도리어 이 '거룩한 전쟁' 역사는 첫째, 구약적 평화 이념을 제시한다고 주장한다. 구약의 거룩한 전쟁은 눌린 자의 울부짖음을 듣고 눌린 자를 억압자로부터 구원해 내는 전쟁으로서, "억압받는 반평화적 부조리의 현실을 타개하려는 것이므로 거룩한 전쟁은 평화수립의 역사라는 것이다. 그래서 구약에서의 평화는 주어진 기존 상태status quo의 질서 유지라는 개념보다는 새로운 하나님의 평화 현실을 만들어 가는 것을 가리킨다."라고 수상한다. 둘째, 거룩한 전쟁은 하나님께서 인간의 참여를 거부하고 전쟁을 친히 주도해 가신다는 점에서 인간의 전쟁을 합법화하는 말이 아니라고 한다. 셋째, 이 거룩한 전쟁은 참된 평화란 전쟁, 무력, 군사적 힘 등을 통해 얻어지는 것이 아니라 여호와의 구원 활동을 통해서만 얻어지는 것임을 보여 준다고 한다. 이 거룩한 전쟁 기사는 여호와 하나님에 대한 절대적 신앙을 강조하는데, 그분 안에만 안녕과 평화가 있다는 점을 보여 주는 것이라고 주장한다.[14]

이상의 주장에서, 구약의 전쟁 기사가 오늘 우리에게 전쟁의 정당성을 보여 주는 것이 아니라는 점에는 동의할 수 있으나, '거룩한 전쟁' 이론을 받아들이기는 어렵다. 하나님께 전적으로 의탁하는 이에게 승리

---

13. 김이곤, 104.
14. 김이곤, 106.

를 주신다는 하나님에 대한 고백을 강조하기 위해 정복 전쟁의 역사성을 부인하고 있기 때문이다. 가나안 입경과 정복사는 역사적 사실이 아니라 신앙고백적 진술이라는 견해는 살육이나 진멸과 같은 행위가 하나님의 거룩성과 조화될 수 없다는 전제에서 도출된 주장이고, 가나안 정복 전쟁이 전쟁의 정당성의 근거가 될 수 없음을 말하기 위한 비약된 논리로 보인다.

3) 구약의 전쟁 기록, 어떻게 볼 수 있을까?

그렇다면 구약의 전쟁 기사를 어떻게 보아야 할까? 일반적으로 구약에 나타나는 폭력과 전쟁, 살인과 학살 등은 신약의 메시지와 조화를 이루지 못하고 있다고 생각한다. 구약의 하나님과 신약의 하나님을 구분하고자 했던 마르키온의 사상도 이런 인식에 근거하고 있다. 이런 부조화는 오늘 우리에게도 동일한 난제가 되고 있다. 이 점에 있어서 네 가지 방식의 해결책이 시도되었다.

첫째, 마르키온의 경우에서 보이는 구약 폐기론舊約廢棄論이다. 구약과 신약의 연속성을 부인하고 오직 신약만을 인정하는 경우이다. 그러나 이런 입장은 계시의 전체성과 연속성을 부인하는 커다란 오류를 범하는 것이고, 이 점은 교회에 의해 이단적 견해임이 확인되어 왔다. 둘째, 구약에 대한 신약의 우위성을 주장하는 것이다. 구약보다는 신약에 더 큰 비중을 주는 계시 차등론啓示差等論인데, 재세례파의 메노나이트 교회가 이런 입장에 가깝다. 구약을 신약보다 중시하는 경향성을 보여 왔던 북미의 청교도들과는 달리, 메노나이트교회는 구약은 신약에 의해 완성된다고 보고 보다 발전된 계시로서 신약의 가르침을 더 크게 강조해 왔다. 이런 경우 구약이 전쟁을 지지한다 해도 크게 문제시되지 않는다.

셋째, 구약 본문에 대한 우의적寓意的 혹은 풍유적諷諭的, Allegorical 해석이다. 알렉산드리아 학파가 이런 경향을 지니고 있다. 대표적인 인물이 오리게네스Origenes였다. 비전, 반전 사상을 지지했던 오리게네스는 구약의 전쟁 기록을 실제적인 전쟁으로 보지 않고 영적인 전쟁을 상징하는 것으로 해석했다. 그래서 그는 "만약 육적인 전쟁구약의 전쟁 기록들이 영적 전쟁의 상징이 아니라면 유대의 역사서가 교회에서 그리스도를 따르는 이들이 읽어야 할 책으로 전헤졌으리라 생각하지 않는다." 라고 했다.[15] 오리게네스는 구약의 전쟁사를 풍유화함으로써 이스라엘의 전쟁들을 실제로 일어난 사건으로 보지 않았다. 구약의 기록을 신령화神靈化, spiritualization한 것이다. 구약의 전쟁 기록을 실전에 대한 역사적 증거로 보지 않는다는 점에서 폰 라트의 '거룩한 전쟁' 이론이 이와 유사하다. 이것 또한 전쟁과 평화에 대한 구약과 신약 간의 부조화를 제거하려는 시도였다.

넷째, 계시의 점진성漸進性이라는 측면에서 이해하는 경우이다. 이 견해는 서양의 개혁교회Reformed church 전통에서 널리 수용된 입장인데, 옛 계약을 새 계약의 빛으로 이해하고자 하는 노력이다. 따라서 구약의

---

15. Louis J. Swift, *The Early Fathers on War and Military Service* (Wilmington: Health Policy Advisory Center, 1983), 59; 조셉 켈리, 『초대 기독교인들의 세계』 (서울: 이레서원, 2002), 270.

본문을 신약의 빛으로 해석함으로서 양자 간의 조화를 모색한다. 하나님께서는 평화의 하나님이시지만 때로 전쟁을 하나님의 주권적 통치와 심판의 도구로 쓰셨다는 사실을 인정한다. 앞에서도 지적했듯이 구약의 전쟁 기록의 역사성을 부인할 수 없고, 구약의 전쟁 기사가 전쟁의 정당성을 담보해 주는 것은 아니다. 구약은 하나님의 구원 역사라는 전체적인 맥락에서 이해되어야 하고, 새 계약의 빛으로 해석되어야 한다. 출애굽 이후 가나안 입경과 정복과정의 전쟁은 역사적 사실이지만, 오늘의 교회가 그것을 전쟁의 정당성을 지지해 주는 것으로 해석해서는 안 된다.

4) 평화에 대한 전망

비록 구약에는 여러 전쟁 기록이 포함되어 있지만, 그것이 모든 전쟁의 정당성을 지지하는 것으로 볼 수 없다는 점에 대해서는 거의 모든 이들이 동의한다. 그렇다면 구약은 평화에 대해 무엇을 말하고 있을까? 근본적으로 구약은 인간 생명에 대한 신적 가치를 인정하고 있다. 이 점은 인간이 하나님의 형상으로 지음 받은 존재라는 사실을 강조하는 점에서 암시되고 있다. "살인하지 말라"라는 가르침출20:13, 신5:17은 구약의 중심되는 가르침이다. 살인에는 두 종류가 있는데, 계획적이고 의도적인 살인과 의도하지 않은 비고의적 살인이다. "살인하지 말라"라는 제6계명의 명령은 두 가지 경우를 다 포함한다.

그런데 제6계명은 우발적으로 위반할 수 있는 유일한 계명이다. 살인도 다른 범죄와 마찬가지로 계획적이고 고의적일 수 있지만, 비의도적이거나 우발적일 수도 있다. 그러나 비의도적이거나 우발적인 살인도 결과적으로는 고의적 살인과 동일한 계명 위반이다. 때문에 하나님께서는 우발적인 범죄에 대해 특별한 법을 정하셨는데, 그것이 도피성逃避城 제도였다수20:1-6, 민35:12, 신19:4, 19:5. 하나님께서는 요단강 동편 지역에 세 곳, 곧 바산 골란, 길르앗 라못, 베셀과, 요단강 서편 지역의 게데스, 세겜, 헤브론 등 모두 여섯 곳에 도피성을 두게 하셨다수20:7-8. 도피성은 일정한 간격을 유지한 채 이스라엘 전역에 산재해 있었는데, 어느 지역에서라도 신속하고도 안전하게 피신할 수 있게 하기 위한 조처였다. 그리고 도피성으로 향하는 길은 넓고 반듯하게 정비되어 있었고, 도피성을 가리키는 큰 표지판이 요소요소에 설치되어 있었다고 한다. 이런 도피성 제도는 역설적으로 살인 행위를 매우 중대한 것으로 인식하고 있음을 보여 준다.

하나님과 인간 사이의 시내산 계약의 한 부분인 십계명은 고대 이스라엘에서 국가의 기본적 형법刑法, criminal law이었다. 그리고 범죄자에 대한 사형 집행이나 전쟁에서의 살인은 형법상의 살인죄와는 다른 측면이 있다. 사형 집행은 하나님의 공의를 위한 것이다. 예컨대, 출애굽기 21장 17절의 "자기의 아버지나 어머니를 저주하는 자는 반드시 죽일지니라."의 경우나, 출애굽기 31장 15절의 "안식일에 일하는 자는 누구든지 반드시 죽일지니라." 혹은 레위기 20장 10절의 "남의 아내와 간음하는 자는 …… 반드시 죽일지니라." 등은 하나님의 공의와 선민의 거룩한 삶을 위한 지침이었다. 또한 구약에서의 전쟁은 두 가지 목적을 지니고 있었다. 첫째는 하나님의 영광과 주권을 위한 것이다출14:17-18. 다

른 한 가지는 하나님을 신뢰케 하는 신앙의 훈련이었다출14:13, 수6:20, 삿
7:16.

그러나 그것이 살인이나 전쟁에 정당성을 부여하는 것으로 해석될
수는 없다. 구약은 도리어 진정한 평화를 가르치고 있다. 인간의 역사에
는 끊임없는 불화와 대립, 폭력과 전쟁, 살인과 학살이 이어지지만, 구
약의 선지자들은 메시아의 강림이 진정한 평화를 가져온다는 소망을
선포하고 있다. 그것이 바로 메시아적 평화Messianic shalom이다. 구약은
진정한 평화를 대망하게 한다.

> 좋은 소식을 전하며 평화를 공포하며 복된 좋은 소식을 가져오며
> 구원을 공포하며 시온을 향하여 이르기를 네 하나님이 통치하신
> 다 하는 자의 산을 넘는 발이 어찌 그리 아름다운고 (사52:7)

여기서 말하는 기쁜 소식을 전하는 자는 이스라엘의 종말론적 메시
아사상과 관련이 있다. 메시아의 도래는 하나님의 평화가 시온에서부
터 전 세계로 퍼져 나갈 것을 노래하고 있다.

> 여호와께서 이와같이 말씀하시되 보라 내가 그에게 평강을 강 같
> 이, 그에게 뭇 나라의 영광을 넘치는 시내 같이 주리니 너희가 그
> 성읍의 젖을 빨 것이며 너희가 옆에 안기며 그 무릎에서 놀 것이
> 라. (사66:12)

이런 메시아적 종말적 평화에 대한 이상은 이사야 9장에서 더욱 분

명하게 드러난다.

흑암에 행하던 백성이 큰 빛을 보고 사망의 그늘진 땅에 거주하던
자에게 빛이 비취도다. 주께서 이 나라를 창성케 하시며 그 즐거움
을 더하게 하셨으므로 추수하는 즐거움과 탈취물을 나눌 때의 즐
거움 같이 그들이 주 앞에서 즐거워하오니, 이는 그들의 무겁게 멘
멍에와 그들의 어깨의 채찍과 그 압제자의 막대기를 꺾으시되 미
디안의 날과 같이 하셨음이니이다. 어지러이 싸우는 군인들의 신
과 피 묻은 겉옷이 불에 섶 같이 살라지리니, 이는 한 아기가 우리
에게 났고 한 아들을 우리에게 주신 바 되었는데 그 어깨에는 정사
를 메었고 그 이름은 기묘자라, 모사라, 전능하신 하나님이라, 영
존하시는 아버지라, '평강의 왕'이라 할 것임이라. (사9:2-6)

특히 미가는 포로 후의 상황을 반영하는 메시아적 도래를 이렇게 노
래하고 있다.

그가 많은 민족들 사이의 일을 심판하시며, 먼 곳 강한 이방 사람
들을 판결하시니, 무리가 그 칼을 쳐서 보습을 만들고, 창을 쳐
서 낫을 만들 것이며 이 나라와 저 나라가 다시는 전쟁을 연습하지
아니하고 각 사람이 자기 포도나무 아래와 자기 무화과나무 아래
에 앉을 것이라. (미4:3-4)

포로기 이후의 상황을 반영하고 있는 이 본문은 말세에 일어날 세 가

지 사건을 말하고 있다. 성전이 서 있는 시온산이 다른 모든 산들보다 높이 솟아나게 될 것이며, 많은 민족들이 하나님의 말씀을 배우기 위하여 예루살렘으로 몰려오며, 그 결과 전쟁이 폐지되고 영원한 평화가 이 땅 위에 이루어진다는 것이다. 시온산이 모든 산들보다 높아지게 된다는 것은 시온산이 세계의 중심이 되는 것과 동시에 여호와께서 이 세상 어떤 신들보다도 더 위대하시다는 것을 드러낸다. 또 여기에는 '칼을 쳐서 보습을 만들고 창을 쳐서 낫을 만드는' 진정한 평화가 임할 것을 지시하고 있다. 시편 46편 9절과 호세아 2장 18절에서는 여호와께서 직접 활과 창을 꺾고 수레를 불사르시지만 여기서는 여호와의 가르침을 받은 민족들이 자청하여 전쟁 무기를 농기구로 만든다. 그리고 그들은 더이상 전쟁을 연습하지도 않는다. 이렇게 할 때에 이 세계에는 평화가 도래한 상태가 되리라고, 곧 "모든 사람들은 자기 포도나무 아래와 자기 무화과나무 아래에 앉을 것이라"4:4라고 말씀하신다.

이런 메시아적 평화에 대해 이사야는 이렇게 묘사하고 있다.

> 그때에 이리가 어린 양과 함께 살며 표범이 어린 염소와 함께 누우며 송아지와 어린 사자와 살진 짐승이 함께 있어 어린 아이에게 끌리며, 암소와 곰이 함께 먹으며, 그것들의 새끼가 함께 엎드리며 사자가 소처럼 풀을 먹을 것이며, 젖 먹는 아이가 독사의 구멍에서 장난하며 젖 뗀 어린아이가 독사의 굴에 손을 넣을 것이라. 내 거룩한 산 모든 곳에서 해됨도 없고 상함도 없을 것이니 이는 물이 바다를 덮음 같이 여호와를 아는 지식이 세상에 충만할 것임이니라. (사11:6-9)

메시아의 등장 모습에서도 평화의 성격이 암시된다. 장차 오실 메시아께서는 전쟁의 상징인 말을 타고 오지 않고 평화의 상징인 나귀를 타고 오신다슥9:9-11. 그는 전쟁을 종식시키고 이방인들에게 평화를 약속한다. 그래서 종국적으로 하나님께서는 평화의 왕이 되실 것이다미6:5.

정리하면, 이사야의 예언대로 평화의 왕 메시아께서는 스스로 인류의 죄에 대한 대속물이 되어 인류가 하나님과 화해하고 하나님의 샬롬에 들어갈 수 있도록 하신다사53:5, 53:10-12. 그래서 스가랴 9장 13절의 예언대로 군사적 정복자 메시아가 아니라, 겸손한 평화의 왕으로 예루살렘에 입성하셨다막11:1-10. 이상에서 말한 모든 사건은 미래에 이루어질 하나님의 '종말론적인 약속'이며, 구약은 이 평화의 나라를 대망하게 해 준다. 그러므로 구약에서의 전쟁이 하나님의 주권과 심판의 한 양상이더라도, 그것이 인간에 의한 폭력이나 살상, 혹은 전쟁을 지지하는 것으로 해석될 수 없다.

3. 신약에서의 평화

   평화에 대한 가르침은 신약에서는 더욱 분명하게 나타난다. 신약의
책들은 근본적으로 예수 그리스도를 평화의 왕으로, 교회를 종말론적
평화공동체로 제시하고 있다. 우선 신약에 나오는 평화의 개념부터 살
펴보자.

1) 평화의 개념

   신약에서 '평화'를 뜻하는 대표적인 용어는 '에이레네*εἰρήνη*'마5:9,
10:12-13, 막5:34, 눅1:79, 2:14, 2:29, 요14:27, 16:33, 행7:26, 9:31, 12:20, 24:2, 롬5:1, 엡
2:15 등인데, 구약의 '샬롬'처럼 복합적인 의미로 사용되지는 않았다. '연
합'을 뜻하는 헬라어 단어의 어근語根에서 나온 이 말은 적대 관계나 갈
등이 해소됨으로써 이루어지는 전쟁 없는 질서와 조화의 상태를 의미
한다. 즉 전쟁이나 분쟁의 반대 개념눅14:32, 행12:20으로서 인간 공동체

내의 화합마19:34, 눅12:51, 고전7:15으로 이해되기도 한다. 그래서 에이레네는 의미상으로 구약의 샬롬과 크게 다르지 않다. 히브리어 구약성경의 헬라어역인 70인역에서는 '샬롬םﬥשׁ'이 거의 전부 '에이레네εἰρήνη'로 번역되었다.[1] 앞에서 지적했지만 샬롬은 에이레네보다 훨씬 더 포괄적인 개념으로서 에이레네의 의미를 내포한다고 할 수 있다.[2]

에이레네와 그 파생어는 신약에서 91회 나오는데, 복음서에서 24회, 사도행전에서 7회, 바울서신에서 43회, 목회서신에서 11회, 히브리서에서 4회, 그리고 요한계시록에서 2회 등장한다. 우리말 성경에서는 에이레네를 '평화, 평강, 화평' 등으로 각기 다르게 번역하지만, "너희에게 평강이 있을찌어다Peace be with you"눅24:30, 요20:19, 20:21, 20:26, "평강의 하나님" 등과 같은 이 용어의 빈번한 용례는 평화라는 개념이 신약성경에서 중시되고 있음을 반증한다.

로마인들은 평화를 라틴어로 '팍스pax'라고 불렀는데, 이 단어는 서로 싸우지 않기로 동의하는 '계약'을 뜻하는 말과 동일한 어근에서 파생되었다. 그래서 베인튼은 팍스라는 단어가 '안전securitas', '평정tranquilitas', '쉼quies', '안식otium' 등과 연결될 수 있다고 지적한다. 로마인에게도 평화pax는 단순히 전쟁이 없는 상태 그 이상의 것이었다. 고대 사회에서 평화는 일종의 종교적 개념이었고 백성들의 끊임없는 소망이었다. 고대 헬라인들이나 로마인들은 평화를 인격화하거나 신격화

---

1. םﬥשׁ이 70인역에서 εἰρήνη로 번역되지 않는 경우는 12번에 불과하다고 한다. 그 몇 가지 경우가 창28:21, 29:6, 출18:7, 사55:12 등이다. 모서, 『평화의 복음』 (서울: 한국장로교 출판사, 2001), 46.

2. 김세윤, 『예수와 바울』 (서울: 도서출판 참말, 1993), 279.

하기도 했으나, 히브리인들은 평화를 하나님의 선물로 이해했고레26:6 진정한 평화는 메시아의 강림으로 이루어지는 것으로 보았다. 이 평화가 바로 메시아적 평화Messianic shalom이다.

2) 예수 그리스도

예수님께서 평화의 왕으로 오셨고눅2:14 평화를 가르치셨다는 점에 대해서는 아무도 부인하지 않는다. 수태고지受胎告知, 눅1:26-38 후 사가랴의 예언눅1:78-79에서도 예수님께서 그분의 백성을 평화의 길로 인도하실 것이라고 했고, 예수님의 탄생을 말할 때도 "가장 높은 곳에서는 하나님께 영광이요, 땅에서는 주께서 기뻐하시는 사람들에게 평화εἰρήνη로다."라고 했다눅2:14. 공생애를 시작하신 이후 예수님께서는 평화를 가르치셨다. 그분께서는 무력이나 폭력을 거부하고 이웃 사랑을 가르치셨다. 사랑으로 행하되 "원수까지도 사랑하라"마5:44, 눅6:27-28는 가르침은 "네 원수를 미워하라"마5:43[3]는 것과는 전혀 다른 새로운 가르침이었다.

그분께서는 산상수훈山上垂訓에서 "악한 자를 대적하지 말고, 오른편

---

3. 마태복음 5:43의 "또 네 이웃을 사랑하고 네 원수를 미워하라 하였다는 것을 너희가 들었으나"는 일반적으로 레위기 19:18의 인용으로 여겨진다. 그러나 전반부의 '네 이웃을 사랑하라'는 말씀은 모세의 율법에서 찾을 수 있으나(레19:18) '네 원수를 미워하라'는 말은 사실상 성경에 없다. 이것은 모세의 율법이 아니라 바리새인들이 모세의 율법을 해석하며 덧붙인 것이었다. 그래서 예수님께서는 이 같은 잘못된 적용 혹은 해석을 거부하시면서 "네 원수를 사랑하며 너희를 박해하는 자를 위하여 기도하라"라고 적극적으로 강조하신 것이다.

뺨을 치면 왼편도 돌려 대며, 송사하여 속옷을 달라는 자에게 겉옷까지도 주라"마5:39-40라고 가르치셨다. 또 "화평케 하는 자οἱ εἰρηνοποιοί는 복이 있나니 저희가 하나님의 아들υἱοὶ Θεοῦ이라 일컬음을 받을 것임이요. 의를 위하여 핍박을 받은 자는 복이 있나니 천국이 저희 것임이라"마5:3-10라고 하셨다.

악한 자를 대적치 말고, 오른편 뺨을 치거든 왼편도 돌려 대며, 속옷을 가지고자 하는 자에게 겉옷까지도 가지게 하며, 억지로 오五 리를 가게 하거든 그 사람과 십十 리를 동행하고, 구하는 자에게 거저 주며 꾸고자 하는 자에게 거절하지 말라는 가르침마5:38-42, 눅6:27-30은 평화를 만드는 이들의 구체적인 삶의 방식을 제시한다. 그것은 비저항적, 비이기적, 비폭력적, 자기희생적인 삶임을 보여 준다.

예수님의 가르침은 인간 사회의 기본적인 불문율인 '상호성相互性의 법칙norm of reciprocity'을 뛰어 넘는 것이었다. 상호성의 법칙이란, 물질적으로든 정신적으로든 상호 간에 호혜互惠를 기본으로 하는 것이다. 즉 누군가가 나에게 물질적인 도움을 주면 나도 그에게 그 정도의 물질적인 도움을 줘야 한다. 누군가가 나에게 점심을 샀다면 나도 그에게 그런 정도의 대접을 해야 한다. 가격이나 형태가 반드시 동일할 필요는 없다. 한 끼 식사에 대해 작은 선물로 보답할 수도 있다. 그러나 밑바닥에 깔린 원칙은 동일한 정도를 주고받는 '상호 호혜'이다. 상호성의 규칙에 의하면 도움을 받은 자는 반드시 도움을 되갚아야 한다. 서로에 대한 의무가 균형을 유지하게 한다.

그러나 예수님의 가르침은 이런 형식의 일반적 관행을 뛰어넘는 새로운 윤리였다. 오른 뺨을 맞으면 왼 뺨을 돌려 대고, 겉옷을 달라는 자에게 속옷까지 벗어 주는 것은 '받은 대로 돌려주는 법칙'을 넘어서는 사랑이며, 상호성의 관행을 뛰어 넘는 삶의 방식이다눅6:32. 예수님의 가르침은 조건 없는 사랑이며, '후히 베푸는 규칙norm of excess'이다. 누군가가 나를 때리면 나도 그를 때려 나를 방어할 수 있다. 폭력을 행사하는 자에게 폭력으로 대항할 수 있다. 그러나 예수님께서는 무저항, 비폭력 정신을 가르치셨다. 유대 문화에서 오른 뺨을 치는 것은 경멸을 의미했고, 이에 대한 벌금은 노동자들이 평균적으로 받는 일 년치 월급의 총액에 해당했다. 예수님께서는 모욕을 당해도 대항하거나 보복하지 말라고 가르치셨다. 이런 무저항, 비폭력의 자기 희생은 평화를 만들어 가는 삶의 방식이다. 흔히 팔복八福으로 알려진 산상수훈으로 하나님의 백성이 추구하는 삶의 방식을 보여 주셨다.

예수님의 치유 활동도 하나님 나라에서의 평화를 의미하는 것이었다. 사복음서의 3,779개 구절 중 727개 구절이 질병과 치유와 관련되어 있는데, 예수님의 병 고침은 인간의 고통에 대한 사랑과 자비의 표시인 동시에, 해리슨E. F. Harrison이 지적하는 바처럼 종말론적 평화, 곧 그리스도 안에서 누리는 안식, 자유, 평안을 보여 주는 것이었다. 예수님께서는 '하나님 나라'의 도래를 선포하셨는데, 이 하나님 나라는 폭력이나 무력으로 이루어지는 나라가 아니었다. 예수님께서는 자신이 "유대인의 왕"막15:2, 15:26이심에도 불구하고 그분의 나라는 이 세상 나라와 다르다는 것을 분명히 하셨다요18:36. 그것은 칼무력을 쓰지 않는다는 점에서 세상 나라와 구별된다. 그분께서는 자신을 잡으려는 위태로운 상황에서도 "칼을 가진 자는 칼로 망한다."마26:52라고 하시면서 베드로의 대항을 거절하셨고, 그분을 해하려는 적들을 "열두 군단 이상의 천사"의 힘을 사용해 물리치기를 거절하셨다마26:53. 칼의 사용을 금지하셨던 예수님의 가르침은 비폭력 평화주의의 근거로 원용되었다.

예수님께서는 제사장적 기도에서도 평화의 복음을 전하셨다. "평안평화을 너희에게 끼치노니 곧 나의 평안을 너희에게 주노라. 내가 너희에게 주는 것은 세상이 주는 것 같지 아니하니라."요14:27 여기서 '세상이 주는 평화와 다르다'는 표현은 '팍스 로마나Pax Romana, 로마의 평화', 곧 무력이나 군사적 우위에 의해 이루어지는 평화가 아니라는 의미였다. 로마의 평화는 제국의 군사적 우위에 기초한 잠정적인 평화이며, 잠재적 적을 폭력으로 제압함으로서 경쟁 대상의 제거를 통해 이루어지는 비전非戰의 상태일 뿐이었다. 아우구스투스Augustus 초대 황제 치하에서 군사적 우위를 통해 내란이 종식되고, 질서가 확립되고, 예술과 상업, 농업이 발전했을 때 이를 아우구스투스의 평화Pax Augusta라고 불렀는데, 이 또한 로마의 평화와 같은 것이었다. 이 용어를 최초로 쓴 이가 세네카Lucius Annaeus Seneca, B.C.4-A.D.65였다. 그가 말하는 평화란 공평과 정의에 기초한 평화가 아니라, 로마 제국의 권력과 군사력으로 유지되는 평화였다. 제국의 힘이 공의公義요, 제국의 군사력이 선善이었다. 그래서 폭력이 동원되었고, 경쟁적인 나라는 군사력으로 궤멸시켰다. 팍스 로마나는 한정적인 평화일 뿐이었다. 실제로 그 기간도 마르쿠스 아우렐리우스Marcus Aurelius, A.D.121-180 통치기까지 2백여 년에 불과했다.

그러나 '예수의 평화Pax Christi'는 사랑과 자비에 기초한 평화였다. 평화의 왕으로 오신 그분께서는 십자가의 피로 평화를 이루셨고골1:20, 원수진 자들 사이의 담을 허시고 하나가 되게 하셨다엡2:13-18. 이로써 예수님의 탄생과 가르침, 그리고 그분의 십자가의 죽음과 부활은 우주적인 화해와 평화의 기초가 된다. 그래서 베드로는 이방인 고넬료에게 하나님의 말씀을 소개하면서 복음의 핵심을 예수 그리스도를 통한 '평화의 복음εὐαγγέλιον τῆς εἰρήνης'이라고 요약했다.

> 만유의 주되신 예수 그리스도로 말미암아 화평의 복음εὐαγγέλιον τῆς εἰρήνης을 전하사 이스라엘 자손들에게 보내신 말씀, 곧 요한이 그 세례를 반포한 후에 갈릴리에서 시작되어 온 유대에 두루 전파된 그것을 너희도 알거니와 하나님이 나사렛 예수에게 성령과 능력을 기름 붓듯 하셨으매 저가 두루 다니시며 착한 일을 행하시고 마귀에게 눌린 모든 자를 고치셨으니 이는 하나님이 함께 하셨음이라. 우리는 유대인의 땅과 예루살렘에서 그의 행하신 모든 일에 증인이라. (행10:36-40)

예수님께서 지상에서의 사역을 마감하시고 예루살렘으로 입성하실 때도 누가는 예수님을 '평화의 왕'으로 불렀다눅19:38. 평화는 오늘 우리에게만이 아니라 당시 예수님의 청중이었던 유대인들에게도 절박한 현안이었다. 예수님께서 태어나시기 전 500여 년간 유대인들은 강대국들의 정치적 시소게임에 연이어 휘말려 들었다. 이들은 바벨론, 페르시아, 헬라, 이집트, 시리아, 그리고 로마의 압제하에서 고통을 경험하며 고난의 세월을 보냈다. 평화가 메시아적 소망이었던 이런 시대에, 예수 그리스도께서는 폭력이나 전쟁에 기초하지 않는 사랑과 평화의 윤리를 가르치신 것이다.

그렇다면, 예수 그리스도께서는 평화주의자이셨는가? 아니면 폭력을 지지한 혁명가이셨는가? 그분께서 폭력을 지지한 혁명가이셨고 반란을 주도한 인물이시라는 주장도 있다.[4] 이런 주장을 지지하는 이들은 초기 기독교인들이 예수님께서 죽으신 후 40여 년이 지난 후 복음서를 기록하면서 예수님의 과격한 기질을 의도적으로 숨김으로써 초기 기독교가 로마제국에 위협적인 세력이 될 수 없음을 보여 주고자 했다고 해석하기도 한다.[5] 복음서 기자들이 의도적으로 예수 그리스도의 폭력성을 평화주의적인 이미지로 변색시켰다는 것이다.[6] 그러나 이런 주장은 심한 비판을 받았고 지지를 받지 못했다.[7] 이런 주장을 고려한다 할지라도 복음서가 보도하는 예수 그리스도는 전쟁을 반대하는 평화주의적

---

4. 이런 입장을 취했던 대표적인 인물이 S. G. F. Brandon이었다. 그는 *Jesus and the Zealots* (예수와 열혈당, NY: Scribners, 1968)에서 이 점을 논증하고자 했다. Martin Hengel은 *Was Jesus a Revolutionist?* (예수는 혁명가였는가?, Fortress Press, 1971)와 *Christ and Power* (예수와 권력, 1977)에서 Brandon의 견해를 비판하면서 예수는 당시의 모든 정치적 권위에 대해 비판적 입장을 취했다고 주장했다. Donald B. Kraybill, *The Upside Down Kingdom* (Scottdale: Herald Press, 1990), 277.

5. Marvin Harris, *Cows, Pigs, Wars, and Witches* (NY: Random House, 1975), 179-203.

6. 예수님의 혁명가적 혹은 무력적 성향을 보여 주는 실례로, 최후의 만찬석상에서 "옷을 팔아 검을 사라"고 하신 경우(눅22:36), 채찍으로 성전에서 돈 바꾸던 이들을 몰아내신 사건(요 2:15), "평화를 주러 온 것이 아니라 검을 주러 왔다"는 예수님의 진술(마10:34), 정치적 봉기를 주도한 바나바를 석방한 것은 그가 예수님보다 덜 위험한 인물이었다는 점(눅23:25), 예수님께서 헤롯을 '여우'라고 칭하신 점(눅13:32), 제자 중 한 사람이 열심당원이었다는 점(눅 6:15) 등에 근거하여 예수님을 폭력적인 혁명가로 간주했다. Kraybill, 56.

7. 이런 견해에 대한 대표적인 비판가는 Oscar Cullman과 Martin Hengel이었다. 도리어 Richard Cassidy는 *Jesus, Politics, and Society: A Study of Luke's Gospel* (Orbis Book, 1978)에서 J. Ford는 *My Enemy Is My Guest: Jesus and Violence in Luke* (Orbis Books, 1984)에서 누가복음을 근거로 예수는 비폭력을 옹호한 이였다고 논증했다. 참고, Kraybill, 278. 크리빌 또한 이런 해석의 부당성을 반박한 바 있다. Kraybill, 57-59.

인물로 나타나 있다. 실제로 예수 그리스도께서는 칼과 폭력을 반대하고 사랑, 용서, 화해, 양선 그리고 평화를 가르치셨다. 이런 점에서 예수 그리스도께서는 평화의 왕이셨다.

3) 사도 바울

평화는 바울에게 있어서도 중요한 개념이었다. 바울은 지역교회에 보내는 편지에서 그들을 위해 '은혜χάρις'와 '평안εἰρήνη'을 기원하였고, 그리스도께서 죄인을 위하여 이루신 구원의 역사를 하나님과 사람 사이의 적대관계가 해소되고 바른 관계가 회복된 에이레네εἰρήνη, 곧 평화라고 가르쳤다롬3:24-25, 5:1, 5:10, 고후5:18-21 등. 하나님께서 그리스도의 십자가를 통해 우리를 하나님과 화해하게 하셨는데, 이것이 하나님의 구원 사역이었다. 그리스도 안에서 하나님께서 하신 일이 하나님과의 평화를 가져왔다. 그래서 바울은 하나님을 '평화의 하나님θεός τῆς εἰρήνης'이라고 불렀고롬15:33, 16:20, 고전14:33, 고후13:11, 빌6:15, 살전5:23, 히13:20 등, 복음전도자의 직책을 '화해의 직분τὴν διακονίαν τῆς καταλλαγῆς'고후5:18이라고 말한 것이다.

사도 바울은 하나님과 사람 사이의 평화만이 아니라 사람과 사람 사이에서도 평화를 가르쳤다. 특히 에베소서 2장에서 그리스도의 사역은 막힌 담을 여시는 화해이자 평화라고 말하면서 "그는 우리의 평화Αὐτός γάρ ἐστιν ἡ εἰρήνη ἡμῶν"라고 했다엡2:14. 바울은 '화평케 하시는 그리스도'를 말한다. 우리말 성경 개역개정판에서는 '화평'2:14, 2:15, '화목'2:16, '평안'2:17 등 각기 다른 용어로 번역했으나 사실은 동일한 단어인 에이레네εἰρήνη가 사용되었다. 따라서 '화평', '화목', '평안'을 '평화'로 번역해도 무방하다. 이것은 구약의 평화 개념, 곧 '샬롬'의 메시아적 적용을 의미한다. 그리스도께서는 평화를 만드는 분이시라는 뜻이다. 그분께서는 적대적인 인종 집단인 유대인과 이방인 사이의 담을 헐고, 그리스도 안에서 둘을 화해하게 하셔서 하나가 되게 하신다. 인종적인 차별만이 아니라 사회 신분상의 차별, 곧 자유인이든 노예이든, 성적인 차별, 곧 남자이든 여자이든 복음 안에는 구별이 없다고 가르쳤다갈3:28, 고전12:13, 골3:11. 그리스도께서 화해하게 하셨기 때문이다.

그래서 바울은 "모든 사람과 더불어 평화하라."라고 권고했다롬12:18. 그리고 악을 악으로 갚지 말라고 격려했다살전5:15. 이런 점에서 바울은 '그리스도는 평화'라고 말한 것이다. 바울은 '열강 사이의 다리'로 불리던 팔레스타인의 지정학적 위치 때문에 잦은 전쟁을 경험했던 성도들에게 평화, 안녕, 안전, 구원을 선포한 것이다. 이런 평화사상에 근거하여 바울은 동료 기독교인들에게 "하나님의 나라는 먹는 것과 마시는 것이 아니요, 오직 성령 안에서 의와 평화와 기쁨이라"롬14:17라고 말하면서, "평화의 복음으로 신을 신고"엡6:15 "평화하게 하는 일과 서로 덕을 세우는 일을 힘쓰라"라고 권면한다롬14:19. 그리고 하나님께서 우리로 하여금 평화롭게 살도록 부르셨다는 점을 지적하고 있다고전7:15.

4) 정리와 종합

이상의 신약성경의 가르침을 종합해 볼 때, 평화는 구약과 신약의 중요한 주제였고, 특히 신약에서 하나님과의 화해를 통해 이룩되는 평화의 복음은 사람 사이의 담을 허시고 하나가 되게 하신다는 점을 강조한다. 예수님께서는 무력이나 폭력을 의지하지 않으시고 십자가의 길을 가셨고, 제자들에게도 검을 사용하지 못하게 하셨다. 그분의 십자가와 죽음은 이방인과 유대인 사이의 담을 무너뜨리고 그들로 하나가 되게 하셨고, 적대와 불신의 벽을 헐고 화해하게 하셨다. '로마의 평화'라는 이름 아래 자행되었던 폭력의 희생자이신 예수님께서는 십자가의 피로써 진정한 평화를 보여 주셨다. 이렇게 볼 때 예수 그리스도께서는 평화를 가르치셨고, 초기 기독교공동체는 평화 지향적 공동체였다고 할 수 있다. 이런 점에서 크로아티아 출신의 예일대학교 교수 미로슬라프 볼프Miroslav Volf는 자신의 『배제과 포용』에서 평화가 신약성경의 핵심적인 주제라고 말한다.[8]

구약성경에서 전쟁이 하나님의 주권적 통치와 심판의 도구로 사용된 바 있으나 성경은 근본적으로 사랑과 용서, 화해와 평화를 가르치며, 폭력이나 전쟁이 아닌 비폭력 평화주의가 기독교 정신이라고 할 수 있다. 초기 교부들은 이런 가르침에 근거하여 평화주의를 제자도의 기초로 이해했다. 예수 그리스도께서 가르치신 평화, 곧 '예수의 평화'는 군

---

8. Miroslav Volf, *Exclusion and Embrace: A Theological Exploration of Identity, Otherness and Reconciliation* (Nashville: Abingdon Press, 1996), 129.

사적 우위에 의해 유지되는 '로마의 평화'와는 달리 사랑과 이해, 화해
와 용서에 기초한 평화였기 때문이다.

4. 초기 기독교와 전쟁과 평화

1) 초기 기독교

초기 기독교라고 말할 때 이 말은 일반적으로 기독교가 로마제국에서 공인313A.D.을 받고 신앙의 자유를 누리게 되기 이전의 첫 300년의 기독교를 의미한다. 이 기간 동안의 기독교회는 어떠했을까? 주후 30년경 설립된 예루살렘교회는 바울과 그의 동역자들에 의해 1차행13:4-14:28, 2차행15:36-18:22, 3차행18:23-21:26 전도 여행을 통해 소아시아와 유럽으로 확산되었다. 바울이 이동한 거리는 약 2만 킬로미터로서 지구 둘레의 절반 거리에 해당했다. 그의 전도 활동은 역사상 유례가 없는 특별한 사건이었고, 그 결과 예수님께서 승천하신 후 불과 30여 년 만에 기독교 복음은 안디옥을 거쳐 에베소, 빌립보, 데살로니가, 고린도, 그리고 일루리곤이나 로마 등 주요 도시로 확산되어 그곳에 교회가 설립되었다. 처음에는 소수 무리들로부터 시작되었으나 곧 3천 명행2:41에서 5천 명행4:4으로 증가되었고, 곧 더 많은 남녀의 큰 무리들행

5:14이 개종하여 교회 공동체의 일원이 되어 점차 제자의 수가 더 많아졌다행6:1, 6:7.

즉, 기독교 복음은 예루살렘교회를 시작으로 안디옥으로, 유대지방에서 소아시아로, 그리고 에게해Aegean Sea를 넘어 마게도냐와 아가야로 확산되었고 아드리아해Adriatic Sea를 넘어 제국의 수도인 로마로까지 확산된 것이다. 여러 불리한 조건이었음에도 불구하고 기독교 복음은 들불이 번지듯 확산되어 적어도 110년에서 115년경에는 로마제국의 거의 모든 지역에서 기독교회가 설립되었다. 이런 급속한 성장을 브루스F. F. Bruce는 '퍼져 가는 불길Spreading flame'이라고 불렀다.

기독교는 처음에는 유대교의 박해만 받았으나, 주후 64년 6월 18일 발생하여 일주일 간 계속된 로마시市 화재사건 이후에는 로마제국의 정치적인 박해도 받았다. 예배는 신자들만의 은밀한 집회로 지속될 수 있었고, 공개적인 전도 활동이 불가능해졌다. 별도의 집회소로서의 교회당 건물을 소유할 수도 없었다. 신자들은 불신자들 한가운데서 살았으나 구별된 삶의 방식을 지향했으므로 사회적 제약을 받기도 했다. 그럼에도 불구하고 4세기 초 기독교회는 로마제국 전체 인구의 약 10퍼센트에 이르는 인구를 가진 조직화된 종교로 발전하였다. 기독교는 첫 300여 년간 박해를 받았으나 313년 콘스탄티누스 황제에 의해 공인을 받게 됨으로 새로운 전기를 맞게 되고, 392년에는 제국의 종교, 곧 국교國敎, state religion가 된다.

이렇게 볼 때 기독교 역사에서 4세기 이전과 이후는 현저한 차이가 있었다. 그렇다면 기독교가 공인받기 이전 첫 3백 년간 기독교회는 전쟁이나 평화에 대해 어떻게 인식하고 있었을까? 여기서는 이 점에 대해

답해 보고자 한다.

이 시기 교회는 반전주의적, 평화 지향적 공동체였다는 점에 대부분의 학자들이 의견을 같이하고 있다. 평화교회 학자들 외에도 루터교회 Lutheran 학자인 베인튼Roland Bainton을 비롯한 다수의 학자들은 초기 기독교는 전쟁이나 폭력을 비기독교적이고 비도덕적인 것으로 배척했다고 주장한다. 학자들은 이 시기에 산상수훈은 신자들이 지켜야 할 규범으로 가르쳐지고 있었고, "누구든지 네 오른뺨을 치거든 왼뺨도 돌려 대라"마5:39 하신 예수님의 가르침을 문자적으로 따랐다고 본다. 또 "칼을 쓰는 자는 칼로 망한다."마26:52라는 구절에 근거하여 비무장, 비폭력을 가르쳤으므로, 초기 기독교는 비폭력 평화주의를 신봉했다고 주장한다.

그러나 신약성경이 평화만을 말하는 것은 아니라는 주장도 있다. 그렇게 주장하는 이들이 주로 제시하는 본문이 "내가 세상에 화평을 주러 온 줄로 생각하지 말라. 화평이 아니요 검을 주러 왔노라."라는 본문이다마10:34. 또 마태복음 24장의 폭력적인 종말에 대한 예언을 제시하기도 한다. 이들은 이 본문들이나 "칼을 쓰는 자는 칼로 망한다"는 본문 중 어느 하나만을 인용하여 비전非戰이나 참전參戰의 정당성을 주장하는 근거로 사용하는 것은 본문의 문맥으로 볼 때 옳지 않다고 주장한다. "세상에 화평을 주러 온 줄로 생각하지 말라. 화평이 아니요 검을 주러 왔노라." 하신 것은 문맥상으로 볼 때 군사력의 사용을 정당화하는 말씀이 아닌 것이 분명하다. 하지만 그렇다면 동시에 "칼을 쓰는 자는 칼로 망한다"는 말씀이 반드시 국제 관계에서의 비전론을 지지하는 언급이라고 볼 수 없다는 주장이 거부되어야 할 이유도 없다. 개인 간의 관계에서 충돌로 야기될 수 있는 폭력을 반대하는 것으로 볼 수도 있기 때문이다. 요한계시록에서는 선과 악, 어린 양의 세력과 짐승의 세력 사이에 화해할 수 없는 싸움이 있고 대적에 대해 자비를 베풀지 않게 될 것임을 강조했다. 그러나 그것이 물리적인 폭력이나 전쟁을 지지하는 것으로 볼 수도 없다. 그래서 초기 기독교가 평화주의를 지향했다고 단정해서는 안 된다는 주장도 있다.

이렇게 볼 때 비전이나 참전, 혹은 전쟁과 평화에 대한 포괄적이고 균형 잡힌 이해가 필요하다. 물론 초기 기독교인들 중에 제국을 지키고 시민의 생명을 보호하기 위해서는 전쟁이 불가피하다고 여겼던 이들도 없지 않았을 것이다. 페르시아와 국경을 접하고 있는 지역에 살던 기독교인들은 제국의 군사력으로 보호받기를 원했을 것이고, 라인강 근처의 기독교인들은 제국의 군대가 야만족과 싸워 주기를 원했을 것이다.[1] 그럼에도 불구하고 성경은 폭력보다는 비폭력을, 전쟁보다는 평화를 지지하고 있다는 점은 부인할 수 없고, 실제로 초기 기독교인들은 전쟁을 일방적으로 지지하지 않았다는 주장이 광범위한 지지를 받아왔다.

초기 기독교 공동체는 첫 2세기 동안에는 전쟁이나 군 복무에 대해 절박하게 씨름해야 할 이유가 없었다. 그러나 시간이 지나면서 군 복무와 피 흘림, 그리고 전쟁에 대해 심각하게 숙고하기 시작했고, 초기 교부들은 점차 전쟁을 반대하고 평화를 지향하는 평화주의적 논설을 쓰기 시작했다. 다음에서는 이런 점들에 대해 검토해 보고자 한다.

---

1. 켈리, 268.

2) 군 복무와 전쟁에 대한 초기 기독교회의 인식

초기 기독교회는 군 복무와 전쟁에 대해 어떻게 인식했을까? 기독교인들이 전쟁이나 군 복무에 가담할 수 있는가 혹은 없는가에 대해 교회가 처음부터 분명한 입장을 피력한 것은 아니었다. 왜냐하면 초기에는 이런 문제가 제기되지 않았기 때문이다. 루이스 스위프트Louis Swift의 말처럼, "첫 2세기 동안에는 군 복무 문제와 씨름해야 할 절박한 이유가 없었다. 하나의 집단으로서 기독교인들은 실제적으로 정부기관을 유지하거나 명령할 책임이 없었다. 기독교인들의 국가에 대한 의무는 크게 말해서 법을 지키고 그저 평화롭게 사는 것이었다."[2] 로마제국은 아우구스투스 황제 때27B.C.-14A.D.부터 마르쿠스 아우렐리우스 황제 때161-180까지 소위 군사적 우위를 통해 로마의 평화Pax Romana를 누리고 있었고, 이 기간 동안 지중해 세계가 비교적 안정을 누렸다. 이러한 평화의 기운은 스코틀랜드·북아프리카·페르시아까지 확산되었다. 전쟁이 일어났다고 하더라도 그것은 변방 지역에서 일어난 사건으로서 제국 내의 일반인들은 그 전쟁 자체를 모르고 살았을 정도였다.[3] 전쟁이 일어나 징집을 할 경우에도 그것은 로마제국의 국경이나 변방 지역에서 행해졌는데, 초기 기독교인들은 대체적으로 제국의 중심부인 지중해 연안의 여러 도시에 거주하고 있었다. 또한 유대인이나 노예, 그리고

---

2. Louis J. Swift, *The Early Fathers on War and Military Service* (Wilmington: Michael Glazier, 1983), 26.

3. H. C. Boren, *The Ancient World: An Historical Perspective* (NJ: Prentice-Hall, 1976), 339.

해방된 노예freedman는 징집에서 제외되었다. 초기 기독교인들 중 다수는 이런 부류의 사람들이었으므로 기독교인들의 군 복무에 대한 논의는 시급한 현안이 되지 못했다.[4]

그러다가 2세기 말에 와서 변화가 나타나기 시작했다. 170년경부터 군 복무 중인 기독교인이 있었다는 증거가 나타나고 있다. 그래서 이때부터 초기 교부들의 글 가운데서도 군 복무나 전쟁에 대한 견해가 간헐적으로 언급되기 시작했다. 흥미로운 사실은 군 복무 중인 기독교인의 수가 많아지면 많아질수록 군 복무를 반대하는 글도 많아진다는 사실이다. 그렇지만 이런 주제가 교부들의 논의의 주된 논쟁점은 되지 못했다. 173년 이전에는 군 복무중인 기독교인christian soldier이 있었다는 증거가 없다. 설사 있었다 해도 그 수는 결코 많지 않았을 것이다.[5] 그러나 170년대를 거쳐 가면서 로마제국의 군인으로 복무하는 기독교인들이 점차 많아지게 된다. 다수는 군 복무 중 기독교로 개종하는 경우라고 볼 수 있다.[6]

이 당시는 기독교인의 군 복무가 부정되거나 문제가 되지 않았고, 대체적으로 말해서 부정적인 시각이 있었을 뿐이다. 그런 시각의 이유는 두 가지로 정리될 수 있는데, 첫째는 군인들의 생활 방식이 의롭지 못하

---

4. George Kertesz, *Christians, War and Peace* (Melbourne: Broughton Press, 1989), 8.
5. Kertesz, 8.
6. 이 점에 대해서는 상반된 견해가 있다. 170년대 이후 군 복무 중인 기독교인 수가 미미한 정도였다는 주장과 상당한 정도의 기독교인이 있었다는 상반된 견해가 있다. 그렇지만 신자의 수가 증가해 갔다는 점은 분명하다. 이런 변화에 영향을 준 것은 이민족의 침입에 따른 강제 징집, 3세기 중엽에 와서 크게 개선된 군 복무 환경, 그리고 이교적 행사에의 불참 허용 등도 영향을 끼친 것으로 보인다.

다는 이유였다. 세례 요한이 군인들에게 "사람에게서 강탈하지 말며 거짓으로 고발하지 말고 받는 급료를 족한 줄로 알라"라고 책망하는 말씀 눅3:14에서 암시되듯이 군인들의 생활 방식에 대한 부정적인 견해가 있었다. 또 다른 이유는 군인들은 이교異教의 종교적 행사에 참여하게 되거나 군인의 서약을 하는 등 우상숭배적 관행idolatrous practices이 있다고 보았기 때문이다. 그래서 징병제徵兵制, Conscription가 아닌 모병제募兵制, Volunteer military 시대에 기독교인에게 군 복무는 권장되지는 않았다.

그렇다면 당시의 교회 지도자들은 군 복무에 대해 어떤 태도를 취했을까? 이 점에 대해서도 알 수 있는 문헌 증거가 빈약하다. 그러나 "형제들아 각각 부르심을 받은 그대로 하나님과 함께 거하라."라는 바울의 권면고전7:24을 기초로, 기독교인이 된 군인은 계속 군인으로 복무하도록 허용되었다고 보는 견해가 있다. 당시는 제국 내에서는 전쟁이 없던 평화로운 시기였으므로, 변방의 군인들과는 달리 제국 내의 군인들은 경찰로서의 기능을 감당하여 인명 살상에 가담하지 않았기 때문에 기독교인으로서 도덕적인 문제에 직면하지 않았다는 점을 그 근거로 제시하고 있다. 그러나 학자들은 군에 속한 기독교인의 수가 증가해 가자 초기 교부들도 기독교인들의 군 복무를 점차 반대했다고 주장해 왔다. 그 이유는 군 복무가 황제 숭배와 관련되어 있다고 여겼기 때문이었다. 독일 베를린대학에서 가르쳤던 역사신학자 하르나크Adolf von Harnack 는 황제 숭배 외에도 세 가지의 더 중요한 반대 이유가 있었다고 설명하고 있다. 첫째, 전쟁과 피 흘림을 반대하기 때문인데, 군 장교는 사형을 명하고 병사는 이 사형을 집행하도록 요구받기 때문이고, 둘째, 군인들의 절대적 맹세는 기독교의 가르침에 위배된다고 보았기 때문이다. 셋째, 군 복무로 이교문화pagan cults에 가담하게 된다는 점이었다.[7] 따지고 보면 이는 두 가지로 정리될 수 있는데, 첫째는 우상숭배의 가능성이고, 둘째는 피 흘림과 전쟁에의 참여 때문이었다.

그렇다면 초기 기독교가 군 복무를 반대한 이유가 평화주의적 동기보다는 우상숭배의 가능성 때문인가? 아니면 양자를 다 포함하는가? 이 점에 대해서도 상당한 논란이 있다. 캄펜하우젠Hans Campenhausen[8], 존 헬게랜드John Helgeland[9] 등은 초기 기독교인들이 군 복무를 반대한 것은 단지 군 복무 중의 우상숭배 때문이라고 주장한다. 그러나 하르나크, 베인튼, 그리고 역사적 평화교회 신학자들은 우상숭배의 가능성뿐만이 아니라 피 흘림과 살상, 그리고 폭력을 반대했기 때문이라고 주장한다. 일반적으로 정당전쟁론正當戰爭論, 정전론을 지지해 온 이들, 특히 로마 가톨릭 신학자들은 우상숭배 반대라는 동기를 강조한다. 반면 역사적 평화교회 신학자들은 성경이 가르치는 비폭력 평화주의에 대한 가르침과 더불어 우상숭배를 반대하기 때문이었다고 주장한다.

---

7. Harnack, *Militia Christi* (Tübingen, 1905).

8. *Christians and Military Service in the Early Church* (Philadelphia, 1968), 7장 참고,

9. "Christians and the Roman Army, AD 173-337," *Church History*, vol. 43, no. 2 (1974), 149-163; "Christians and the Roman Army from Marcus Aurelius to Constantine," *Aufstieg und Niedergand der Römischen Welt*, II 23,1, 724-834.

3) 군 복무와 평화주의 전통[10]

로마제국 기독교인들의 군 복무, 비폭력 혹은 평화주의에 대한 문제는 1900년 이후 본격적으로 논의되기 시작하는데, 학자들은 초기 기독교회가 첫 300여 년간 비폭력 평화주의를 지향했다는 점에 대해서는 의견을 같이하고 있다. 비폭력 평화주의를 지향했다는 말은 폭력이나 전쟁을 반대했다는 의미인데, 이는 전쟁 수행을 위한 조직인 군 복무도 반대했다는 점을 뜻한다. 이런 점에 대해서는 하르나크, 옥스퍼드대학교의 캐둑스C. J. Cadoux,[11] 레이든대학교의 헤링G. J. Heering[12], 메노나

---

10. 로마제국에서의 군 복무에 대한 기독교인의 태도는 1900년 이래로 중요한 관심사가 되어 (John Helgeland, "Christians and the Roman Army, AD 173-337," *Church History*, vol. 43, no. 2 [1974]. 149ff.) 로마 가톨릭이나 개신교 학자들, 특히 '역사적 평화교회' 학자들에 의해 깊이 숙고되기 시작했다. 이 시기에 발표된 대표적인 작품이 Adolf Harnack의 *Militia Christi* (Tübingen, 1905)였다. 비전, 반전 혹은 평화를 지향하는 평화주의(pacifism)라는 단어가 1904년에 출판된 옥스퍼드 사전(The Complete Oxford Dictionary)에는 나오지 않고 있다. 이 점은 이때까지도 평화, 평화주의가 사회적 주목을 받지 못했음을 암시한다. 그러다가 제1차 세계대전을 경험한 후 평화에 대한 주제가 관심을 끌기 시작했고, 제2차 세계대전 이후 국제연합, UN의 창설, WCC의 창립 등 국제적인 유대를 통한 평화 구축을 위한 노력이 일어나게 된다. 이런 일련의 과정에 초기 기독교의 군 복무와 평화주의는 주목을 받기 시작한 것이다.
11. *The Early Christian Attitude to War* (London: Headly Brothers, 1919); *The Early Church and the World* (Edinburgh: T&T Clark, 1925).
12. *The Fall of Christianity, A Study of Christianity, The State and War* (London: Allen & Unwin, 1930).

이트 학자들인 홀쉬John Horsch[13]와 헐스버그Guy F. Hershberger[14]의 연구를 통해 분명히 제시되었다. 이들은 초기 기독교인들은 폭력이나 전쟁을 비도덕적이고 비기독교적인 것으로 이해하고 배척했다고 주장한다. 앞서 언급했듯이, 초기 기독교회가 군 복무나 살상, 폭력, 전쟁을 반대한 것은 근본적으로 신약성경, 특히 산상수훈의 가르침을 문자적으로 따르려고 했기 때문이다. 누구든지 오른뺨을 치거든 왼편도 돌려 대라는 가르침이나마5:39, 다른 사람들과 화평하라는 가르침막9:4을 제자도弟子道로 인식했기 때문이다.[15] 당시의 기독교인들은 비록 이 땅에서 살고 있으나 이 땅의 질서로부터 자유롭고자 하는 심리적 이민자들이었다. 2세기 중엽의 변증문서인 『디오그네투스에게Epistola ad Diognetum』에서는 이들을 '거주하는 나그네'라고 불렀다.

초기 기독교회가 군 복무나 폭력, 전쟁을 반대했다는 점을 보여 주는 흔적이 초기 교부들의 글 속에 나타나 있는데, 안디옥의 이그나티우스Ignatius, c.35-108는 자신을 해친 이들에게 복수해서는 안 된다고 가르쳤고, 폴리카르푸스Polycarpus, c.69-155는 빌립보인들에게 악에게 대항하지 말라는 베드로 사도의 말씀벧전2:23에 순복하라고 했다. 변증가 아데나고라스Athenagoras는 180년경 동일한 취지의 기록을 남겼다. 그리고 그는 혈전血戰, bloody game이라고 불리는 검투사의 경기에 참여하거나

13. *Die biblische Lehre von der Wehrlosigkeit* (Scottdale: Herald Press, 1920), *The Principle of Nonresistance as Held by Mennonite Church* (Scottdale: Herald Press, 1951).

14. *War, Peace and Nonresistance* (Scottdale: Herald Press, 1953); *The Way of the Cross in human Relations* (Scottdale: Herald Press, 1958).

15. 켈리, 267.

관람하는 것도 금지해야 한다고 주장했다. 그것이 생명을 파괴하는 살상이었기 때문이었다. 테르툴리아누스Tertullianus, c.155-160의 권고는 보다 분명한 증거라고 할 수 있는데, 그는 음란한 연극 관람이나 살상으로 이어지는 검투 경기 관람은 금지해야 한다고 주장했다. 또 174년경에는 기독교인들은 군 복무를 해서는 안 된다고 권면한 바 있다. 그는 군인이 신자가 되었을 경우 즉각적으로 군 복무를 그만두던지, 순교자가 될 각오를 해야 한다고 보았다.

초기 기독교가 군 복무를 반대하고 비폭력 평화주의를 지향했다는 점은 2세기 후반의 이교도 켈수스Celsus의 기독교 비판에서도 암시되어 있다. 켈수스는 기독교인들이 군 복무를 반대하고 전쟁을 거부한다면 결국 제국의 멸망을 기져올 것이라고 말하면서 기독교인들의 반전 평화주의를 공격했다. 또 258년에 순교한 키프리아누스Cyprianus는 "사람을 죽이는 살인은 범죄로 간주되지만 국가라는 이름으로 행하는 살인은 용기로 간주된다."라며 국가의 이름으로 행해지는 폭력이나 전쟁을 비판했는데, 이런 점들은 초기 기독교회의 평화주의적 입장을 보여준다.

정리하면, 초기 교회 지도자들은 그리스도의 가르침과 전쟁은 양립할 수 없다고 보아 전쟁을 반대했고, 전쟁 중에 사람의 목숨을 빼앗는 일은 살인이라고 보아 군 복무를 거부했다. 비록 2세기 중반의 마르쿠스 아우렐리우스 황제Marcus Aurelius, 161-180 치하에서 일부의 기독교인이 군인이 되기도 했고, 3세기에 작성된 『히폴리투스의 교회법』에서는 실제로 살인을 행하지 않는다면 기독교인도 군인이 될 수 있다는 전향적 견해가 대두되기도 했지만, 그럼에도 불구하고 기독교회의 기본적인 입장은 반전反戰 평화주의였다.

이런 현실에서 최초의 양심에 따른 병역 거부자가 있었는데, 그가 북아프리카 누미디아 출신인 막시밀리아누스Maximilianus, 274-295였다. 로마제국의 군인인 파비우스 빅토르Pabius Victor의 아들이었던 그는 아프리카 지방 총독African proconsul 카시우스 디온Casius Dion의 징집 명령을 받았다. 그러나 이를 거부하여 295년 3월 12일 처형되었는데, 그가 최초의 병역 거부로 인한 희생자로 우리에게 알려져 있다. 케둑스C. John Cadoux에 의하면 막시밀리아누스의 경우와 동일한 병역 거부자들이 적지 않았다고 지적한다.[16] 이런 점들은 초기 기독교의 군 복무 반대와 평화주의적 입장을 잘 보여 준다.

3세기에 생산된 교회법에 의하면 목사가 가져서는 안 되는 직업을 열거하고 있는데, 그것은 직업군인, 이발사, 수술 의사, 대장장이였다. 왜 이런 직업을 겸할 수 없다고 규정했을까? 그 이유는 앞의 세 가지 직업은 피를 보는 직업이기 때문이고, 마지막의 대장장이는 이 직업들의 도구를 만드는 자이기 때문이었다. 이것은 정착 목회 이전 자급 목회 시대의 일면을 보여 주는 것이지만, 당시 교회의 평화주의적 이상을 보여 주는 흥미로운 기록이 아닐 수 없다.[17]

앞에서 첫 3세기 동안의 평화주의적 이상에 대해 개괄적으로 소개했다. 언급했듯이 일반적으로 초기 기독교 교부들은 군 복무와 관련하여 많은 글을 남기지는 않았다. 전쟁 일반에 대해 단편적인 언급이나 논

---

16. J. C. Wenger, *Pacifism and Biblical Nonresistance*, 11.
17. 이상규, 『교회사의 거울로 교회 신학 기독교』 (생명의양식, 2020), 111-2.

평이 있을 뿐이다. 평화주의 역사가들은 초기 교부들이 징병 건에 대해 무관심했던 것은 군인을 기독교인의 직업으로서 염두에 두지 않았다는 사실을 반영하는 것이라고 해석한다. 그러나 170년을 경과해 가면서 군 복무 중인 신자가 생겨나고 그 수가 증가되어 가는 변화된 환경에서 기독교인의 군 복무와 전쟁에의 참여에 대해 교회가 말하지 않으면 안 될 상황으로 발전해 간다. 그래서 2세기 말부터 교부들은 군 복무와 전쟁, 그리고 평화에 대해 언급하기 시작하는데, 이런 변화의 중심에 서 있었던 인물이 2세기 말과 3세기 초에 활동했던 테르툴리아누스, 그리고 3세기 중반의 오리게네스와 히폴리투스였다. 그러므로 다음에서는 평화주의를 표방한 이들 교부들의 가르침에 대해 소개하고자 한다.

4) 테르툴리아누스의 평화 이해

대표적인 라틴 교부Latin Fathers로서 최초로 라틴어로 문필 활동을 했던 카르타고의 테르툴리아누스Tertullianus, c.160-c.225는 197년경부터 224년까지 약 20여 년에 걸쳐 집필활동을 했는데, 그리스어로도 글을 썼으나 현재는 라틴어로 쓴 31편의 글이 남아 있다. 그의 저작 중에서 기독교인의 군 복무와 전쟁에 대해 부분적으로라도 언급하고 있는 책으로는 『변증서Apologeticum』, 『영혼의 증거에 대하여 De testimonio animae』, 『스카폴라에게Ad Scapulam』, 『유대인 반박론 Adversus Iudaeos』, 『마르키온 반박서Adversus Marcionem libri』, 『육체의 부활De resurrectione carnis』, 『우상숭배론De Idololatria』, 『화관론De corona militis』, 『외투에 관하여De pallio』, 『박해 시의 도주에 대하여De fuga in persecutione』, 『인내론De patientia』 등 열한 권에 달한다.

그의 초기 작품에 속하는 『변증서』에서는 기독교인들의 군 복무를 반대하지 않고 있다. 이 책은 이교도들을 대상으로 기독교 신앙을 변호하는 것이 주된 목적이었으므로, 기독교의 비폭력적 특성을 말하면서도 동시에 기독교인들이 국가적 의무에 소홀하다는 비판에 유의하여 말하고 있다. 테르툴리아누스는 이 저술에서 기독교인들은 용감한 군대, 성실한 원로원, 세계의 평화, 그리고 제국의 안전을 위해 기도하고 있다고 했다.[18] 기독교인들은 제국에 충성심을 가지고 있을 뿐만 아니라 군 복무를 포함한 제국민의 의무를 진다는 점을 인정했다.[19] 그래서 "우리는 당신들이 살고 있는 모든 곳, 곧 도시와 섬들, 성과 마을들, 시장과 군부대에도 참여하고 있다."[20]라며 기독교인들은 로마의 신전을 제외한 제국의 어디서든 공중생활에 참여하고 있다고 했다. 또 기독교인들은 황제를 위해 기도하고, 제국을 수호하는 군대의 승리를 기원한다고 말하고 있다. 즉 테르툴리아누스는 초기에는 기독교인들의 군 복무를 인정했다. 그러면서도 기독교인들은 '남을 죽이기보다는 기꺼이 자신이 죽고자 하는 이들'이라고 했다.

그러나 후기에 기록한 『화관론』과 『우상숭배론』에서는 이전과는 상반된 입장을 보여 주고 있다. 특히 군인이 월계수로 장식한 화관花冠을 쓰는 일에 대한 비판인 『화관론』에서 이 점을 심각하게 취급하고 있다.

---

18. Apology, 30. 4
19. Apology, 42. 3.
20. Harnack, *Militia Christi*, 75. *Apologeticum*, 37.4.

『화관론』은 초기 교부들의 문헌 중 군 복무 문제만을 취급한 유일한 문헌인데, 황제가 즉위하면서 병사들에게 하사한 선물을 받을 때 월계관 쓰기를 거절한 기독교인 병사의 순교를 보고 저술하게 되었다고 한다. 그러나 이 책 집필의 동기가 된 이 사건이 언제 어디서 발생했는지에 대해서는 분명히 알 수 없다. 테르툴리아누스는 월계관을 쓰는 것을 이교적인 습관이라는 점에서 우상숭배로 보았는데, 이를 거절한 군인에 대해 이렇게 기록하고 있다.

> 황제 폐하의 하사금이 병사들의 막사에서 분배되고 있을 때 월계관을 쓴 병사들이 가까이 오고 있었다. 그들 가운데 금방 눈에 띄는 한 병사가 포함되어 있었다. 두 주인을 섬길 수 있다고 생각하는 다른 동료 병사들보다도 더 굳건한, 오히려 하나님의 병사라고 불러야 좋을 이 병사는 머리에 아무것도 쓰지 않고 그 대신 월계관을 손에 들고 있었다. 이에 따라 모든 사람들이 멀리서부터 손가락질을 하면서 야유를 퍼붓는가 하면 가까이 다가와 그를 향하여 이를 갈았다. 웅성대는 소리는 군단 지휘관에게까지 들렸고, 곧 그 병사는 대열로부터 불려나갔다. 그러자 즉각 지휘관은 '어찌하여 그대의 복장은 그렇게 다른가?'라고 병사에게 물었다. 그 병사는 다른 병사들처럼 월계관을 쓸 자유가 없다고 말했다. 지휘관이 그 이유가 무엇이냐고 묻자 그 병사는 자신이 '그리스도인'이라고 대답했다."[21]

---

21. 알버트 마린 편, 『전쟁과 그리스도인의 양심』 (서울: 성광문화사, 1982), 45-6.

이 책 제1부1.6-7.2에서 테르툴리아누스는 군대의 월계관을 쓰는 것이 왜 우상숭배인가를 논증하였고, 제2부7.3-11에서는 월계관이 이교 의식과 관련되어 있음을 논증하였다. 그리고는 군 복무를 복음의 이름으로 정죄하고 있다.[22] 이 기록을 보면 기독교인들이 군에서 복무하고 있거나 징집 이후 기독교로 개종한 군 복무자들이 있었음을 암시한다.[23]

그런데 교회 지도자가 군 복무를 거부해야 한다고 가르친다면 제국은 누가 지킬 것인가? 이것은 앞서 언급한 켈수스Celsus와 같은 이교 철학자들의 거듭된 질문이었다. 이 점에 대한 테르툴리아누스의 대답은 이교도들이 볼 때 수긍하기 어려운 것이었다. 검, 곧 무기를 버릴 때 발생하는 제국의 위기를 테르툴리아누스는 상관하지 않았다. 그 결과는 하나님께 맡겨야 한다고 보았고, 어떤 결과가 발생하던 그 여파는 길지 않을 것이라고 보았다.[24] 왜냐하면 테르툴리아누스가 『화관론』을 쓴 시기는 테르툴리아누스가 몬타누스파Montanist 이단으로 전향한 다음이었기 때문이다. 몬타누스파는 임박한 재림에 대한 기대 속에 살았던 종말론적, 열정주의적 이단이다. 테르툴리아누스 또한 재림의 때가 임박하다고 보았으므로 군사적 안전이든 위기이든 간에 곧 지나갈 중요하지 않은 것으로 이해하고 군 복무는 기독교인들에게 적절치 못한 행위로 말하고 있다.

앞에서 지적했지만, 테르툴리아누스가 군 복무를 반대한 것은 화관과 함께 군 복무가 우상숭배와 관련될 수 있었다는 점 때문이었다. 테르

---

22. *Apology*, 11.4
23. *De Corona Militis*, XI.
24. 롤란드 베인튼, 『기독교의 역사』 (서울: 크리스찬다이제스트, 1997), 69.

툴리아누스는 군에서의 종교적 관행을 잘 알고 있었고, 태양신 숭배, 서약誓約, sacramentum, 군기軍旗에 대한 숭상을 문제시했다. 군에서의 서약이란 최고사령관인 황제의 명령에 따르고 제국을 위해 목숨을 바치겠다고 약속하는 것인데, 이 서약은 군 입대 시, 매년 정월 초하루, 그리고 황제의 취임기념일에 시행되었다고 한다.[25] 이런 복종을 선서할 때 군인들은 또한 군기를 수호하겠다고 서약했다. 군기는 신성한 것으로 간주되어 병영 막사의 성소adiculum에 정중히 보관되었다고 한다.[26]

당시 로마제국의 황제 숭배라는 국가적 이데올로기하에서 군인이 국가의식이나 종교 관행들을 거절한다는 것은 현실적으로 불가능했다. 따라서 군 복무를 허용한다는 것은 곧 우상숭배를 받아들이는 것으로 이해되었다. 특히 군 복무 중에 강요받게 될 이교 사원의 경비, 식사 중 금지된 음식의 섭취, 군인의 서약, 군기 숭상, 시신屍身 화장, 그리고 군 내부의 각종 비도덕적 의식과 관행 등은 기독교인들이 동참할 수 없는 것들이라고 보았다. 그래서 테르툴리아누스는 군 복무를 우상숭배로 보아 반대한 것이다. 그는 우상숭배를 살인 행위보다 더 중한 용서받을 수 없는 죄라고 간주했다.[27]

테르툴리아누스가 군 복무를 반대한 진정한 이유가 무엇인가에 대해서는 이견이 없지 않다. 그것이 우상숭배의 위험 때문인가, 아니면 군인이 수행하는 피 흘림이나 살상殺傷 때문인가? 아니면 양자 모두를 포

---

25. Helgeland, 154, 지동식 편, 『로마제국과 기독교』 (서울: 한국신학연구소, 1983), 308.

26. Alfred von Domaszewski, "Die Religion des Romichen Heetes," *Westdeutschen Zeeitschrift für Geschichte und Kunst* 14(1895), 40-45. 지동식, 49에서 재인용.

27. *De spectaculis*, 2.8.

함하는가? 앞에서도 언급했지만 이 점에 대해서는 상반된 견해가 있다. 존 헬제렌드J. Helgeland는 테르툴리아누스가 기독교인들의 군 복무를 반대한 것은 우상숭배의 가능성 때문이지 평화주의 때문이 아니었다고 단언한다.[28] 저명한 고대교회사가인 캄펜하우젠Hans von Campenhausen 도 테르툴리아누스는 군인들의 살상이나 유혈을 중요한 문제로 생각하지 않았다고 해석하고, 테르툴리아누스가 염려했던 것은 우상숭배의 위험성이라고 지적한다. "이것은 군대의 엄격한 규율과 또 군대의 일상 생활과 군대 의식에 있어서 이방 종교가 차지하고 있는 영향력을 고려해 볼 때 불가피한 것으로 보인다."[29] 테르툴리아누스가 우상숭배를 심각한 문제로 인식했던 것은 간음, 살인과 함께 우상숭배를 용서받을 수 없는 세 가지 대죄大罪로 규정한 사실에서도 알 수 있다.[30]

테르툴리아누스가 우상숭배의 위험성을 심각하게 고려한 점은 분명하지만, 동시에 피 흘림에 대한 염려 때문에 군 복무를 반대했다는 주장도 만만치가 않다. 메노나이트교도들을 포함한 평화교회 신학자들이 이런 입장을 취하고 있다. "그리스도께서 베드로에게 칼을 버리라고 말씀하심으로서 모든 군인의 무장을 해제하셨다."라는 언급에서 보여 주듯이 테르툴리아누스에게는 그리스도의 모범에 기초한 비폭력 사상이 있었고, 그가 군 복무를 반대한 것은 우상숭배의 위험성뿐만 아니라 피 흘림, 살상을 거부하는 반전사상 때문이었다는 것이다. 특히 테르툴리

---

28. J. Helgeland, "Christians and the Roman Army, AD 173-337," *Church History*, vol.43, no. 2 (1974). 149 ff.

29. Campenhousen, 163. 오만규, 56에서 재인용.

30. *De pudicitia*, XII.

아누스의 『우상숭배론』은 테르툴리아누스의 반전사상을 보여 주는 구체적인 근거로 제시된다. 이 책의 내용을 둘러싼 해석의 문제는 이 책의 저술 시기와 밀접한 관련이 있는데, 일반적으로 이 책은 하르나크의 견해에 따라 몬타누스주의로 기울기 이전인 198년에서 203년 어간에 쓴 것으로 여겨진다. 이 책에서 테르툴리아누스는 "기독교인들이 군 복무를 할 수 있는가? 군 복무를 계속하면서 신앙생활을 할 수 있는가?"라는 문제를 제기하고, "한 영혼이 하나님과 가이사 두 주인을 섬길 수 없다."라고 주장한다.[31] 또 '무장을 할 수 있지 않은가?' 라는 어떤 기독교인의 주장을 반박하면서 이렇게 말한다.

그런데 모세가 시상이를 들고 다녔고, 아론이 군사용 벨트를 착용했고, 세례 요한이 가죽 혁대를 차고 다녔으며, 눈의 아들 여호수아는 군대를 지휘했고, 구약의 백성들은 전쟁을 수행했다고 주장한다. 그러나 그렇다고 기독교인들이 전쟁을 할 수 있는가? 그럴 수 없다. 평화시대의 군인이라 할지라도 주님께서 치워 버리신 그 칼 없이 어떻게 군인 노릇을 할 수 있는가? 비록 세례 요한을 찾아온 군인들이 그의 가르침을 받았고, 또 어떤 백부장이 신앙을 갖기도 했지만, 그러나 후에 주님께서 베드로의 칼을 버리라고 말씀하심으로써 모든 군인의 무장도 해제하셨다.[32]

---

31. *De Idololatria*, 19.2.
32. *De Idololatria*, 19.3.

이런 점에 근거하여 메노나이트교도인 존 드라이버John Driver를 비롯한 역사적 평화교회 신학자들은 테르툴리아누스가 우상숭배뿐 아니라 살상의 가능성, 곧 칼로 행사되는 폭력이나 전쟁을 반대했기 때문에 군 복무를 반대했다고 주장한다.[33] 그래서 『화관론』에서도 "나는 나의 모든 힘을 다하여 군 복무를 배척한다Omni ope expulero militiam"[34]라고 단호하게 말했다는 것이다. 비록 테르툴리아누스는 기독교인은 군인이 될 수 없다며 군 복무를 반대했지만 물론 당대의 모든 기독교인들이 테르툴리아누스의 의견을 추종했다고 볼 수는 없다.

5) 오리게네스의 풍유적 해석

구약성경에 기록된 전쟁사를 역사적 사실로 보지 않고 풍유적諷諭的으로 해석하여 전쟁이나 군 복무를 반대하고 평화주의를 주창한 인물이 오리게네스Origenes, c.185-254였다. 오리게네스는 알렉산드리아의 클레멘스Clemens, c.150-220에 이어 동방신학을 주도했던 인물인데, 182년에서 185년 사이에 알렉산드리아의 기독교인 가정에서 출생하였다. 그의 아버지 레오니데스Leonides는 202년 셉티미우스Septimius 황제 치하의 박해에서 참수형을 당해 순교자가 되었다. 이때 오리게네스도 체포될 수 있었으나, 그가 집을 나가지 못하도록 그의 어머니가 옷을 감췄기

---

33. John Driver, *How Christians Made Peace with War* (Scottdale: Herald Press, 1988), 39-43.
34. *De Corona Militis*, 11.6.

때문에 체포를 피할 수 있었다고 한다.

오리게네스는 18세 때 알렉산드리아의 감독 데메트리우스Demetrius의 요청으로 세례지원자들을 가르치는 일을 시작했고, 후에는 교리문답학교 교장이 되었다. 이후 알렉산드리아를 떠나 가이사랴Caesarea에 정착하여 저술에 종사하였는데, 250년 데시우스Decius 황제 치하에서 투옥되어 심한 고문을 받았고, 석방된 후 오직 3년간 생존하다가 254년 세상을 떠났다. 클레멘스가 알렉산드리아 신학Alexandrian theology의 기초를 놓았다면, 오리게네스는 알렉산드리아 신학의 골격을 세웠다고 말한다. 오리게네스는 학문적으로 탁월한 교사였다. 그는 설교문, 성경주석, 기독교 교리적 작품, 변증서 등 6,000권의 책을 남겼다고 알려져 있는데, 대표적인 지술이 『제일원리에 관하여Peri Archon』였디. 최초의 조직신학서로 간주되는 이 책에서 신론, 창조, 타락, 인간론, 윤리학, 성경의 역할과 성경해석 원리, 자유의지, 부활 등의 주제를 취급했다. 또 28년에 걸친 오랜 기간 동안 여섯 가지 성경 번역판을 종합한 『헥사플라Hexapla』를 편찬했는데, 일종의 대조 성경이라고 할 수 있다.

그의 대표적인 변증서는 『켈수스 논박Contra Celsum』인데, 이 책은 이방인 철학자 켈수스의 『참 말씀ἀληθὴς λόγος』에 대한 논박이라고 할 수 있다. 이 『켈수스 논박』은 이 시기에 생산된 가장 우수한 작품으로 알려져 있다.[35] 켈수스의 작품은 남아 있지 않고 소실되어서 오리게네스의 논박서를 통해 간접적으로 그리고 부분적으로 그 내용을 복원할 수 있을 뿐이다. 오리게네스의 글은 켈수스의 기독교 비판서가 나온 지 70여

---

35. H. Chadwick, *Origen: Contra Celsum* (Cambridge University Press, 1965), ix.

년 후에 썼는데, 이 점은 오리게네스의 작품이 직접적으로 켈수스에게 대항하려는 것이라기보다는 당시 교회를 위한 변증으로서 의미가 컸다는 점을 알려 준다.

오리게네스는 성경 해석에 있어서 '풍유적 해석'을 주창한 인물인데, 이를 '우의적寓意的 해석,' 혹은 '알레고리적Allegorical 해석'이라도 말한다. 이는 성경을 문자 그대로 해석하지 않고 글의 배후에 어떤 숨은 뜻이 있다고 가정하고 그 뜻을 밝혀내는 것을 해석의 중요한 과제로 여기는 방법이다. 오리게네스는 구약성경에 기록된 전쟁 기록도 풍유적으로 해석했다. 그래서 가나안 정복전쟁과 같은 전쟁 기록을 이스라엘 백성들의 영적 싸움으로 해석했다. 결국 가나안 정복 전쟁을 실제 발생한 전쟁이 아니라고 해석한 것이다. 이런 그의 관점은 구약의 다른 본문에도 동일하게 적용되었다. 예를 들면, 이사야서 2장 4절, "그가 열방 사이를 판단하시며 많은 백성을 판결하시리니 무리가 그 칼을 쳐서 보습을 만들고, 그 창을 쳐서 낫을 만들 것이며, 이 나라와 저 나라가 다시는 칼을 들고 서로 치지 아니하며 다시는 전쟁을 연습하지 아니 하리라."라는 본문에서 '칼'을 투쟁과 교만을 뜻하는 것으로, '보습'이나 '낫'은 겸손의 의미로 해석하여 이 본문을 물리적 전쟁과 관련시키지 않았다.[36]

이처럼 그는 구약에 나오는 전쟁 기사를 영적 전쟁에 대한 상징으로 해석했다. 그는 구약의 전쟁 기사가 영적 전쟁을 상징하는 것이 아니라면 유대의 역사책들이 교회에서 그리스도를 따르는 이들이 읽어야 할 책으로 전해졌으리라 생각하지 않는다고 했다. 결국 오리게네스는 구

---

36. *Contra Celsum*, 5. 33.

약의 전쟁사를 풍유화함으로써 이스라엘의 전쟁을 실제 사건으로 보지 않았다. 그는 이를 근거로 테르툴리아누스와 마찬가지로 전쟁이나 군복무를 반대하는 평화주의적 입장을 취한 것이다.

오리게네스의 이런 입장은 『켈수스 논박』에도 잘 나타나 있다. 기독교인들은 징병을 거부함으로서 시민적 의무를 회피하고 있다는 켈수스의 비판에 대해, 오리게네스는 이 책 앞부분에서 기독교인들은 본질상 평화를 사랑하는 사람이라고 말했다. 그러면서 예수님께서는 칼을 사용하거나 복수하거나 살인하는 일을 금지하셨다고 지적하고, 기독교인들은 기도라는 방편으로 제국에 충성하였고, 황제를 도왔다고 주장했다.[37] "그리스도인들의 역할은 …… 제국과 황제를 대신하여 전쟁을 하는 것이 아니라, 이보다는 더 중요한 싸움, 곧 전쟁의 원인을 제공하는 마귀들과 영적인 싸움을 한다."라고 말하면서 "그리스도인들은 황제를 적에게 넘겨주는 것이 아니라 실제로는 가장 중요한 방법으로 황제를 위해 싸우는 것"이라고 주장했다.[38] 여기서 중요한 점은 기독교인이 전쟁에 참여하기를 거부했다는 켈수스의 지적을 부인하거나 수정하지 않고 인정하고 있다는 점이다. 그리고는 기도로 제국에 대한 책임을 다했다고 주장하고 있다. 그는 이렇게 말한다.

우리는 전쟁을 일으키도록 자극하고 맹세한 바를 위반하게 만들며 평화를 깨는 모든 악마들과 기도로써 싸운다. 우리는 이런 방

---

37. *Contra Celsum*, 8. 73.
38. 켈리, 270.

식으로 황제를 위해 전쟁터로 나가 싸우는 이들보다 더 큰 도움을 준다. 그리고 우리는 의로운 기도를 통해 자기부정적인 수련과 묵상을 수행할 뿐만 아니라 공적인 일에서도 우리의 임무를 감당하고 있다. 이런 일들이 우리들로 하여금 쾌락을 멀리하고 이런 길에 빠지지 않도록 가르친다. 실로 우리들보다 황제를 위해 더 잘 싸우는 이들이 없다. 우리들은 설사 황제가 요구한다고 하더라도 그의 수하에서 싸우지는 않는다. 도리어 하나님께 우리의 기도를 드림으로써 특별한 군대, 곧 '경건의 군대'를 만들어 그를 대신하여 싸운다.[39]

전쟁을 선동하며 평화를 파괴하는 마귀를 대적하여 기도로 싸우고, 이로써 전쟁에 나가 싸우는 것 이상으로 제국에 충성하고 황제를 보호하고 있다고 주장했다.[40] 이런 주장과 함께 오리게네스는 살상 행위를 하지 않도록 로마의 사제들의 군 복무를 면제해 주듯이 기독교인들의 군 복무를 면제해 주어야 한다고 주장했다.[41]

비록 군 복무는 거부하지만 물리적 힘 그 이상의 것인 기도의 능력으로 제국과 황제를 보호한다는 주장이 이교도들의 공감을 불러 일으

---

39. *Against Celsus*, 8.73.
40. 헤젤랜드는 오리게네스는 테르툴리아누스와 마찬가지로 군 복무를 반대한 것은 윤리적이라기보다는 종교적 이유였다고 주장한다. 즉 우상숭배적 의미 때문에 군 복무를 반대했다고 주장한다. 헤젤랜드는 "오리게네스가 군 복무를 반대했을 때 그것이 살상행위를 염두에 두고 있었다고 한다면, 그는 기독교인들이 의로운 전쟁에서 황제가 승리하도록 기도하여야 한다고 말하지 않았을 것이라고 말하고 있다. 지동식, 311 참고.
41. *Contra Celsum*, 8. 73.

컸다고 여겨지지는 않지만, 이것이 오리게네스의 확신이었다. 정리하자면 오리게네스는 구약의 전쟁사를 풍유화함으로써 영적 전쟁으로 해석하고, 이를 근거로 비전 혹은 반전의 평화주의를 지향했던 인물이었다. 오리게네스의 『켈수스 논박』이 켈수스에 대한 반박보다는 당시 교회를 위한 변증인 것은 당시 교회가 다 오리게네스의 주장을 따랐다고 볼 수 없다는 사실을 암시한다. 그 당시에도 군에서 복무하는 기독교인들이 있었기 때문이다.

6) 히폴리투스

군 복무와 살상을 반대하여 평화주의를 지향한 또 한 사람의 교부가 히폴리투스Hippolytus, c.170-235였다. 히폴리투스의 생애에 대하여는 별로 알려진 것이 없으나, 초기 교부 이레네우스Irenaeus의 제자로서 로마교회의 감독이었던 저명한 신학자로 알려져 있다. 그는 여러 저술을 남겼는데, 『육일 간의 천지창조에 관하여』, 『마르키온에게』, 『아가서에 관하여』, 『에스겔서에 관하여』, 『유월절에 관하여』 등이 있고, 변증 문서인 『노에투스 논박Contra Noetum』과 『모든 이단을 배척함Refutatio omnium haeresium』이 널리 알려져 있다. 그의 또 다른 대표적인 작품이 『사도전승Traditio apostolica』이라는 글인데, 초기 기독교회의 규정집이라고 할 수 있다. 이 책은 교회 규정에 관한 가장 오래된 작품으로 주후 200년 전후의 로마교회의 상황을 보여 주고 있어 소중한 가치를 지니고 있다. 이 책에서 특히 그는 전쟁을 반대하고 평화주의를 옹호한다.

히폴리투스는 윤리적 엄격주의자였다. 그는 세례 받은 신자가 간음, 살인, 배교 등 세 가지 죄를 지으면 하나님께는 용서받을 수 있어도 지상의 교회는 이를 용서해 줄 권한이 없다고 생각했다. 이런 죄를 범한 이들은 성찬에 참여할 수 없고 교회의 교제로부터 단절되어야 한다고 보았다. 이 일로 로마의 감독 칼리스투스Callistus I와 대립하기도 했다. 칼리스투스는 간음의 죄를 범했으나 회개한 이를 받아들이고 로마교회의 성찬에 참여하게 하여 히폴리투스의 반발을 불렀다. 그러나 칼리스투스는 교회란 마치 깨끗한 짐승만이 아니라 더러운 짐승도 함께 들어온 노아의 방주와 같으므로 교회는 회개한 이들을 받아들일 수 있다고 보았다. 또 로마교회 감독은 예수님께 인간의 죄를 매고 푸는 권세를 받은 베드로의 후계자라는 이론으로 자신의 주장을 정당화했다. 이에 대해 히폴리투스는 교회란 모름지기 거룩한 의인들의 공동체여야 하며 교회 안에는 죄인들이 들어올 수 없다고 강하게 주장했다.

이처럼 엄격한 윤리적 표준을 가르쳤던 히폴리투스는 자신의 『사도전승』에서 특정 직업에 종사하거나 행위를 하는 자는 교회 회원이 될 수 없다고 보았다. 매춘업자, 매춘부, 마술사, 점성가, 연극배우, 곡예사나 검투사, 그리고 우상 제조업자가 그러한 직업들이었고, 또 기독교인이 우상을 소지하거나 부도덕한 일을 지속하는 것도 부당한 일로 간주했다. 살인을 대죄大罪로 간주하는 그가 검투 경기의 참가를 금지해야 한다고 주장한 것은 당시의 검투 경기가 인명 살상으로 이어졌기 때문이다.

히폴리투스가 문제시한 세 가지 죄인 간음, 살인, 배교 중에서 살인은 직접적으로 군 복무와도 관련된 것이었다. 이런 점에서 군 복무도 엄격하게 반대하는 입장을 취하게 된 것이다. 그는 『사도전승』의 3개 항에서 이렇게 썼다.

하위 계급의 군인은 사람을 죽이지 않을 것이다. 그러나 그런 명령을 받는다면 그 명령을 수행해서도 안 되며, 서약을 해서도 안 된다. 만약 이 점을 받아들이지 않으면 교회 회원권을 박탈한다.

무력을 가진 자나 고위층의 관복인 자줏빛 옷을 입는 위정자가 있다면 그 직에서 사임해야 한다. 그렇지 않으면 회원권을 박탈한다.

군인이 되기를 원하는 예비신자나 신자가 있다면 그들은 하나님을 경멸하는 것이기 때문에 회원권을 박탈한다.[42]

『사도 전승』은 부도덕한 일이나 마술을 행하는 자뿐만이 아니라 우상숭배와 죽음에 이르게 하는 폭력을 반대한다. 히폴리투스는 서커스나 검투 경기도 군 복무 혹은 전쟁과 관련되어 있다고 보았는데, 로마인들은 평화의 시기에는 경기장에서 검투 경기라는 살인적인 경기를 통해 군인 정신을 고취하고 있었기 때문이다. 어떤 이들은 『사도전승』에서의 살인의 금지는 경기장에서 이루어진 범죄자들의 처형을 언급한

---

42. *Apostolic Tradition*, Quoted in John Helgeland, Robert J. Daly, and J. Patout Burns, *Christians and the Military: The Early Experience* (Philadelphia: Fortress Press, 1985), 37. John Driver, *How Christians Made Peace with War* (Scottdale: Herald Press, 1988), 49.

것이라고 주장한다. 이 글의 문맥을 보면 전쟁에서 생명을 빼앗는 일보다는 경기장에서의 사형 집행에 대하여 말하는 것 같이 보이기도 한다. 그러나 이런 사법적 살인의 금지는 의심할 바 없이 모든 살인에 대하여 적용된다.

당시 로마제국의 군 복무가 반드시 전쟁이나 사형 집행에 가담하는 것은 아니었다. 군은 도로 정비, 우편 배달, 경계 업무, 그리고 다른 형태의 시민적 봉사의 역할도 했다. 따라서 살인을 거부하는 이들도 군에 그대로 남아 있을 수 있었다. 그러나 군생활의 정기적인 관행으로서 일년에 적어도 세 차례 시행되었던 군인의 서약은 단순한 복무예식 정도가 아니라 그 이상의 의미가 있었다. 이 서약은 황제에 대한 충성 서약으로서, 진정한 사령관인 그리스도께 충성하는 기독교인의 신앙과 충돌을 일으킬 수밖에 없었다. 이방신을 숭상하는 황제에 대한 충성은 사실상 종교적인 문제였다. 그것은 제국의 군국주의적 우상숭배 관행의 중심되는 의식이었다. 『사도 전승』 제17항을 보면 히폴리투스는 신자가 된 군인의 상황을 잘 헤아리고 있는 것으로 보인다. 그러나 제19항은 신자가 군인이 되는 것을 금지하고 있다. 이런 군 복무에 대한 금지는 에디오피아, 시리아, 그리고 이집트에서 작성된 교회 규정에서 두 세기 이상 지속되었다.

당시의 다른 교회 지도자들 또한 기독교인들의 군 복무 반대에 인식을 같이한 것으로 보이지만 신자들이 이를 그대로 준수한 것은 아니었다. 따라서 신자들이 군인이 되어 군 복무 중 살인에 가담하기도 했다. 교회는 이런 행위를 정죄했으나 위반자들은 단지 죄를 회개하는 선에서 다시 교회로 받아들여졌다고 한다. 시간이 지날수록 예외 규정이 더해졌고, 콘스탄티누스Constantinus I가 기독교를 공인한 이후 신자들의 생활 방식은 새로운 정치 환경에 순응하기 시작했다. 스트로우마 Guy Strouma의 지적처럼 초기 기독교는 신약성경에서와 마찬가지로마 5:43-48, 10:34 눅6:27-33, 12:49-51 평화 지향적irenic이면서도 동시에 전투적 eristic인 양면성을 지니고 있었다.[43] 초기 기독교는 유대인과 이방인, 이 교숭배자 모두에게 평화의 복음을 증언하면서도 타종교와의 대결을 피할 수 없었기 때문이다. 초기에는 칼무력보다는 펜변증 활동을 선택했으나, 4세기에는 칼을 지지하는 상황으로의 변화가 기다리고 있었다.

---

43. Guy G. Stroumsa, *Barbarian Philosophy, The Religious Revolution of Early Christianity* (Mohr Siebeck, 1999), 10ff.

5. 정당전쟁론의 대두

초기 기독교의 비전, 반전, 평화주의와는 달리 4세기 이후 곧 콘스탄티누스Constantinus I, c.272-337의 개종312과 기독교의 공인313, 그리고 테오도시우스Theodosius I의 기독교 국교화380, 392 이후 기독교는 제국의 종교가 되면서 커다란 변화를 겪게 된다. 기독교가 제국의 공인을 받기 이전에는 불법적 종교religio illicita였으나 이제 합법적 종교religio licita가 되었다. 이제 기독교는 더 이상 박해받는 종교가 아니라 제국의 종교 state religion로 국가의 비호를 받는 종교가 된 것이다. 4세기 이전의 기독교가 '나그네 공동체'였다면 4세기 이후에는 '안주 공동체'가 되었다. 이렇게 볼 때 4세기는 기독교 역사의 분기점이 된다.

1) 기독교의 국교화와 정당전쟁론

기독교가 로마제국의 공인을 받고 국교가 되기 이전의 기독교를 '초기 기독교Early Christianity'라고 말한다면, 기독교의 공인과 국교화國敎化 이후 곧 4세기 이후의 기독교를 '콘스탄티누스적 기독교Constantinian Christianity'라고 부른다. 4세기에 기독교는 국가권력과 동맹을 맺게 되었고 교회와 국가는 공동운명체가 되었다. 이를 '콘스탄티누스주의 Constantinianism'라고 부른다. 기독교가 제국의 종교가 되면서 이전의 교회와는 확연히 구별되는 변화를 보여 주었기 때문이다.

이제 교회는 국가의 요구를 거절할 수 없게 되었고, 국가의 과제를 종교적으로 뒷받침해야 했다. 뿐만 아니라 방어적 전쟁이든 영토 확장을 위한 전쟁이든 상관없이 제국의 안녕과 번영을 위해, 그리고 전쟁의 승리를 위해 기도해야 했다. 기독교가 제국의 종교가 되자 제국의 영토 확장을 지지할 수밖에 없었고, 초기 기독교회가 견지했던 평화주의는 퇴조하고 그 대신 '정당전쟁론正當戰爭論, just war theory, 정전론'이 대두되었다. 무죄한 자를 방어하고, 부당한 탈취를 회복하여 정의를 보장하고 평화를 유지하기 위한 전쟁이라면 전쟁은 정당성을 지니고, 이럴 경우 군 복무와 전쟁 참여는 가능하다는 주장이었다. 이제는 전쟁 자체가 문제시된 것이 아니라, 무엇이 '의로운 전쟁'이며 무엇이 '정당한 전쟁인가'가 중요한 논점이 되었다. 이 이론을 제시한 첫 인물은 로마의 철학자 키케로Cicero, B.C.106-43였다. 기독교권에서는 암브로시우스Ambrosius를 거쳐 아우구스티누스Augustinus에게 와서 정당전쟁론이 체계화되었고, 기독교인의 참전권參戰權은 정당전쟁론의 지지를 받으며 조직적으로 정당화되었다. 이런 경향은 교회와 국가의 결속으로 볼 수 있는 기독교국가Christendom 시대의 자연스러운 현상이었다.[1] 이제 군복무와 기독교 신앙 간에는 아무런 충돌이 없었다.

이와 같은 4세기의 상황과 기독교의 국교화 과정을 좀 더 자세히 살펴보자. 기독교를 공인했던 콘스탄티누스 1세는 337년 사망하고 제국은 그의 세 아들에게 분배되었다. 첫째 아들 콘스탄티누스 2세Constantinus II, 317-340는 브리튼, 갈리아, 스페인 등 서방의 속주들을, 둘째 아들 콘스탄티우스Constantius, 317-361는 트라키아, 마케도니아, 그리스, 아시아, 이집트 등 동부의 속주들을, 셋째 아들 콘스탄스Constans, 320-350는 아프리카와 그리스, 이탈리아를 맡았다. 이들 사이에서 패권 경쟁이 일어나 콘스탄티누스 2세와 콘스탄스가 대립하여 싸웠고, 340년 콘스탄티누스 2세가 전사하자 콘스탄스가 정세를 주도했다. 그러나 콘스탄스가 350년 암살당하자 이번에는 콘스탄티우스가 제국 전역을 통치했다. 361년 콘스탄티우스가 죽은 후 그의 이교도 사촌 율리아누스Julianus, 331-363 치하에서 지배를 받게 되는데, 율리아누스는 흔히 배교자 율리아누스Julian the Apostate라고 불리고 있다. 그러나 그의 통치는 불과 2년 361-363에 지나지 않았다. 그도 전쟁에서 죽었고, 이제 제국 내에서의 전쟁은 다반사가 되었다. 히에로니무스Hieronymus, 347-420가 "세계가 신음한다"라고 탄식했을 정도였다.

약 15년이 지난 379년에는 테오도시우스 1세Theodosius I, 347-395가 제국 동부의 황제가 되어 395년까지 14년간 통치했다. 380년 2월 28일에

---

1. 크리스텐덤의 의미, 역사, 특징 등에 대해서는, 장동민, 『포스트 크리스텐덤 시대의 한국기독교』 (서울: 새물결플러스, 2019), 55-87을 참고할 것.

는 제국 서부를 다스리는 그라티아누스와 발렌티니아누스와 공동 명의로 흔히 '데살로니가 칙령'이라 불리는 칙령 '모든 백성Cunctos populos'을 발표했다. 이 칙령은 니케아 신조를 받아들이는 정통신앙을 '피데스 카톨리카fides catholica', 곧 '보편 신앙'이라 하여 이를 유일한 합법적인 종교로 규정했다. 이 신앙을 따르는 자들을 크리스티아니 카톨리키Christiani catholici라고 불렀다. 정통신앙을 따른 이들의 교회를 보편적인 교회, 곧 '가톨릭 교회'라고 부른 것이다. 그리고 예수님께서 본질적으로 하나님과 동등하지 않으시고 유사하실 뿐homoiousios이라고 하는 이른바 유사본질론本質類似論을 주창했던 아리우스주의Arianism를 금지했다. 또 이때부터 제국의 모든 이교들에 대한 지원을 중단했다. 흔히 이때 기독교가 국교화되었다고 말하기도 하지만, 실제로는 국교화되어가는 중요한 단계였다. 테오도시우스는 이른바 '로마 종교의 최고 수호자'라는 의미의 폰티펙스 막시무스pontifex maximus[2]라는 칭호를 거절했다. 기독교신자였던 그는 다신교적 로마 종교의 수장이라는 칭호를 거절한 것이다. 이것은 이교와 제국 간의 결별을 의미한다. 그러나 그가 세례를 받은 것은 380년 가을의 일이었다. 심한 병을 앓는 가운데 데살

---

2. 고대 로마 종교의 최고 수호자(supreme guardian of the old Roman cults)라는 의미인데, 고대 로마의 국가사제단(collegium pontificum)에 속한 최고의 사제를 가리키는 칭호였다. 기원전 254년 이전까지는 오직 귀족만이 이 자리에 오를 수 있었다. 로마 공화정에서 최고의 종교적 자리였던 폰티펙스 막시무스는 서서히 정치적인 칭호로 변모되어 기원전 63년 율리우스 카이사르가 이 직에 올랐고 로마황제의 공식칭호가 되었다. 이 칭호를 마지막으로 사용한 황제는 그라티아누스(Flavius Gratianus, 375-383)였는데, 그는 자신에 대한 칭호에서 이 칭호는 제외시켰다. 후에 Pontifex 라는 용어는 기독교의 주교들을 칭하는 용어가 되었는데, 특별히 가장 높은 주교는 교황이라는 점에서 Pontifex Maximus라는 칭호는 교황을 칭하는 용어가 되었다.

로니가의 아솔리우스Ascholius 감독으로부터 세례를 받은 것이다.

테오도시우스 1세는 381년 콘스탄티노플에서 제2차 세계교회 회의普遍公議會, ecumenical council를 소집하여 니케아 신조Nicene Creed를 약간 수정한 니케아-콘스탄티노플 신조Niceno-Constantinopolitan Creed를 공표하게 하고, 예수의 인성에 대해 이견을 제시한 아폴리나리우스주의Apollinarianism와 성령의 인격성을 부인한 마케도니안주의Macedonianism를 이단으로 정죄하는 등 교리 논쟁의 중요한 발전을 가져왔다. 또한 그는 381년부터는 로마제국의 다신교적 이교를 탄압하기 시작했다. 이교 조직의 해산을 요구하고 미신적인 점술占術인 장복臟卜, haurspex[3]을 금지시키는가 하면 휘하의 통치자들에게 이교를 제재하도록 요구했다. 그러나가 391년과 392년에는 이교와 이교적 종교행위를 금지하는 세 가지 법령을 발표했는데, 391년 6월에 발표된 첫 번째 법령에서는 희생제의犧牲祭儀, sacrifice를 금지시키고 신전神殿 출입을 금지했다. 이를 어길 경우 과중한 벌금을 부과했다.

392년 6월 16일에는 이와 비슷한 조치가 알렉산드리아에서 시행되었고, 392년 11월 8일에는 보다 강경한 법률이 공표되었다. 어떤 형식이든 이교의 예배가 완전히 금지되었고, 동물의 희생제의를 포함하여 제단에 향을 피우거나 주류 등을 바치는 행위도 금지되었다. 이를 위반할

---

3. 고대 로마의 종교에서 도살한 동물의 내장, 특히 희생 된 양과 가금류의 간을 보고 점을 치는 희생제의(犧牲祭儀)이자 점술인데, 이를 라틴어로 haruspex 혹은 haruspicina라고 한다. 이를 영어로는 haruspex(복수는 haruspices) 혹은 aruspex라고 한다. 312년 10월 28일의 밀비안 다리 전투를 앞두고 막센티우스는 이교의 관습인 장복(臟卜)에 의존 했으나, 콘스탄티누스는 그리스도를 뜻하는 그리스어 키(χ)와 로(ρ)로 결합된 라바룸(Labarum)을 의지하여 전쟁에서 승리했다.

경우 재산 몰수형을 당하게 된다. 이로써 오직 기독교만이 제국의 공인된 종교가 된 것이다. 이교의 휴일은 일하는 날로 변경되었고 신전은 폐쇄되었다. 그래서 392년에 기독교가 로마제국의 국교가 되었다고 말하게 된 것이다. 결국 393년부터 포괄적으로 제국의 전 지역에서 비기독교적 종교 행위는 완전히 금지되었다. 394년에는 올림픽 경기가 금지되고 각종 이교적 관습이 폐지된다. 테오도시우스 1세가 기독교국가를 지향한 일은 콘스탄티누스 1세도 꿈꾸지 못한 일이었다. 이제 기독교회는 제국의 일부가 되었다.[4]

4세기 이후 기독교의 공인313에 이어 기독교가 제국의 주류 종교가되면서 군에서의 우상숭배에 대한 의문은 점차 사라졌다. 초기 기독교가 견지했던 평화주의 전통 또한 재해석되거나 점진적으로 그 의미가약화되었다. 그래서 캄펜하우젠은 "초기 기독교회는 평화주의적이었지만 콘스탄티누스 대제 이후 교회는 제국을 지켜야 할 책임을 부여받았고, 교회는 이런 책임을 회피할 수 없었다."라고 지적한다.[5] 이런 변화는

---

4. 기독교의 국교화에 앞장섰던 테오도시우스 1세 자신은 야만적인 폭력을 행사한 일이 있다. 390년 여름 데살로니가 경기장에서 황제 휘하의 장교 부테리쿠스(Butherichus)가 살해되었는데, 그 장교가 악행을 저지른 불량한 전차경기 선수(auriga)를 체포하려고 하자 전차경기를 보고 싶어 했던 군중들이 부테리쿠스를 살해한 것이다. 테오도시우스는 이에 대한 보복으로 데살로니가 시민 7천 명을 원형경기장에 모아놓고 군대를 풀어 약 세 시간에 걸쳐 학살을 감행했다. 경기장은 피로 물든 참혹한 현장이 되었다. 이때 암브로시우스는 손에 피를 묻힌 사람은 교회 출입을 금한다고 선언하고 테오도시우스에게 참회를 요구했다. 테오도시우스 황제는 처음에는 주저했으나 결국 암브로시우스에게 무릎을 꿇었다. 암브로시우스가 비범한 지도자였음을 보여 주었지만, 문제는 4세기 이후 피 흘림의 역사는 제어되지 않았다는 점이다. 테오도시우스 1세가 중병에 걸려 395년 1월 17일 사망하고 자신의 두 아들 아르카디우스와 호노리우스에게 제국을 절반씩 나누어 주면서 395년 로마가 동서로 분열된다.
5. J. Helgeland, "Christians and the Roman Army, AD 173-337," *Church History*, vol.43,

교회의 제도화와 제국의 종교로의 변화에서 결과한 당연한 발전이었다. 그러나 피 흘림과 살상에 대한 문제는 해결되지 못했다. 이제 문제는 기독교인 군인들이 피를 흘리느냐 마느냐가 아니라, 피 흘림이 어떻게 정당화될 수 있는가 하는 것이었다. 말하자면 전쟁 자체가 문제가 아니라 무엇이 '정당한 전쟁'인가가 중요한 논쟁점이 된 것이다. 이런 과정에서 초기 기독교의 평화주의적 전통은 4세기 이후 '정당전쟁론'으로 서서히 대치되기 시작한다.

곧 그 결실이 나타났다. 350년경 아타나시우스Athanasius, 295/300-373는 "살인은 허용되지 않는다. 그러나 전쟁에서 적군을 죽이는 일은 합법적이며, 칭송받을 일"이라고 했다. 그로부터 25년이 지난 뒤 암브로시우스Ambrosius는 "야민인들에 대항하여 고향을 지키고, 가정에서 약자를 방어하고, 약탈자로부터 자국인을 구하는 싸움은 의로운 행위"라고 보았다. 4세기 후반으로 갈수록 평화주의 전통은 더욱 후퇴하고 전쟁을 허용하는 변화가 나타났다. 392년 이후 기독교가 제국의 유일한 공인된 종교가 되자 교회와 제국은 협력자이자 동반자가 되었고, 군 복무나 병역兵役을 거부하거나 제국의 이름으로 행하는 전쟁을 반대할 이유가 없게 되었다.

그렇다고 해서 교회가 모든 전쟁을 옹호하게 된 것은 아니다. 어떤 경우에 전쟁이 정당화될 수 있는가를 문제시함으로서 전쟁을 제한하고자 했다. 핵심은 그 전쟁의 동기나 원인이 정당한가의 문제였다. 이런 변화의 와중에서 암브로시우스와 아우구스티누스는 무엇이 정당한 전

---

no. 2 (1974). 150.

쟁인가에 대한 대표적인 이론가로 대두되었다.

2) 암브로시우스

4세기 서방교회 교부였던 암브로시우스Ambrosius, 339-397는 골Gaul, Gallia 지방의 트리에르Trier에서 군 장교의 아들로 출생했다. 부친이 사망한 이후 자녀 교육에 관심이 깊었던 어머니를 따라 로마로 가서 수사학과 법률을 공부하였고, 그 후 북이탈리아의 집정관Consul으로 활동했다. 374년에는 세례를 받았고, 지금 우리로서는 이해할 수 없지만 그로부터 8일 후 밀란의 감독이 되었다. 자신은 그 감독직을 맡기에 부적절하다고 여겨 거절하고자 했으나 회중은 그를 감독으로 세우고자 했다. 대범한 인물로서 공직 경력과 함께 덕망을 지닌 인물이었으므로 감독으로 추대된 것이다. 두뇌가 명석한 교회조직가이기도 했던 그는 경건한 목회자였고, 설득력 있는 설교자로 명성을 얻었다. 그의 『신비론De mysteriis』과 『성례론De sacramentis』은 당시 교회에 큰 영향을 끼쳤다.

그는 이단 혹은 이교사상을 비판하고, 콘스탄티누스 이후 동로마 제국의 황제들이 주장해 온 황제-교황주의Caesaro-papism, 곧 국가의 교회 간섭을 거부하면서 교회와 국가의 분리를 주창한 바 있다. 특히 그는 정당한 이유가 있다면 전쟁은 수용될 수 있다고 보는 정당전쟁론을 지지한 대표적인 인물이었다. 밀란의 주교가 되기 전 집정관이었던 그는 근본적으로 제국을 군사적으로 방어하는 것이 신앙의 수호와 일치한다고 생각했다. 당시 아리안Arian족 등 이교 야만족들이 기독교 세계가 된 로마제국을 침략하는 것을 기독교 신앙에 대한 모독으로 보았기 때문이었다.

암브로시우스는 구약의 전쟁 기사로부터 정당전쟁론을 수용했고, 제국의 군사 활동에 정당성을 부여하기 위해 구약 본문을 원용하기도 했다. 즉 블레셋과 다른 이방족속들에 대항한 이스라엘의 전쟁을 전쟁이 정당화될 수 있다는 증거라고 보았다. 이 점을 야만족에 대항하여 싸우는 로마의 기독교인들에게 확대 적용하였다. 특히 그는 394년 밀란에서 멀지 않은 곳에서 반란을 일으킨 이교도 귀족 유게니우스Eugenius와 싸우는 테오도시우스Theodosius 황제의 전쟁에 이 이론을 적용하여, 새로운 다윗으로 간주한 테오도시우스의 그 전쟁을 정당한 전쟁으로 주장했다.[6] 암브로시우스와 그가 이끄는 교인들은 이 전쟁을 위해 기도했다.

암브로시우스는 세 가지 조건을 충족시킬 때 정당한 전쟁으로 간주될 수 있다고 보았다. 첫째, 전쟁은 자기 자신이 아니라 남을 보호하는 관점에서 허용될 수 있다고 보았다. 그는 "남을 죽임으로써 자기 목숨을 구하려는 것은 그리스도인이 해야 할 일이 아니라"고 본다고 말하면서 강도 만난 사람을 구해 주었던 선한 사마리아인의 비유를 제시하고 있다.[7] 자신의 안전을 위해서라면 사마리아 사람은 그냥 피해야 한다. 그러나 그는 자기의 위험에도 불구하고 강도 만난 자에게 도움을 베풀었다. 이처럼 전쟁도 자신이 아니라 남을 보호하기 위한 것일 때 정당성

---

6. 조셉 켈리, 『초대 기독교인들의 세계』 (서울: 이레서원, 2002), 273.

7. George Kertesz, *Christians War and Peace*, 19.

을 지닌다. 둘째, 수도사나 성직자들은 전쟁 행위에서 제외되어야 한다. 셋째, 전쟁 행위가 정당하게 수행되어야 한다. 정당하게 수행되어야 한다는 말은 전쟁의 의도와 목적, 원인 등이 정당해야 하며, 정당한 권위에 의해 전쟁이 선포되고 정당하게 수행되어야 한다는 것이다.

그는 전쟁의 원인보다는 전쟁의 목적의 정당성을 중시했다. 다시 말하면, 기독교인 장군이 야만족과 싸울 때에도 정당한 목적이 있어야 한다. 즉 그 전쟁이 기독교 제국의 방어가 아니라 단순히 힘의 확장에 있다면 그 전쟁은 정당성을 지니지 못한다. 전쟁의 목적은 평화이어야 한다는 것이 암브로시우스의 입장이었다. 또 그는 비전투요원에게 해를 가해서도 안 된다는 원칙이 지켜질 때 정당한 전쟁으로 간주했다. 승전국이 패전국의 비전투요원 전체를 노예로 간주하는 시대에 이런 생각은 매우 발전적이었다. 그럼에도 불구하고, 이런 그의 입장은 평화주의에서 정당전쟁론으로 발전하는 중요한 분깃점이 된다.

이상과 같은 암부로시우스의 정당전쟁론은 연원을 찾으면 그리스의 플라톤Platon, B.C.427-347으로까지 거슬러 올라갈 수 있다. 플라톤은 그의 『국가 정치πολιτεία』[8]에서 비록 '정당한 전쟁'이라는 용어는 사용하지 않았으나, 전쟁이 선의로 일어난 것으로서 예속이나 파멸을 의도하지 않는 경우라면 정당성을 갖는다고 말한 바 있다.

---

8. 플라톤의 πολιτεία는 '국가 정체(政體)', '혹은 정치학(politics)' 등으로 번역되지만 1세기 당시의 πολιτεία라는 단어의 의미는 현재의 정치(학)라는 의미보다 훨씬 포괄적이었다. 이 말은 '공공생활(public life)'로 번역될 수 있다. 그것은 집안에서의 사적 생활과 반대되는 의미, 곧 한 사회의 공적 생활의 전부(the whole of life)를 포괄하는 그런 의미였다. 이상규, 『역사의 거울로 본 교회 신학 기독교』, 12.

3) 아우구스티누스

암브로시우스를 거쳐 아우구스티누스Augustinus of Hippo, 354-430 때와서 기독교인의 참전권參戰權은 정당전쟁론으로 조직적으로 정당화되었다. 354년 북아프리카 누미디아Numidia의 타가스테Tagaste에서 출생한 아우구스티누스는 은혜의 교리를 확립했다는 점에서 '은총의 박사Doctor gratiae'로 불린다. 20세기의 저명한 독일 교부학자 알타너B. Altaner는 아우구스티누스야말로 "테르툴리아누스의 창조적 정열, 오리게네스의 영적 풍부함, 키프리아누스의 교회적 의식, 아리스토텔레스의 예리한 논리를 플라톤의 높은 이상주의와 사변에 결합시킨 인물이다. 그는 교부시대의 가장 위대한 철학자이며, 전 교회의 가장 영향력 있는 신학자이다."라고 평가했다.[9] 그는 다양한 주제에 관심을 가진 교부였는데, 신앙과 이성의 관계, 악의 문제, 은총론과 예정론, 삼위일체론 등을 비롯하여 존재, 진리, 사랑, 하나님 인식, 인간의 본성, 시간과 영원, 자유, 역사와 섭리, 정의, 행복, 그리고 평화의 문제 등 철학 분야와 기독교 신학 전반에 대한 기여에서 그의 사상의 깊이와 넓이를 헤아릴 수 있다. 삼위일체三位一體에 대한 광범위하고도 영향력 있는 연구서뿐만 아니라 마니교摩尼敎, Manichaeism 논쟁386-395, 도나투스파Donatist 논쟁 395-410, 그리고 펠라기우스파Pelagian 논쟁410-430의 과정에서 이들을 반박하는 수많은 작품들을 남겼다.

그는 평화에 대해 『신국론神國論, De Civitate Dei』 제19권에서 논의하

---

9. 한국교부학 연구회, 『내가 사랑한 교부들』 (왜관: 분도출판사, 2005), 218-9.

고 있는데, 스승인 암브로시우스와 마찬가지로 그도 이스라엘의 전쟁 기록에서 전쟁의 정당성을 찾았다. 그는 또 신약성경에서 예수님께서 백부장의 하인을 고쳐 주신 사건이나마8:5-13, 백부장 고넬료의 개종과 믿음행10은 군 복무의 정당성을 보여 주는 것이라고 이해했다. 그리고 세례 요한이 군인들에게 "사람에게서 강탈하지 말며, 거짓으로 고발하지 말고, 받은 급료를 족한 줄로 알라"눅3:14라고 했을 때 요한이 군인이라는 직업에 대하여 비난하지 않았음에 주목하였다.

근본적으로 아우구스티누스는 피정복자의 피해의식을 가진 북아프리카인으로서 전쟁의 피해를 경험하였고, 인간의 불완전성을 확신하고 있었다. 전쟁을 다른 악과 마찬가지로 인간 죄의 결과로 인식하고 반대했다. 그러나 지상에서의 온전한 평화는 기대할 수 없다고도 보았다. 칼이 보습으로 변한 적도 없고, 앞으로도 그렇게 되지 않을 것이라고 생각한 것이다.[10] 그는 "생명을 위협하고 침략을 두려워하지 않는 그런 평화가 인간에게 결코 주어지지 않을 것"이라고 보았다.[11] 완전한 평화는 주리거나 목마름이 없고 적들의 도전도 없는 천국에만 있다고 보아 지상에서의 평화는 비현실적이라고 인식했다. 지상에서의 전쟁은 불가피한

---

10. 게르하르트 로핑크(Gerhard Lohfink)는 초기 기독교 지도자들의 저술에서 이사야서와 미가서 구절의 이용 실태를 조사했는데, 아우구스티누스는 초기 기독교회가 그토록 소중하게 여겼던 본문, "칼을 쳐서 보습으로"라는 성경 구절에 대해서는 언급한 바가 없었다고 한다. 그러나 "저가 땅 끝까지 전쟁을 쉬게 하심이여"에 대해서는 여러 번 언급했다고 한다. Gerhard Lohfink, "'Schwerter zu Pflugscharen': De Rezeption von Jes 2:1-5 par Mi 4:1-5 in der Alten Kirche und im Neuen Testament," *Theologische Quartalschrift* 166(1986), 184-209.

11. 『신국론』, XVII. 13

데, 그러므로 문제는 그것이 어떻게, 그리고 어떤 경우에 정당화될 수 있는가 하는 것이었다.

　암브로시우스와 마찬가지로 아우구스티누스도 전쟁의 목적은 평화의 회복이어야 하고, 그 평화는 정의에 근거하지 않으면 안 된다고 보았다. 정의가 없이는 진정한 평화가 이루어질 수 없다고 보았기 때문이다. 그에게 있어서 평화는 정의와 분리되지 않았다. 정의에 근거하지 않은 그런 평화가 존속하는 사회는 강도 집단과 동일하다고 보았다. 이런 그의 생각은 골 지방의 비시고트족Visigoths과 북아프리카의 반달족Vandals과 싸우던 로마의 장군 보니파티우스Bonifatius, d. 432에게 보낸 편지에서도 표명되었다.

　　평화가 당신의 희망이 되어야 합니다. 전쟁은 불가피성에 의해서만 실행되어야 하며, 전쟁을 통하여 하나님께서 인간을 속박에서 구출하여 평화롭게 살게 한다는 목적에서만 시행되어야 합니다. 평화가 전쟁을 선동하기 위해 고려되어서는 안 됩니다. 전쟁은 오직 평화를 얻기 위해서 시행되어야 합니다. 그러므로 전쟁을 치루는 과정에서도 당신은 평화의 정신을 소중히 간직해야 합니다.[12]

　피를 흘리지 않고도 불의가 시정될 수 있다면 최선의 것이지만, 전쟁이 불가피하다면 그 전쟁은 정의로워야 한다고 보았다. 정당한 전쟁의 목적은 정의를 수호하는 일이기 때문이다.

---

12. 베인튼, 『전쟁 평화 기독교』 (서울: 대한기독교서회, 1981), 129.

정리하면, 아우구스티누스는 다음과 같은 세 가지 조건을 갖출 때 전쟁은 정당화될 수 있다고 보았다. 첫째는 정당한 원인just cause이었다. 선제 공격이 아닌 외부의 침략에 의한 불가피한 방어적 전쟁일 경우여야 한다. 둘째는 정당한 의도just intention였다. 전쟁의 의도가 복수나 앙갚음, 혹은 상대편의 파멸이 아니라, 자행된 악을 제거하고 파괴된 평화를 회복하려는 것이어야 한다. 또 무죄한 자를 보호하기 위한 경우나 부당하게 빼앗긴 것을 되찾기 위한 경우도 의도가 정당하다고 보았다. 셋째, 그 전쟁이 최후의 수단the last resort이어야 한다. 다른 어떤 방법으로도 정의에 근거한 평화를 회복할 수 없을 때 선택하는 마지막 수단이어야 한다고 보았다. 곧 전쟁은 궁극적으로 평화를 회복하기 위한 것이어야 한다는 점이다. 이런 조건을 갖춘 경우의 전쟁은 정당성을 갖는다는 것이다.[13]

아우구스티누스는 이런 조건 외에도 정당화될 수 있는 전쟁의 규약을 말했는데, 첫째, 합법적인 권위lawful authority를 지닌 정부에 의해 공식적으로 선포된 전쟁이어야 하고, 둘째, 비전투요원 곧 민간인은 보호받아야 하며, 셋째, 전쟁 중에는 방화, 약탈, 학살 등을 자행해서는 안 되고, 그리고 넷째, 수도사나 성직자들은 전쟁 행위에서 제외되어야 한다고 주장했다.[14] 이것이 그의 전쟁 규약이었다.

정당한 전쟁이라고 할 때도 전쟁 자체를 옹호하는 것이 아니라, 가능하면 피해야 하지만 불가피한 경우에도 이상과 같은 조건을 충족시

---

13. 신원하, 『전쟁과 정치』 (서울: 대한기독교서회, 2012), 140.
14. 베인튼, 『전쟁 평화 기독교』, 142.

킬 때만 그 전쟁이 정당화될 수 있다는 것이다. 그래서 아우구스티누스는 정당한 전쟁은 승리의 가능성feasibility of victory이 있어야 한다는 점을 부가적 조건으로 제시했다. 전쟁은 불가피하게 인명 피해와 그로 인한 고통을 수반하게 되는데, 이런 희생 이상의 선한 결과를 얻지 못한다면 굳이 전쟁을 해야 할 이유가 없다는 의미였다. 이 점 또한 전쟁을 옹호하는 것이 아니라 전쟁을 피하게 하려는 의도였다. 결국 아우구스티누스의 정당전쟁론은 정당한 조건만 충족시키면 전쟁을 해도 좋다는 의미라기보다는, 전쟁으로 인한 피해 그 이상의 선한 결과를 도출할 수 있을 경우에만 전쟁이 허용될 수 있다는 주장이라고 할 수 있다. 다시 말하면 정당한 조건을 갖추었다 할지라도 가능하면 전쟁을 억제하려는 의도가 있었음을 알 수 있다.[15]

이상과 같은 아우구스티누스의 정당전쟁론은, 앞에서 지적한 바처럼 연원을 찾아볼 때 키케로의 고전적 전쟁관을 반영한 것으로 평가되어 왔다. 키케로는 전쟁에 대하여 아래와 같이 주장했다.

1. 전쟁이라는 이름의 폭력은 사적으로 행사되어서는 안 되고, 군주에 의해 공식적으로 선포되어야 한다.
2. 전쟁의 목적은 정의를 입증하고 평화를 회복하는 것이어야 한다.

---

15. 아우구스티누스의 정당전쟁론은 이단들에 대한 국가권력의 공권력 행사를 정당화했다. 그는 누가복음 14장 23절, "큰 길과 산울가로 나가서 사람들을 강권하여 데려다가 내 집을 채우라"의 '강권하여 데려다가'('들어오라고 강요하라', compelle intrare)에 근거하여 이단들에 대한 공권력 행사를 정당화한 것이다. 이 점에 대한 자세한 논의는 이상규, 『역사의 거울로 본 교회, 신학, 기독교』 (서울: 생명의 양식, 2020), 139-149.

3. 전쟁은 모든 협상이 실패했을 경우에 선택할 수 있는 최후의 수단이어야 한다.
4. 전쟁 중에서도 인도적 태도와 적군에게도 선량한 믿음을 가져야 한다.
5. 전쟁 중 포로들은 존중되고 보호받아야 한다.

이런 키케로의 주장에 아우구스티누스는 두 가지를 첨가한 것으로 이해할 수 있는데, 먼저는 전쟁의 동기는 사랑이어야 한다는 점과, 그리고 전쟁이 정당하려면 상대편은 정당하지 못해야 한다는 점이다. 전자가 정당한 의도의 문제라면 후자는 정당한 동기에 대한 문제라고 할 수 있다. 이런 논리 때문에 아우구스티누스는 전쟁범죄 이론war-guilt theory의 아버지로 불리기도 한다.[16] 아우구스티누스에게 있어서 정당전쟁론은 궁극적으로 하나님 나라의 평화 달성을 위한 불가피한 과정으로 이해함으로서 평화주의의 비현실적 한계를 극복하려 한 것으로 평가될 수 있다.

그럼에도 불구하고 정당전쟁론은 평화주의에서의 분명한 후퇴였다. 기독교가 로마제국의 종교가 된 후 기독교의 비폭력적, 반전주의적 태도는 416년에 와서 완전히 전위되었다. 황제가 모든 군인들은 기독교 신자가 되어야 한다고 공표한 것이다. 이제 군 복무와 기독교 신앙은 아무런 충돌도 일으키지 않게 되었다. 불과 1세기 만에 기독교의 입장이 완전히 변화된 것이다. 이것을 레이든대학 교수였던 헤링Gerrit Jan Heering, 1879-1955은 '기독교의 타락'이라고 불렀다.[17]

---

16. 베인튼, 『기독교의 역사』, 134-5.
17. J. C. Wenger, *Pacifism and Biblical Nonresistance* (Scottdale: Herald Press, 1968), 13.

6. 중세시대와 성전론(聖戰論), 그 이후의 발전

콘스탄티누스 이전의 기독교는 비폭력, 비전非戰의 윤리를 지향하여 평화주의pacifism를 신봉하였으나, 4세기 이후에는 전쟁을 할 것인가 하지 말 것인가의 문제가 아니라 어떤 경우의 전쟁이 의로운가 하는 전쟁의 정당성 문제가 그 시대의 관심사였음을 지적하였다. 그렇다면 중세시대의 상황은 어떠했을까?

1) 중세시대의 상황

앞에서 아우구스티누스가 살았던 시기를 전후하여 제국에는 많은 변화가 있었음을 지적했다. 기독교가 로마제국의 국교가 되는 4세기 이후 평화주의는 퇴조하고 그 대신 정당전쟁론이 대두되었다. 예컨대 무죄한 자를 방어하고 부당한 탈취를 회복하여 정의를 보장하고 평화를 유지하기 위한 전쟁이라면 전쟁은 정당성을 지니고, 이럴 경우 군 복무와 전쟁 참여는 가능하다는 주장이었다. 기독교가 제국의 종교가 되자 제국의 영토 확장을 지지할 수밖에 없었고, 평화주의는 점차 상대적 평화주의로 혹은 정당전쟁론으로 변화의 길을 걸어갔다. 이제는 전쟁 자체가 문제시된 것이 아니라, 무엇이 의로운 전쟁이며 무엇이 정당한 전쟁인가가 중요한 논점이 되었다. 기독교인의 참전권參戰權은 정당전쟁론의 지지를 받으며 정당화되었는데, 이런 경향은 교회와 국가의 결속으로 볼 수 있는 크리스텐덤 시대의 자연스러운 발전이었다. 결국 중세 시대에는 성전론聖戰論, Holy war theory, 곧 '거룩한 전쟁론'으로 발전하게 된다.

역사적 상황은 이러했다. 기독교의 국교화를 추진했던 테오도시우스 1세는 395년 1월 17일, 지병인 수종水腫으로 48세의 나이로 사망하고, 자신의 두 아들 아르카디우스Arcadius와 호노리우스Honorius에게 제국을 절반씩 나누어 주면서 로마는 395년 동서東西로 분열된다.[1] 이 시기에 기독교 신자들의 군 복무는 당연한 것이었지만 이교도들은 군 복무를 금지했다. 이교도들로 하여금 제국을 해치지 못하게 한다는 논리였다. 켈수스가 기독교인들이 군 복무를 거부한다고 비판했는데, 이제는 그 반대 상황이 된 것이다. 박해하에서 어둠의 세력으로부터 교회를 지키려 했던 이른바 '그리스도의 군대militia Chisti' 개념은 이제는 제국을 지키는 군대라는 개념으로 대치된 것이다.

---

1. 분열로부터 반세기 뒤인 438년 테오도시우스 2세(Theodosius II, 401-450)는 테오도시우스 법(Theodosian Code)를 공포했는데, 삼위일체를 부정하는 자나 재세례를 주장하는 도나투스파(Donatist)들을 사형에 처하는 법이었다. 전쟁에서의 살인뿐만 아니라 국가권력에 의한 사형 또한 인간 생명에 대한 폭력이었다.

게르만Geruman계 서西고트족Visigoth의 알라리쿠스Alaricus가 410년 8월 24일 제국의 수도 로마를 점령하자 로마제국이 다신교를 버리고 기독교를 받아들였기 때문에 몰락하게 되었다는 비난이 일어났다. 이에 대항하여 『신국론』을 썼던 아우구스티누스는 이 책을 완성한 지 4년이 지난 430년 세상을 떠났다. 이때는 반달족Vandal이 카르타고 인근의 히포Hippo를 포위하고 있을 때였다. 476년 결국 서로마제국이 1,200년의 역사를 마감하고 패망한다. 야만족의 침입은 그 후 600여 년간 지속되었다. 5, 6세기에는 대륙에 있었던 게르만족이, 7, 8세기에는 이슬람 곧 사라센족Saracen이, 9, 10세기에는 게르만족과 스칸디나비아인 Scandinavian과 바이킹족Viking이, 그리고 마자르족Magyar이 제국을 위협했다. 이런 외부적인 도전에 직면하여 서방 세계에서 평화주의는 설득력을 지닐 수 없었다. 중세기는 제국 분열의 혼돈에서 시작하여 이민족과 기독교세계의 대립과 대결이 심화되면서 평화주의는 후퇴하고 정당전쟁론이 대두되었으나, 외부적 도전과 응전에 직면한 정당전쟁론은 이론적으로 빈번하게 왜곡되기도 했다. 야만인들이나 이슬람 세력의 호전적인 공격 앞에서 전쟁의 정당성을 심사할 겨를이 없었기 때문이다.

중세기에 교회가 준準제국적 성격의 제도화된 기구로 변모된 것도 전쟁에 대한 관점에 변화를 일으켰다. "오른편 뺨을 치거든 왼편도 돌려대라."라고 가르치신 예수님의 교훈마5:39을 완전히 포기했던 것은 아니었으나 그러한 가르침은 전적으로 수도원이나 개인 윤리의 영역으로 밀려났다. 도리어 제국의 정복 전쟁은 이교도의 개종과 교화敎化를 위한 하나님의 일, 곧 성전聖戰으로 인식되기에 이른 것이다. 그 단적인 예가

590년 교황이 된 그레고리우스 1세Gregorius I, 재위 590-604의 경우였다. 그는 전쟁을 신앙 확산의 도구로 여겼고, 기독교 신앙을 해치거나 모독하는 이민족의 행위에 대해서는 전쟁이 복수의 수단이었다. 독일어로 카를 대제Karl Magnus, 영어로 찰스 대제Charles the Great라고 불리는 샤를마뉴Charlemagne, 재위 768-814는 8, 9세기 이탈리아 해안 지역을 습격하는 이슬람교도들과 싸우는 기사들에게 '죽으면 천국으로 인도된다'고 가르치면서 거룩한 임무를 부여한 바 있고, 기독교적인 유럽이 계속해서 이민족들의 침략을 받던 9, 10세기에는 정당전쟁론이 특히 이교도들과의 전쟁 개념과 결부되었다. 이런 의미에서 교황 레오 4세Leo IV, 재위 847-855와 요하네스 8세Johannes VIII, 재위 872-882는 이슬람 아랍인이나 노르만족과 같은 이교도들과의 전쟁에서 목숨을 잃는 자들은 영생을 얻으리라 약속했다. 이교도와의 전쟁을 정당한 전쟁으로 간주한 또 한 사람의 교황이 그레고리우스 7세Gregorius VII, C.1015-1085 재위 1073-1085였다. 이른바 서임권투쟁敍任權鬪爭, Investiture Controversy을 통해 교황의 권위를 신장한 그는 이교도와의 전쟁을 "세상의 올바른 질서"를 확립하는 데 불가피한 정당한 조치로 이해했다. 1050년부터 스페인에서 시작된 재정복전쟁Reconquista도 교회의 지지를 받았고 성전聖戰, 곧 거룩한 전쟁으로 간주되었다.

십자군 전쟁에 앞서 벌어진 1071년의 만지케르트Manzikert 전투는 기독교와 이슬람의 전쟁으로서 십자군 전쟁의 전초전으로 불리고 있다. 만지케르트 전투는 셀주크 투르크Seljuq Turk군 5만 명과 비잔티움 제국Byzantine Empire, 동로마제국의 20만 대군이 만지케르트, 곧 지금의 터키 동부 말라즈기르트Malazgirt에서 벌인 전투로, 이때 이슬람 세력인 셀주크 투르크가 승리하여 비잔티움 제국의 황제 로마누스 4세는 포로로 잡혀가는 굴욕을 당했다. 이 전투에서의 승리로 셀주크 투르크는 서아시아 지역으로 진출하게 되었고, 이 전쟁은 비잔티움 제국의 쇠퇴를 가져오게 된다.

2) 십자군 전쟁(1095-1291)

만지케르트 전투로부터 꼭 25년 후에 일어난 십자군 전쟁十字軍戰爭, The Crusades은 대표적인 성전聖戰이었다.[2] 이 전쟁에서 성전 개념이 구제석으로 대두되었기 때문이나. 1095년 11월 27일, 프랑스의 클레르몽 공의회Council of Clermont에서 53세의 교황 우르바누스 2세Urbanus II, 1042-1099는 십자군 원정을 선포했다. 10세기 이래 세력을 확대한 이슬람 세력 셀주크 투르크족이 비잔티움 제국을 압박하고 1077년에는 기독교의 주된 성지인 예루살렘을 점령하면서 예루살렘 순례자들을 박해하자,[3] 비잔티움 제국의 황제 알렉시우스 1세Alexius I, 재임 1081-1118가

---

2. 십자군 전쟁은 유럽의 그리스도교 국가들이 예루살렘을 포함한 기독교성지를 탈환하기 위해 실시한 8번의 전쟁을 지칭하는데, 1096년 시작되어 1291년 아크레(예루살렘의 항구도시)가 이슬람교도들에 의해 함락되면서 종결되었다.
3. 예루살렘이 아랍인에게 점령된 것은 638년이었다. 예루살렘을 정복한 본래의 이슬람교도들은 온건한 아랍인들이었고, 세금 부과나 기독교 상징 제거, 공식적인 예배 금지 등의 제한을 가했으나 기독교인들의 공존과 성지 순례도 허용했다. 그러나 1077년에 아랍인이 아닌 투르크 이슬람교도가 예루살렘을 정복한 이후 기독교인들이 집단 학살을 당했고, 이동이 제한되거나 구별된 복장이 의무화되었다. 십자가를 불태우고 교회 재산을 몰수하거나 교회 지붕 위에 작은 모스크를 짓도록 강요하기도 했다. 기독교인 성지순례자들은 투르크인들에게 부당

로마 교황에게 도움을 요청하였다. 요청을 받은 교황 우르바누스 2세는 유럽 군주와 제후들을 향해 성지聖地 탈환을 위한 십자군을 호소한 것이다. 이때 그곳에 모인 이들은 '하나님께서 원하신다Deus vult!'라고 외치면서 호응했다. 교황은 십자군에 참여하면 속죄받기 위해 하는 고행苦行을 면제해 주겠다고 약속했다. 전대사全大赦, indulgentiae plenariae를 선포한 것이다. 그는 이렇게 설교했다. "육지에서나 해상에서 이교도들과 싸우다가 죽은 모든 이들에게는 전대사가 주어질 것입니다. 나는 하나님께로부터 부여받은 권한으로 전쟁에서 죽은 모든 이들에게 모든 죄의 사면을 허락할 것입니다."

교황만이 아니라 '유럽의 양심'으로 불리던 클레르보의 베르나르St. Bernard de Clairvaux, 1090–1153도 성전에의 참여는 수도사가 되는 것 이상으로 보람된 일이라며 참여를 호소했고, 모병募兵에 적극적으로 가담했다. 그는 이렇게 설교했다.

오늘 우리는 이중적 싸움에 직면해 있습니다, 첫째는 육체적인 전쟁이고 둘째는 영적 전투입니다. 사탄과 악한 자들에 대항하는 영적 전쟁입니다. 그리스도의 군사는 편안한 마음으로 전쟁에서 살인할 수 있고, 더욱 편안한 마음으로 죽을 수 있습니다. 그리스도의 군사로서 죽을 때는 그리스도께 봉사하는 것이며, 그의 영혼은 우리 주님의 천사들과 함께 천국으로 인도될 것입니다.

한 대우를 받거나 폭행을 당했다.

1096년 8월 대규모의 다국적 군대가 결성되어 예루살렘으로 출발했다. 이때 참가한 기사들이 가슴과 어깨에 십자가 표시를 했기 때문에 이들을 '십자가의 전사들'이란 의미로 '크로케시그나티crocesignati', 곧 십자군Crusade이라고 부르게 되었다. 전쟁은 1096년의 제1차 십자군을 시작으로 이후 여덟 차례에 걸쳐 1291년까지 200여 년 동안 지속되었고, 유럽사회에 커다란 변화를 가져왔다.

637년 이래로 악한 이민족 이슬람 세력의 지배하에 있던 예루살렘을 탈환한다는 명분으로 시작된 전쟁은 기실 살인과 약탈 등의 거대한 폭력이었다. 이때 전쟁의 정당성을 확보하기 위해 인용된 성경이 예레미야 48장 10절이었다. "여호와의 일을 태만히 하는 자는 저주를 받을 것이요, 자기 칼을 금하여 피를 흘리시 아니하는 자도 저주를 받을 것이로다."[4] 캔터베리의 안셀무스Anselmus Cantuariensis, 1033-1109 같은 이는 전쟁을 통한 문제 해결 자체를 강하게 반대했지만 그의 목소리는 군중의 함성에 묻혀 버렸다. 이슬람이나 이교도들로부터 기독교를 지키는 것은 거룩한 소명이며 이를 위한 전쟁은 불가피하고 정당한 수단이라는 인식이 팽배했기 때문이다. 이런 과정에서 통제되지 않는 산인한 폭력과 살상이 자행되었다. 한 가지 사례를 말한다면, 1099년 예루살렘을 정복한 제1차 십자군은 사흘 동안에 3만 명을 살육했다. '성스러움聖'을

---

4. 그 외에도 출애굽 사건(출13:17-14:31), 이스라엘이 아말렉 군대를 진멸시킨 사건(출17:8-16), 이스라엘이 아모리왕 시혼과 바산왕 옥을 진멸시킨 사건(민21:21-35), 이스라엘의 미디안 군 진멸 사건(민31-32장), 가나안땅 점령(수1-12장), 드보라와 바락의 노래(삿5장), 사울의 암몬과의 전쟁(삼상11:1-11), 다윗의 블레셋과의 전쟁(삼상18:22-30) 등이 성전론의 근거로 인용되어 왔다.

'전쟁戰'에 더하면 전쟁이 정당성을 갖게 될 뿐만 아니라 폭력이나 살인에 무감각하게 되어 더욱 잔혹하게 된다. 그렇게 십자군 전쟁은 잔인한 폭력을 정당화한 것이다.

여러 전쟁과 그 폐해를 경험한 11세기 프랑스에서, 그리고 후에는 독일에서 '하나님의 평화pax Dei, Peace of God'와 '하나님의 휴전treuga Dei, Truce of God' 운동이 펼쳐졌지만, 성전이라는 대의명분 앞에서는 무력했다. '하나님의 평화'란 전쟁에서 제외되어야 할 대상을 확대함으로써 전쟁에 가담하는 자들을 제한하려는 운동이었다.[5] 이 운동이 처음 시작된 것은 989년 프랑스 샤루Sharroux에서 모인 샤루 공의회에서였다. 세 가지 사항을 규정했는데, 교회나 수도원을 약탈하거나 공격하지 말 것, 가난한 농민의 가축을 약탈하지 말 것, 무장하지 아니한 여성, 아동, 순례자나 성직자를 공격하지 말 것 등이었다. 말하자면 전쟁의 범위와 피해를 줄이려는 의도였다. 그러다가 1054년 개최된 나르본Narbonne 회의에서는 규정을 보다 정교하게 만들었다. 수도사나 성직자, 수녀, 순례자, 부인, 상인과 농민은 전쟁에 가담할 수 없고, 교회와 교회 주변 30피트약 10미터는 침략할 수 없으며, 묘지나 수도원은 주변 60피트약 20미터부터 침입할 수 없고 성직자와 신도들의 영토, 가축 등은 약탈해서는 안 된다고 규정했다. 비전투요원에 대한 공격 금지라고 할 수 있다.

'하나님의 휴전treuga Dei'이란 1027년 프랑스 툴루스Toulouges에서 모인 툴루스 공의회에서 정한 규정으로서 군사 작전 혹은 군사 활동 기

---

5. 참고, Roland Bainton, *Christian Attitudes Toward War and Peace* (Nashville: Abingdon, 1960), 110.

간을 제한하는 운동이었다. 처음에는 토요일 저녁부터 월요일 아침까지 휴전해야 한다는 것이었으나 후에는 주현절主顯節, 1월 6일로부터 승천절昇天節, 부활절로부터 40일 뒤까지, 그리고 사순절에서 성령강림절 이후 8일까지, 그리고 매 주일과 금요일에는 전쟁을 피하고 휴전해야 한다는 그런 운동이었다. 이런 운동이 있었으나 십자군 전쟁에서는 지켜지지 않았다. 십자군에 가담하는 이들은 실제로 자신을 칼을 휘두르는 거룩한 '하나님의 전사milites Dei' 혹은 '그리스도의 전사milites Christi'로 인식했다. 초기 기독교회에서는 칼을 맞고 희생된 자가 순교자였으나, 이제는 칼을 써서 사람을 죽인 자가 순교자로 추앙받는 시대가 된 것이다.

3) 성 프란체스코

그렇다면 중세시대 교회지도자들은 모두 '성전'을 지지했을까? 중세 십자군 전쟁 기간에도 사랑과 평화를 외친 수도사가 있었다. 그는 성 프란체스코St. Francessco, 1182-1226였다. 이탈리아의 중부 도시 아시시Assisi라는 작은 마을에서 출생한 그는 1201년 아시시군軍의 페루자Perugia 원정에 참여했다가 1202년에서 1203년까지 1년간 포로생활을 경험했다. 전쟁의 실상을 체험한 그는 세속적 권력이나 부, 명예가 무용지물인 것을 깨달았고, 인간의 고통과 가난, 병에 대한 연민의 정을 가지게 된다. 특히 사랑과 평화, 비폭력과 비전非戰에 대한 이상을 가지게 된다. 어느 나환자와의 만남, 그리고 아시시 근처의 산 다미아노San Damiano 성당에서 "하나님의 무너진 집을 다시 세우라"라는 신적 음성을 들은 일도 그의 삶의 변화를 재촉했다. 1208년 2월 24일에는 마태복음에 나오는 제자들을 파송하는 말씀10:7-14에 감명을 받아 전도 생활과 사도적 청빈을 실천하기로 결단하고, 자신의 모든 부를 포기하고 스스로 가난하게 사는 자의적 빈곤의 길을 가게 된다. 그래서 그는 예수님의 가난과 겸손을 '그리스도를 본받음Imitatio Christi'의 이상으로 삼았다. 이때부터 그는 가난과 금욕과 전도와 봉사를 실천하는 소박하고 평화로운 금욕적 삶을 추구했다.

27세가 되던 1209년에는 동지들을 모아 탁발수도회托鉢修道會, Ordines mendicantium을 설립했다. 탁발托鉢, mendicancy이란 구걸을 통해 생계를 유지한다는 의미이다. 처음에는 청빈淸貧을 강조하였던 과거의 수도원이 부요하게 되어 나태해지고 본래의 정신에서 이탈하자, 물질적 소유를 완전히 부정하는 탁발수도회를 설립하게 된 것이다. '헐벗은 그리스도를 헐벗은 채로 따르기 위하여' 소속 개인이나 단체의 재산 소유가 금지되었다. 흔히 '프란체스코수도회영어로 Franciscan order'라고 부르는 이 수도회는 처음에는 '아시시 남성 참회단viri poenitentiales de civitate Assisii oriundi'이라 하였으나, 1212부터는 '작은 형제회Ordo Fratrum Minorum, O.F.M'라 이름하게 되었다.

프란체스코 수도회는 수도운동 본래의 취지대로 청빈, 정결독신, 순명순종의 3대 서약을 강조했고, 전도, 구제, 봉사를 신앙 원리로 삼았다. 후에는 이런 기본 정신 외에도 학문을 중시하고 교육에도 힘써 이 수도원에서 로저 베이컨Roger Bacon, c.1214-1292, 보나벤투라Bonaventura, 1221-1274, 둔스 스코투스Duns Scotus, c.1265-1308, 윌리엄 옥캄William Ockham, 1285-1347 등과 같은 학자를 배출하였다. 프란체스코 수도회의 행동 지침을 보통 다섯 가지 전치사로 말하는데, pro앞에, in안에, verso향하여, per통하여, 위하여, con함께이 그것이었다. 다섯 전치사 앞에 '하나님'을 두면 '하나님 앞에, 하나님 안에서, 하나님을 향하여, 하나님을 통하여, 하나님과 함께' 라는 의미가 된다. 마지막의 'con'이란 고독이나 단절이 아닌 함께하는 삶을 의미하는 것으로, 하나님께로 함께 걸어가는 순례자로서 모든 이와 공명할 줄 아는 평화로운 삶을 의미했다.

프란체스코가 무소유無所有를 주장하게 된 데는 또 다른 이유가 있었다. 그에게 있어서 가난은 견유학파犬儒學派, Cynic가 말하는 자연 그대로의 모습도 아니었고, 빼앗길 수 있는 모든 것을 미리 버림으로써 마음의 평정을 얻으려 했던 기독교 초기 은수자隱修者의 가난과도 달랐다. 또 가난을 순교를 위한 훈련의 방편으로 삼았던 초기 교부들과도 달랐다. 그의 가난은 바로 평화를 위한 것이었다. 전쟁이란 따지고 보면 가지고자 하는 '소유에의 욕망'에서 출발하고, 재산을 둘러싼 갈등이 결국 마음의 평화를 앗아 가고 물리적 대립과 전쟁을 유발한다고 보았기 때문이었다. 그래서 그는 소유를 포기하는 자발적 빈곤을 주장하게 된 것이다.

프란체스코는 재산을 둘러싼 갈등이 없다면 전쟁이 일어날 이유가 없다고 말하면서, 자기 소유에 대한 주장을 버리는 것이 '하나님의 평화'나 '하나님의 휴전' 운동보다 낫고, 심지어 대성당 건축보다 효과적으로 평화에 이르는 길이라고 본 것이다.[6] 이런 점에서 프란체스코는 평화주의자였다. 그는 실제적인 사랑, 화해, 평화를 주장한 인물이었다. 그

---

6. 롤란드 베인튼, 『기독교의 역사』, 211.

는 카타르파Cathari의 이원론적 교리에 가까웠던 반反로마 가톨릭 알비파Albigenses에 대한 20년1209-1229에 걸친 무자비한 학살을 알고 있었고 도처에서 자행되는 전쟁의 폐해를 알고 있었다. 그래서 평화를 외치게 된 것이다. 그는 사랑과 평화를 설교하고 가르쳤고, 십자군 전쟁의 와중에서 전쟁을 반대한 유일한 인물이었다.[7] 프란체스코 수도회는 십자군을 비판한 유일한 기독교 집단이 되었다. 이들은 전쟁을 통한 갈등의 해결에 반대했다. 이들은 여러 도시에서 분쟁 해결을 위해 노력했고, 평화의 건설자이기를 원했다.

프란체스코는 평화의 복음을 비기독교인들에게도 전파하고자 했고, 이슬람교도들도 편견 없이 대하고자 했다. 그들과의 접촉이 평화를 이루는 중요한 단계라고 인식했기 때문이었다.[8] 그래서 그는 이슬람 땅을 여행하려고 세 번이나 시도했다. 1212년에는 아드리아해Adriatic Sea 동부 연안에 면한 크로아티아 지역인 달마티아Dalmatia를 향하여 동방으로 떠났으나 미치지 못했고, 1214년에는 지중해 및 대서양과 맞닿아 있는 이슬람국가인 모로코로 가려고 했으나 중도에 병으로 돌아와야 했다. 그러다가 제5차 십자군 전쟁이 한창이던 1219년에는 한 사람의 수사修士와 같이 이집트까지 갈 수 있었다. 거기서 다미에타성城을 포위하고 있던 십자군 진영을 방문했다. 그해에 술탄Sultan이 십자군과의 전투에서 큰 승리를 거두자, 프란체스코는 같은 해 8월 29일에 술탄을 찾아가 평화를 호소했다고 한다.[9] 술탄은 이슬람 세계의 왕이나 지역 군주

---

7. Roland Bainton, *Christian Attitudes Toward War and Peace*, 119.
8. 루드비히 하게만, 『그리스도교 대 이슬람』 (서울: 심산, 2005), 86.
9. 루드비히 하게만, 『그리스도교 대 이슬람』, 86.

의 명칭인데, 아랍어로 '권위' 혹은 '권력'을 뜻한다. 당시 이집트의 술탄은 유명한 살라딘Saladin의 조카로서 1218년 부친의 뒤를 이은 알 카밀al-Kamil, 1218-1238이었다.

프란체스코는 이렇게 말했다. "저는 지극히 높으신 하나님께서 보내서 왔습니다. 각하와 각하의 백성에게 예수 그리스도의 평화를 전하러 왔습니다." 술탄은 그의 설교를 경청했고, 사랑과 겸손한 태도에 감동했다고 한다.[10] 당시 다미에타라는 곳은 십자군이 1년 이상 포위하고 있었던 곳인데, 프란체스코의 중재로 양측은 4주 동안 휴전을 하기로 합의하였다. 이집트를 떠난 프란체스코는 1220년에는 예루살렘을 순례하면서 평화를 호소했다고 한다. 얻은 결실은 미미했으나 프란체스코는 이슬람교도들과도 화해를 시도했던 중세 인물이었다. 이슬람의 술탄을 개종시켜 평화를 이루겠다는 시도는 수포로 돌아갔지만, 그는 십자군 전쟁의 와중에서도 순전한 평화를 외쳤던 인물로 평가되고 있다. 이런 그의 평화에 대한 이상 때문에 우리에게 널리 알려진 작가 미상의 '평화의 기도'가 그의 작품으로 알려져 있을 정도이다.[11]

---

10. 박승찬, 『중세의 재발견』(서울: 도서출판 길, 2017), 192.
11. 평화의 기도(Prayer of peace)는, "주여, 나를 평화의 도구로 써 주소서. 미움이 있는 곳에 사랑을, 다툼이 있는 곳에 용서를, 분열이 있는 곳에 일치를, … 사랑받기보다는 사랑하게 하여 주소서."와 같은 기도문인데, 현재의 이 기도문이 처음 알려진 것은 1912년 프랑스의 가톨릭 정기간행물에 보도된 이후였다고 바티칸 신문인 L'Osservatore Romano가 2009년 1월 보도했다. 이 기도문은 제1차 세계대전 중이던 1916년에 교황 베네딕트 16세가 평화를 호소하며 인용한 이후 널리 알려지게 되었다고 한다. 수녀 테레사(Mother Teresa)는 1979년 노벨 평화상을 수상하면서 "400-500년 전에 성 프란체스코가 이런 시를 썼다는 점이 경이롭다"고 말하여 프란체스코의 작품으로 말하기도 했으나, 프란체스코의 작품으로 볼 수 있는 근거가 없다고 한다. The New York Times, 22, Jan. 2009.

프란체스코는 동물과 교감하며 친교를 나눈 것으로도 유명하다. 그는 인간 외의 피조물들도 자신의 친구들이라고 하면서 짐승들에게 전도하고 이야기를 나누었다. 그가 길거리에 나서면 지나가면 새들이 날아와 어깨에 앉았고, 그가 새들에게 설교하자 새들도 날개를 펼쳐 화답하고 지저귀면서 함께 즐거워했다고 한다. 아시시의 성 프란체스코 대성당에는 14세기 유명한 피렌체 출신의 화가 조토 디 본도네Giotto di Bondone, 1267-1337가 그린 '새들에게 설교하는 성 프란체스코'라는 벽화가 남아 있다. 프란체스코가 맹수를 회개시킨 일화도 있다. 어느 과부의 3대째 독자가 맹수에게 잡혀 죽었다는 소식을 들은 프란체스코가 이튿날 새벽에 그 맹수가 사는 산 중턱에서 이를 책망하는 설교를 했을 때, 아이를 잡아먹은 맹수가 회개하며 눈물을 흘렸다는 믿기지 않는 이야기이다.

구비오의 늑대 이야기도 있다. 구비오Gubbio는 이탈리아의 아펜니노Appennino산맥에 속한 인지노Ingino산의 비탈면에 위치한 마을인데, 늑대 한 마리가 가축을 공격하고 사람을 잡아먹었다고 한다. 모두가 늑대를 두려워하였으나 프란체스코는 달려드는 늑대에게 다가가 책망하고 공격을 멈추라고 했다. 그러자 늑대는 순한 개처럼 변하여 프란체스코에게 순종했다. 프란체스코는 늑대를 마을로 데려가서 사람들 앞에서 먹을 것을 주겠다고 약속하고, 사람이나 가축을 공격하지 말라고 타이르는 설교를 했다. 이후 늑대는 마을에서 사람들과 함께 2년간 살다가 죽었다고 한다. 10월 4일은 성 프란체스코 축일인데, 이날이 '세계 동물의 날World Animal Day'로 지정된 것은 이런 연관이 있다.

동물과의 교감은 상상의 영역에 있는 가상의 일로 여겨졌고, 동물은 식용을 위한 소유물이거나 희생 제물에 불과했다. 인간과 동물과의 관계는 갈등과 대립, 소유와 이용 그 이상이 아니었다. 특히 뱀은 음흉하고 사악한 동물로 취급받았다. 그런데 프란체스코는 동물과 교류하고 설교했고, 동물까지도 공동체의 구성원으로 받아들인 것이다. 동물과의 상생과 교감은 동물에게까지 확장된 사랑을 보여 주는 동시에, 그 밑바탕에 있는 평화의 이상을 보여 준다. 프란체스코와 동물의 교류는 사실 여부와 상관없이 프란체스코의 평화주의적 일면을 보여 주는 사례라고 할 수 있다.

프란체스코는 극단적인 금욕으로 건강을 헤쳐 1226년 10월 3일, 44세의 나이로 포르티운쿨라 예배당Chepel of Portiuncula에서 세상을 떠났다. 시망한 지 2년 후인 1228년 7월 16일 당시 교횡 그레고리우스 9세에 의해 시성諡聖되었다.[12]

4) 토마스 아퀴나스

그렇다면 중세의 위대한 신학자 토마스 아퀴나스Thomas Aquinas, 1224-1274는 전쟁과 평화 문제를 어떻게 이해했을까? 아우구스티누스와 쌍벽을 이루는 중세기 최고의 신학자로 불리는 아퀴나스는 자연법自然法, lex naturalis을 중시했던 자연신학自然神学, Natural theology의 선구자이

---

12. 프란체스코에 대한 전기적 기록으로는 13세기의 Bonaventura의 *Major and Minor Life of St. Francis*와 Thomas of Celano의 *First and Second Life of St. Fracis*가 있다.

자, 아리스토텔레스 철학과 기독교 교리를 조화시켰던 중세 스콜라신학 Scholasticism 석명釋明의 대가이기도 했다. 그가 '천사 박사Doctor Angelicus' 로 불렸던 것은 천사가 보낸 위대한 신학자라는 뜻이었다. 대표적인 저작이 『명제집 주석Scriptum super Libros Sententiarum』1252-1256, 『대 이교도대전Summa contra Gentiles』1259-1264, 『신학대전Summa Theologiae』1266-1272 등인데, 『신학대전』의 경우 우선 그 분량에 있어서 독자들의 독서 의지를 꺾어 버린다. 이 책의 영역본만 보더라도 그 방대함에 놀라지 않을 수 없다. 누가 감히 그의 사상을 가벼이 논할 수 있겠는가? 이런 점에서 두려운 마음이 앞서지만 그의 정당전쟁론에 대해 소개하고자 한다.

아퀴나스 또한 전쟁이 모든 문제의 해결책이 될 수 없다는 점에 동의했고, 가능한 전쟁을 피해야 한다는 점에서 다른 교회 지도자들과 의견을 같이했다. 그러면서도 그는 아우구스티누스의 정당전쟁론을 수용했다. 정당전쟁론은 전쟁을 정당화하는 조건을 충족함으로써 전쟁의 폐해를 어느 정도 제한하거나 억제할 수 있다고 보는 것이다. 그러나 전쟁이 없는 것보다 더 좋은 것이 있을 수는 없다. 전쟁이 아무리 정당하다고 하더라도 그 전쟁이 진정한 평화를 가져온다고 볼 수는 없다. 그러므로 교회는 전쟁의 조정을 위해 다양한 노력을 기울여야 한다. "진정한 평화는 하나님의 은총의 산물이기 때문에 은총이 없는 곳에는 평화가 없다"[13]라고 인식하는 것이다. 은총의 부재는 사랑의 부재를 의미하는데, 사랑이 결여된 자리가 평화 상실의 자리이다. 이를 정리하면, 평화

---

13. Sine gratia gratum faciente non potest esse vera pax... Thomas von Aquin, *Summa Theologiae*. II/II, q. 29. art. 2.

는 전쟁으로 얻을 수 없는 하나님의 은총의 산물이라는 것이다.

아퀴나스는 이런 기본적인 인식에서 아우구스티누스의 정당전쟁론을 수용하였는데, 자신의 『신학대전』 II-II의 질문 40항에서 정당한 전쟁의 요건으로 세 가지 조건을 제시했다. 첫째, 전쟁이 국가를 수호해야 하는 의무를 지닌 합법적인 군주에 의해 선포되어야 한다auctoritas principis. 둘째, 전쟁을 불가피하게 하는 정당한 이유가 있어야 한다causa justa. 셋째, 전쟁의 의도가 정당해야 한다intentio recta. 즉 선을 조장하고 악을 저지하려는 목적이어야 한다.

이 세 가지를 논자에 따라 다섯 가지 혹은 일곱 가지로 확장하여 말하기도 하지만 핵심은 위의 세 가지로 정리될 수 있다.[14] 즉 정당한 권위, 정당한 이유, 정당한 의도를 지닐 때 의로운 전쟁이 될 수 있다는 것인데, 이는 아우구스티누스의 생각과 다르지 않다.

'정당한 권위'는 어느 개인이나 특정 집단이 주도하는 전쟁은 정당화될 수 없다는 뜻이다. 합법적인 권위를 가진 국가의 지도자에 의한 전쟁이어야 한다는 주장은 근본적으로 로마서 13장에 기초한 것이라고 할 수 있다. 또 '정당한 이유'란 전쟁이 정의와 평화의 회복을 위해 불가피한 최후의 수단이어야 하고, 또 목표를 달성할 가능성이 있어야 한다는 뜻이다. '정당한 의도'란 전쟁이 보복이나 복수, 혹은 권력 쟁탈을 위해 상대편을 멸절시키려는 것이어서는 안 된다는 의미이다. 정당한 의도는 아퀴나스의 윤리학에 있어서 중요한 기준이 되는데, 그는 전쟁 행위자의 의도가 모든 이들이 동의할 수 있는 이성의 명령인 자연법에 부합

---

14. Thomas von Aquin, *Summa Theologiae*. II/II, q. 40. art.1.

될 때만 윤리적 행위가 될 수 있다고 보았다. 아퀴나스는 이성과 양심은 자연의 영역에 속하고, 신앙은 초자연적 영역에 속한다고 보았다. 그런데 전쟁은 자연 질서에 속하는 문제이기 때문에 양심에 적용된다고 본 것이다. 그래서 그 의도가 양심, 곧 자연법에 부합될 때 정당성을 지닌다고 보았다.

그런데 한 가지 지적할 점은, 아퀴나스는 성직자의 전쟁 참가를 금지했다는 점이다. 아퀴나스는 위의 저서에서, "성직자들이나 주교들이 전쟁에 가담하는 것은 적법한 일인가?"라고 묻고 나서 첫째는 윤리적인 이유, 둘째는 성례전적인 이유에서 군 복무에서 제외되어야 한다고 보았고, 동일한 이유에서 전쟁에 가담해서는 안 된다고 지적했다.[15] 전쟁 참여가 기독교인들에게 정당한 일이라고 하더라도 성직자는 인명 살상에 가담해서는 안 되며, 그런 피를 흘린 자가 거룩한 예식을 집례할 수 없다고 본 것이다. 전자가 윤리적인 이유라면 후자는 성례전적인 이유라고 할 수 있다. 성직자는 다른 사람의 피를 흘릴 수 없으며, 도리어 그리스도를 닮기 위해 자신의 피를 흘릴 수 있어야 한다고 본 것이다.

이런 정신은 1215년에 개최된 제4차 라테란Lateran 공의회에서 이미 제시되었는데, 이때 그리스도의 성례전을 집례하는 사람은 재판관이 되어 사형 선고를 내릴 수 없다고 선언한 바 있다. 거슬러 올라가면 이런 제한도 아우구스티누스가 이미 제안했던 바였다. 아우구스티누스는 수도사와 성직자들은 전쟁 행위에서 제외되어야 한다고 주장했는데, 성직자는 피 흘리는 일을 멀리해야 한다는 이유 때문이었다. 물론 그 이

---

15. Roland Bainton, *Christian Attitudes Toward War and Peace*, 109.

후에 이런 제한 규정이 지켜지지는 않았고 십자군 전쟁 때는 더욱 그러했다. 그런데 중세 역사를 보면 성직자들은 피 흘림을 삼가야 한다는 점을 '문자적'으로 따른 경우도 있었다. 1182년 마인츠의 대주교가 성직자는 피를 흘려서는 안 된다는 가르침을 따른다며 전투 때 칼을 사용하지 않고 몽둥이로 아홉 사람을 살해한 일이 있었다. 웃지 못할 비극이었다. 그러고도 성직 복장을 하고 성례를 집례했다고 한다.[16]

정리하면, 아퀴나스의 정당전쟁론도 전쟁을 허용해야 한다고 강조하기보다는 전쟁을 제한해야 한다고 강조하고 있다. 불가피하게 전쟁을 해야 한다면 그것은 정의와 평화의 회복을 위한 수단이 되어야지, 다른 목적, 곧 자국의 이익 추구나 원한 해소를 위한 보복 혹은 침략 전쟁이 되어서는 안 된나는 점을 강소하는 것이다.

5) 종합과 정리, 그 이후의 발전

이상에서 암브로시우스와 아우구스티누스, 그리고 아퀴나스의 정당전쟁론과 성 프란체스코의 평화주의에 대해 소개했는데, 전쟁에 대한 기독교회의 오랜 논의를 종합하면 다음과 같이 정리될 수 있을 것이다. 전쟁은 언제 어디서나 심각한 폭력과 파괴, 그리고 인명의 살상을 동반하기 때문에 전쟁이 없는 샬롬의 상태가 가장 좋은 현실이지만, 인류의

---

16. Roland Bainton, *Christian Attitudes Toward War and Peace*, 104.

역사란 전쟁의 역사라고 할 만큼 인류는 전쟁을 피할 수 없다.[17] 선제적 공격이나 약탈을 위한 전쟁은 정당화될 수 없으나 일정한 조건을 충족시킬 경우에는 그 전쟁이 정당화될 수 있다는 것이 이른바 정당전쟁론이다. 정당한 전쟁이 되기 위한 조건을 크게 두 가지로 말할 수 있는데, 첫째는 '전쟁을 향한 정의jus ad bellum', 곧 전쟁을 수행할 수 있는 정의를 말한다. 둘째는 '전쟁에서의 정의jus in bello', 곧 전쟁 수행 과정에서의 정의가 그것이다. 전자는 정의로운 전쟁의 조건이 무엇인가의 문제이고, 후자는 전쟁 수행 과정에서 그 전쟁이 정의롭기 위해서 지켜야 할 조건이 무엇인가 하는 문제라고 할 수 있다.

오랜 기간 동안 논의되어 왔던 '정당한 전쟁'은 아래와 같이 '전쟁을 향한 정의'의 여섯 가지 요건을 갖추었을 경우를 의미한다.

1. 정의로운 원인causa iusta: 전쟁을 하는 이유가 공격당한 나라를 방어하는 것과 같이 심각한 악에 대한 정의여야 한다.
2. 국가의 권위자에 의한 전쟁legitima potestas: 전쟁이 개인이나 사적인 특정 집단에 의한 것이 아니라 국가의 합법적인 권위자에 의해 공식적으로 선포된 전쟁이어야 한다.
3. 정당한 의도recta intentio: 전쟁의 의도가 다른 나라에 대한 복수

---

17. 성경에서 전쟁을 완전히 부정하고 있는 것은 아니다. 신명기 20장 1절에서는 가나안 정복 전쟁을 격려하고 있고, 신약에서도 군 복무를 단죄하지도 않았다. 세례요한은 군인들에게 "받는 급료를 족한 줄로 알라"(눅3:14)고 하셨고, 로마군의 백부장인 고넬료가 믿음을 갖게 되었지만 그에게 군인이라는 직업을 떠나라고 요구하지 않았다(행10:1-22). 그러나 전쟁에 참여하는 것이 장당한가에 대하여 암시를 주는 것은 아니었다.

나 약탈이나 파괴가 아니라 파괴된 정의와 평화를 회복하기 위한 수단이어야 한다.

4. 최후의 수단ultima ratio: 전쟁은 다른 모든 수단으로 해결할 수 없는 최후의 수단이어야 한다.

5. 상대적 정의relative iustitia: 전쟁 당사국은 적국보다 더 도덕적이어야 한다.

6. 승리의 가능성facultas victoriae: 전쟁은 이길 수 있는 상당한 가능성이 있을 경우에만 시행되어야 한다. 또 전쟁의 결과로 고통과 악을 능가하는 선이 도출되어야 하고, 전쟁 수행 과정에서의 인적 물적 손실보다 더 큰 것이어야 한다.

또 '전쟁에서의 정의', 곧 전쟁 수행 중 아래의 조건을 갖추어야 그 전쟁이 정당하다고 할 수 있다.

1. 무력 사용의 제한: 전쟁 수행에서 이기는 데 필요한 그 이상의 파과를 가져오게 하거나, 사회 간접 자본의 파괴나 잔인한 폭력, 보복, 약탈 등은 금지되어야 한다.

2. 비전투요원의 보호: 전쟁 수행 과정에서 민간인이나 비전투요원은 피해가 가지 않도록 보호되어야 한다.[18]

---

18. 박원기, 『기독교사회윤리』 (서울: 이화여자대학교 출판부, 1996), 105-6. 웨인 그루뎀, 『기독교윤리학』 (서울: 부흥과 개혁사, 2020), 231-2.

이상과 같은 정당전쟁론은 인간에게 무엇이 옳고 그른지를 판단하고 행동할 능력이 있다는 인간에 대한 신뢰에서 출발하고 있다는 점에서 비판을 받고 있다. 그러나 이보다 더 큰 문제는, 본래 정당전쟁론은 정당화될 수 있는 기준을 제정함으로써 무력의 사용을 최소화하자는 취지에서 출발했지만, 결과적으로는 전쟁을 허용하는 논리로 악용되거나 폭력 사용의 합리화를 추구하는 전거로 이용될 수 있다는 점이다.

4세기 이후 정당전쟁론이 대두되어 중세 교회의 주요한 입장이 되면서 결국 초기 기독교 전통의 비폭력적 평화주의는 서서히 희미해져 갔다. 정당전쟁론은 16세기 종교개혁자들에게도 계승되어 가톨릭뿐 아니라 주류 개신교회의 지지를 받았고 현대 평화사상에까지 영향을 끼쳐 오고 있다. 즉 암브로시우스와 아우구스티누스, 아퀴나스를 거쳐, 루터 Martin Luther, 칼빈Jean Calvin, 그리고 라인홀드 니버Reinhold Niebuhr, 폴 렘지Paul Ramsey로 이어 오면서 주류 교회의 정당전쟁론이 발전되어 갔다.[19] 즉 이들은 악에 대항하고, 약자를 보호하고, 적의 공격에 대한 정당방위로서의 방어적 전쟁은 정당한 전쟁이라는 입장에서 거의 일치하였다.

물론 이런 중세의 큰 흐름 가운데서도 성 프란체스코의 경우와 같이 병역 거부나 비폭력, 반전 평화주의가 완전히 사라진 것은 아니었다. 4세기 투르의 마르틴Martin of Tours, C.316-397은 군에 입대하여 기독교인이 된 후 병역 거부자가 되었고, 로마교회에 의해 이단으로 지목된 11세기 카타르파나 12세기 발도파Vaudois도 평화주의를 지향했다. 대체적으로

---

19. 신원하, 『전쟁과 정치』, 133.

소小종파 기독교 집단이 평화주의를 지향했다. 이탈리아 동북부 지역인 파두아의 마르실리오Marsilius Patavinus, c.1275-1342 또한 평화주의자였다. 그는 1324년 『평화의 수호자Defensor Pacis, Defender of the Peace』라는 책을 썼다. 그는 이 책에서 사회 통합 요소는 교회가 아니라 국가라고 보았고, 세속 군주의 기능은 평화를 유지하는 것이라고 보아 전쟁을 반대했다. 그는 또 종교 문제에 대한 국가 권력의 강제력 사용을 반대하였다. 이는 아우구스티누스가 '정의에 근거한 경우에' 국가 권력을 통해 이단을 억제할 수 있다고 하여 이단 박멸을 위한 국가 권력의 무력 행사를 정당화한 이론Compelle intrare을 반대한 것이다. 마르실리오는 평화주의자였을 뿐만 아니라, 교황우선주의Curialism를 반대하고 교회 회의가 교황의 권위보다 우월하다고 수장한 인물이기도 하다.[20]

14세기의 위클리프John Wycliffe, 1324-1384도 평화를 중시하여 전쟁은 그리스도의 가르침과 모순된다고 가르쳤으나, 전쟁이 하나님의 사랑을 실천하는 수단이 될 수 있으며 민중을 계도하는 데 도움이 될 수 있다는 점도 인정했다. 이런 점에서 그는 평화지향적이였으나 평화주의자라고 볼 수는 없다. 보헤미아의 교회개혁자 얀 후스Jan Hus, C.1372-1415의 후예인 후스파Hussite에는 얀 지슈카Jan Ziska, C.1360-1424와 같은 전투적 지도자가 있었는가 하면 평화주의를 지향한 이들도 있었는데, 그러한 인물이 페트르 폰 첼시츠키P. von Chelcicky, C.1390-C.1460였다. 페트르는 "성 금요일에 돼지고기 먹기를 주저하면서도 사람의 피를 흘리는 일에는 양심의 가책을 느끼지 않는 이들이 있다"라며 참전주의자들을 비

---

20. 이상규, 『교양으로 읽는 종교개혁 이야기』 (서울: 영음사, 2017), 70-71.

판했다. 또 그는 기독교 초기는 평화주의자의 시대였고, 그리스도의 법은 살생을 금하는 사랑의 법이었고, 그리스도의 무기는 영적인 것이고, 기독교인의 사명은 영혼을 구하는 것이지 육신을 파멸시키는 것이 아니라고 말하면서, 초기 기독교를 기독교의 황금시대였다고 주장했다.[21] 그는 교회의 타락은 콘스탄티누스에 의해 교회와 국가가 연합하면서 시작되었다고 주장하고, 기독교인들은 하나님의 말씀에 위배되지 않는 한 모든 명령에 순종해야 하지만 정치적 직책은 사절해야 하고, 군 복무 또한 거절해야 한다고 주장했다. 특히 종교 전쟁이 국토를 황폐하게 만들었을 때 기독교인들은 고난을 받아야지 고통을 조장해서는 안 된다고 주장했다.

이들 외에도 아탈리아의 위대한 문인 단테Dante, 1265-1321, 프랑스의 정치사상가 피에르 드보와Pierre Dubois, C.1255-C.1321 같은 평화주의자들이 있었다. 중세 주류 기독교는 정당전쟁론 혹은 성전론을 근거로 전쟁을 수용했으나 소종파 혹은 소수의 인물들에 의해 초기 기독교의 평화주의가 미약하지만 마르지 않는 시내처럼 중세의 긴 역사를 견디며 평화의 이상을 이어 왔다.

---

21. 롤란드 베인튼, 『기독교의 역사』, 162.

7. 종교개혁자들의 평화 이해

1) 종교개혁

16세기 유럽에서 일어난 기독교 개혁 운동을 우리는 '종교개혁宗敎改革'이라고 말한다. 엄밀한 의미에서 '교회개혁敎會改革'이라고 말하는 것이 옳지만, 영어 'The Reformation'을 '종교개혁'으로 번역한 일본의 사례를 그대로 답습해 왔다. 우리나라에서 교회사를 가르친 첫 인물은 호주 장로교 선교사였던 왕길지Gelson Engel, 1868-1939였는데, 그는 '종교개혁'을 '교회경정敎會更正교회를 바르게 고침'이라고 불렀다. 아주 적절한 번역이었다. 그러나 이 글에서는 익숙한 '교회개혁'과 '종교개혁'이라는 용어를 혼용하였다.

16세기 종교개혁은 간단히 말하면 본래적 기독교 회복 운동이었다. 하나님의 말씀에서 떠난 로마 가톨릭의 성례전적인 제도Sacramental System와 공로功勞, meritum사상 등과 같은 비非복음적인 전통에서 벗어나 본래의 기독교, 혹은 사도적使徒的, apostolic 교회로 돌아가려는 운동이었다. 이 개혁 운동의 근거와 출발점은 하나님의 말씀인 성경이었다. 개혁자들은 외경外經, Apocrypha이나 교회의 전통傳統, Traditio이 하나님 의 말씀일 수 없고 66권의 성경만이 유일한 권위임을 주장했는데, 이 것이 '성경 중심Bible-centered' 사상이었다. 성경 중심이라는 말은 66권 의 성경 이외의 어떤 것도 기독교 신학의 원천이 될 수 없고, 기독교 신 앙과 삶의 표준이 될 수 없다는 것을 의미한다. 이런 점에서 종교개혁 은 성경으로 돌아가자는 운동이었다. 구원은 인간의 공로나 면벌부免罰 符로 살 수 없는 오직 은총에 의한 믿음으로 말미암는다는 점을 가르쳤 다. 이것이 '오직 은혜Sola Gratia', '오직 믿음Sola Fide'의 의미였다. 종교 개혁은 결코 어떤 새로운 신학 운동이 아니었다. 사도시대 교회로부터 있어 왔으나 오랜 세월 동안 로마 가톨릭의 교권敎權과 미신, 그리고 비 복음적인 전통에 가려졌던 성경의 가르침이 16세기에 다시 발견된 것 이다. 그래서 우리는 종교개혁에서 아우구스티누스Augustinus의 은총의 신학을 보며, 사도 바울의 이신득의以信得義 교리의 부흥을 보게 된다.

종교개혁은 단순히 교리적 또는 신학적 개혁Reform뿐만이 아니라 영 적 부흥Revival이기도 했다. 중세의 신학神學이나 의식儀式, 제도制度 등 에 대한 비판과 거부로 시작된 개혁 운동은 교리적 개혁인 동시에 영적 갱신 운동의 성격을 지니고 있다. 이 개혁 운동은 교회의 개혁만이 아니 라 인간의 삶의 전 영역에 대한 개혁으로 확장되어 사회 전 영역에 영 향을 끼쳤다.

일반적으로 종교개혁은 1517년 시작되어 30년 전쟁1616-1648이 끝나 는 1648년까지로 보는데, 교회개혁은 이보다 앞서 거의 일단락되었다 고 볼 수 있다. 일반적으로 1517년을 종교개혁의 시작으로 보지만 이것은 독일의 경우였고, 국가나 지방에 따라 개혁이 시작된 시기나 개혁의 진전 또한 달랐다.

독일의 경우 1530년대에 이미 개혁 운동이 확산되어 개신교회가 로마 가톨릭으로부터 분리되어 있었다. 루터Martin Luther, 1483-1546의 신학적 입장을 반영하는 아우크스부르크 신앙고백서Confessio Augustana[1]가 작성된 때는 1530년이었으므로, 이때 이미 루터교회Lutherische Kirche, Lutheran Church가 자리를 잡았던 것으로 볼 수 있다. 루터를 비롯하여 칼슈타트Karlstadt, c.1477-1541, 마틴 부써Martin Bucer, 1491-1551, 멜란흐톤Philip Melanchton, 1497-1560 등 1세대 독일 개혁자들이 16세기 중반 거의 세상을 떠났을 때 독일에는 로마 가톨릭으로 분리된 개신교회가 형성되어 있있기 때문이다.

루터는 교회의 쇄신을 의도했지만 처음부터 교회의 분리나 교파의 형성을 의도하지는 않았다. 그러나 당시 교회가 이를 거부했기 때문에 개혁 운동은 결국 로마 가톨릭교회로부터 분리될 수밖에 없었다. 독일의 프로테스탄트Protestant교회는 로마 가톨릭 세력으로부터 생존권을 인정받지 못했다. 그러다가 아우크스부르크 화의Augsburg 和議, Peace of Augsburg가 체결된 1555년 이후 인정을 받게 된다. 아우크스부르크 화의란 당시 황제 카를 5세Karl V, 1500-1558가 프로테스탄트 제후들과의

---

1. 이 신앙고백서는 1530년 6월 25일 아우크스부르크 제국의회에서 카를 5세에게 제시되었는데, 루터파의 기본적인 신앙고백서라고 할 수 있다. 이 고백서는 종교적 대화, 슈말칼덴(Schmalkanden) 동맹의 기초가 되기도 한다. 필립 샤프는 아우크스부르크 신앙고백서의 작성은 종교개혁사에 있어서 중요한 전기가 된다고 지적했다(*Creeds of Christendom*, vol. I, 187).

전쟁에서 패배1552하고 맺은 조약인데, 이 종교화의에서 각 제후들의 관할지역에서의 종교선택권, 곧 '그의 영토에서는 그의 종교cuius regio, eius religio'라는 규칙이 인정되었다. 만일 영주민이 그 지역의 종교에 반대할 경우 타 지역으로의 이주도 허락했다. 이때는 독일의 제1세대 개혁자들이 거의 사망한 이후였고, 독일의 프로테스탄트교회는 제후들의 보호 아래 '복음주의루터교회Die evangelischlutherische kirche'라는 제도교회로 발전하게 된다. 이렇게 볼 때 1555년은 적어도 독일에서 종교개혁이 일단락된 시기라고 할 수 있다.

이 화의 이후 로마 가톨릭을 반대한 프로테스탄트측은 단일교회 형성에 실패하고 여러 교파로 분열되는데, 이 점을 보여 주는 것이 각기 다른 신앙고백서confessio, Confession의 작성이었다. 그래서 아우크스부르크 화의 이후를 '신앙고백주의 시대'라고 부르게 된다. 스위스에서의 경우 독일어 사용지역이었던 취리히Zurich를 중심으로 츠빙글리Ulrich Zwingli, 1484-1531의 개혁 운동이, 불어 사용 지역인 제네바Geneva를 중심으로 칼빈Jean Calvin, 1509-1564의 개혁 운동이 일어나 두 갈래의 개혁 운동이 전개된다. 그러나 칼빈의 끈질긴 노력으로 두 개혁 세력이 상호 연합하여 하나의 교회를 형성하였는데, 그것이 개혁교회改革敎會, Reformed church였다.

그런데 츠빙글리와 함께 개혁에 동참했던 콘라드 그레벨Conrad Grebel, 펠릭스 만츠Felix Manz 등은 츠빙글리의 개혁이 미진하다고 불만을 표하며 보다 급진적인 개혁을 추진하여 결국 츠빙글리와 결별했는데, 이들이 '스위스 형제단Swiss Bretheren'이라고 불린 사람들로서 스위스 재세례파의 기원이 된다. 이들은 유아세례乳兒洗禮에 대한 견해가 츠빙글리와 달랐다. 이들은 유아세례는 성경적인 근거가 없다고 주장하면서 성인이 된 후 자신의 신앙을 고백하고 받는 이른바 '신자의 세례believer's baptism'를 주장했다. 성인이 된 후 자신의 신앙고백을 통해다시 세례를 받아야 한다고 주장했기 때문에 이들이 재세례파再洗禮派, Anabaptists라고 불리게 된 것이다. 다음 항에서 설명하겠지만 재세례파운동은 여러 지역에서 일어난 복수의 운동으로서 여러 유형이 있는데, 유아세례를 인정하지 않고 교회와 국가의 완전한 분리를 주장한다는점에서는 일치한다.

츠빙글리와 칼빈의 개혁교회는 프랑스와 네덜란드에도 소개되었다. 프랑스에는 1555년 첫 프로테스탄트교회가 설립되었고, 1559년 5월에는 파리에서 개혁교회들의 첫 총회가 개최되어 프랑스 개혁교회The French Reformed Church가 조직되었다. 그러나 프랑스 개혁교회는 가톨릭을 국교로 하는 국가로부터 인정을 받지 못하고 탄압받았다. 네덜란드에 소개된 개혁교회 또한 박해를 받았으나, 1566년 앤트워프Antwerp, 그리고 1568년 베젤Wezel에서 개혁교회의 총회노회가 개최되었다.

한편 잉글랜드에서의 경우, 국왕 헨리 8세Henry VIII, 1509-1547가 자신의 이혼을 허락하지 않는 교황청과 결별한 후 잉글랜드의 교회를 '영국교회Church of England'로 개편하였다. 그 후 에드워드 6세1547-1553, 귀즈가의 메리1553-1558를 이어 엘리자베스 1세Elizabeth I, 1558-1603가 1558년즉위하면서 종교적 중도中道정책via media을 지향하여 영국교회가 확고하게 정착하게 된다. 영국교회 신앙고백서는 엘리자베스 1세 치하에서작성된 '39개조Thirty-nine Articles'인데 현재까지 이 신앙고백서가 사용되고 있다.

스코틀랜드에서는 칼빈의 영향을 받은 낙스John Knox, c.1515-1572를 중심으로 1560년 개혁이 단행되고 장로교회가 출발하였다. 낙스가 개혁된 스코틀랜드 교회Church of Scotland를 '장로교회長老敎會, Presbyterian church'라고 칭한 것은 인접한 잉글랜드의 감독監督제도Episcopalism와 다른 장로교 제도Presbyterianism를 채용하는 교회라는 점을 드러내기 위해서였다. 이 장로교가 1567년에는 스코틀랜드 국교國敎의 지위를 획득하였고 이후 세계 장로교회의 모체가 되었다.

이렇게 볼 때 1517년 시작된 종교개혁은 1560년대 이르러 유럽 각지에서 프로테스탄트교회가 인정을 받음으로써 일단락되었다고 볼 수 있다. 이로써 유럽에는 로마 가톨릭만이 아니라 프로테스탄트교회가 공존하게 되었고, 프로테스탄트 진영에도 루터파와 개혁파 혹은 장로파, 그리고 영국교회가 공존하게 되었다. 이런 상황에서 자신이 믿는 신앙고백에 따라 성경과 역사를 해석하는 고백주의 시대가 시작된 것이다. 이러한 종교개혁은 기본적으로 '교회의 개혁'이었고 이 개혁 운동으로 여러 프로테스탄트교회를 형성하였지만, 뿐만 아니라 중세에서 근세로 이행되는 과정에서 유럽의 정치, 사회, 경제, 문화 전반에 커다란 영향을 끼쳤다.[2] 즉 사회 구조의 변화, 경제 구조와 자본주의의 발달, 정치 제도의 혁신, 민주의식의 함양과 더불어 일과 직업, 결혼과 가정에 대한

---

2. 종교개혁이 사회변화에 영향을 주었다는 점은 독일의 사학자 랑케(Leopold von Ranke)가 종교개혁기를 학술적으로 연구한 첫 저술 *Deutsche Geschichte im Zeitalter der Reformation*(종교개혁 시대의 독일사) 이후 광범위한 지지를 받았고, 이 점에 대한 최근 연구를 대표하는 저술은 Steven Ozment, *Protestants: A Birth of a Revolution* (NY: Doubleday, 1993)라고 할 수 있다.

새로운 인식을 심어 주었고, 자연과학의 발달에도 영향을 끼쳤다.

종교개혁이 전개된 16세기에도 많은 전쟁이 있었다. 1521년 시작된 신성로마제국의 황제 카를 5세Karl V와 프랑스의 프랑수아 1세Fransois I 사이의 네 차례에 걸친 전쟁은 40년간 지속되었다. 1524년 독일에서는 농민전쟁Bauernkrieg, 1524-25이 일어났다. 그 이후 종교적인 문제로 정치적 긴장이 심화되면서 유럽 제국이 양분되었다. 로마 가톨릭을 지지하는 제후들은 1524년 7월 라티스본 동맹Ratisbon league을 결성했는데, 이를 데사우Dessau 동맹이라고 말하기도 한다. 루터파의 확산을 저지하려는 군사동맹이었다. 반면에 프로테스탄트를 지지하는 헤세Hesse의 제후帝侯 필립Philip I, 1504-1567, 작센Sachsen의 선제후選帝侯 요한Johann Friedrich I, 1502-1554 등은 1526년 6월 토르기우 동맹League of Torgau을 결성하여 대결했다. 그런데 루터파가 확산되자 프로테스탄트에 대한 카를 황제의 반감도 깊어 갔다. 황제가 스페인 군대와 독일에서 가톨릭을 지지하는 영주들의 군대를 동원한다면 독일 프로테스탄트들은 패할 수밖에 없는 긴박한 현실에서, 프로테스탄트를 지지하는 제후들은 1531년 2월 27일 슈말칼덴 동맹Schmalkaldischer Bund을 체결했다. 토르가우 동맹의 후신이라고 할 수 있다. 그 외에도 스위스, 잉글랜드와 스코틀랜드, 프랑스, 네덜란드 등지에서 전쟁은 종교적 갈등의 결과였다. 이처럼 종교개혁기는 군사적 긴장과 전쟁으로 얼룩진 시기였다. 대체적으로 16세기 개혁자들은 황제에 대항하여 바른 신앙을 지키기 위한 무력 사용은 정당방위에 해당하므로 정당하다고 인식했다.

이처럼 개혁과 종교전쟁의 와중에서 주류主流 프로테스탄트들은 바른 신앙의 수호를 위한 전쟁은 불가피하다고 인식하고 아우구스티누스의 정당전쟁론을 수용했다. 그러나 메노나이트교회와 같은 평화지향적인 재세례파는 여전히 평화주의를 지향하여 핍박과 탄압을 감내했다. 그래서 16세기에는 주류 교회가 정당전쟁론을 지지하는 한편, 재세례파에 속하는 메노나이트교회 등의 소종파 비주류 교회들이 초기 기독교의 평화주의 전통을 계승했다고 할 수 있다. 이제 이런 점에 대해 좀 더 구체적으로 살펴보고자 한다.

2) 에라스무스

20세기의 저명한 전기 작가 슈테판 츠바이크Stefan Zweig가 "최초의 의식 있는 세계주의자"라고 불렀던 에라스무스Desiderius Erasmus, C.1466-1536는 평화주의 이론가로서, 평화 문제에 관하여 서양정치사상사에서 선구적 인물로 불리고 있다. 그는 흔히 인간에 대한 신뢰에 바탕을 두고 인간 생명의 가치를 중시하고 전쟁의 폐해를 지적하는 등 보편적 평화를 주장하여 인도주의적 평화주의자Humanistic pacifist라고 불리고 있다.

그는 민족 중심의 기존 관습을 극복하려는 세계주의자世界主義者, cosmopolitanist였으므로 스스로가 네덜란드 출신이라는 점을 내세우지 않았지만, 흔히 1466년경 로테르담Rotterdam에서 출생한 것으로 보아 '로테르담의 에라스무스Erasmus von Rotterdam'라고 불리고 있다. 사실 그는 네덜란드 하우다Gouda 지방의 성직자와 그의 가정부 사이에서 사생아로 태어났다. 이런 출생의 비밀 때문에 그는 교회가 만든 제도에 매이지 않는 자유로움을 추구했다. 1475년 데벤터르Deventer의 수도원학교를 시작으로 고전학과 교부학에 심취하여 일생 동안 학구의 길을 갔다. 아우구스티누스수도회에 입회한 후 26세로 추정되는 1492년에는 신품神品성사를 받아 신부가 되었다. 콜럼버스가 북미대륙을 발견한 바로 그 해였다. 신부가 되었으나 일생 동안 성직자 복장을 한 경우는 거의 없었다고 한다. 이런 점 때문인지 몰라도 그가 신부였다는 사실은 별로 알려져 있지 않다.

종교적 규율로부터 자유롭기를 원했던 그는 이탈리아의 인문주의자로렌초 발라Lorenzo Valla에게서 문헌학과 역사학, 인문학적 영향을 받았고, 파리대학교Université de Paris의 몽테규 대학College de Montaigu, 영국 옥스피드대학교Oxford University 등을 전전하며 식견을 넓혀 갔다. 희구적 정신이 뛰어난 그는 책을 사랑했고 책 쓰기도 즐겨 했다. 그는 여러 책을 썼는데, 당대의 신앙 풍속을 비판한 『우신예찬愚神禮讚, Moriae encomium』은 무려 600쇄 이상 간행되었고, 『대화Colloquia』는 300쇄 이상 출판되었다고 한다. 1516년에는 고대 그리스어 신약성경을 최초로 편찬하였고, 그리스 교부와 라틴 교부들의 작품을 편집했다. 또 그리스, 라틴 고전들에서 취한 어록집인 『격언집Adagia』, 『기독교 병사의 지침서Enchiridion Militis Christiani』, 루터와 논쟁하면서 쓴 『자유의지론De Libero arbitrio』 등과 같은 저술을 남겼다. 이런 여정에서 에라스무스는 언어학자, 문법학자, 종교사상가, 인문주의자로서 명성을 얻었고, 모든 독단과 편협에 맞서 인간의 보편적 가치를 추구하고 평화주의적 가치와 세계주의를 제창했다. 사람들은 그를 '비견할 수 없는 인간이자 불멸의 박사vir incomparabilis et doctorum phoenix'라고 불렀고, 루터파 개혁자 멜랑히톤Philip Melanchthon, 1497-1560은 그를 '최상과 최대optimum et maximum'라는 말로 칭송했다.

이런 인물이 평화를 주장했다는 점은 흥미로운 일이 아닐 수 없다. 그는 베인튼이 지적한 바처럼 천성적으로 유화적이고 비교리적이며 화해에 관심이 많았던 인물인데,[3] 모든 폭력과 전쟁의 폐지를 주창함으로써 최초의 평화주의 문학이론가로 불리기도 한다. 그는 주위 국가들이 중립을 인정해 줄 때만 안정과 평화를 누릴 수 있는 처지였던 네덜란드 출신이었는데, 유럽의 통일과 평화 유지의 가능성을 낙관적으로 보았고, 기독교 신자들 사이에서 계속되는 전쟁의 어리석음을 비난했다. 그는 제국주의를 포기하고 각국의 국경 내에서 선하고 공정한 정부를 유지하는 데 최선을 다하자고 주장했다.

그는 종교전쟁으로 점철된 시대에 평화를 호소하는 다섯 편의 글을 썼는데, 첫 번째 작품이 1504년 미왕美王 펠리페Felipe el Hermoso, Philip the Beautiful, 1478-1506에게 보낸 평화를 간청하는 호소문이다. 펠리페는 유럽의 유력한 가문인 오스트리아 합스부르크가Habsburg家의 신성로마제국 황제 막시밀리안 1세Maximilian I의 아들이자 후에 황제가 되는 카를 5세의 아버지로, 스페인 카스티야Castilla왕국의 왕이었다. 둘째는 1514년 프랑스 캉브레Cambra의 주교에게 보낸 평화에 대한 호소문이었다. 캉브레는 당시 유럽 지도자들의 각축장이자 협상장이었는데, 에라스무스가 이곳 주교의 라틴어 비서관이었다. 에라스무스는 주교에게 평화의 군주가 되었다고 가정해 보라고 간청하면서 전쟁 없는 평

---

3. 베인튼, 『기독교의 역사』, 310.

화를 그렸다. 세 번째 글은 1515년에 쓴『격언집Adagia』에 포함된 '전쟁을 경험해 보지 못한 이들에게는 전쟁이 아름다워 보인다Dulce bellum inexpertis'[4]라는 제목의 논설이었다. 이 글의 제목은 평화를 주장하는 에라스무스의 대표적인 경구로 널리 회자되었다.

네 번째 글이 1516년에 쓴『기독교인 군주의 가르침Institutio Principis Christiani』이라는 책이다. 이 책은 영어로는『기독교인 군주를 위한 교육The Education of a Christian Prince』라는 제목으로 번역되는데, 에라스무스는 전쟁이라는 악덕은 다른 악덕과 마찬가지로 경솔한 인간에 의해 점진적으로 습관화되었기 때문에 교육을 통하여 도덕적으로 개선될 수 있다고 보았다. 그래서 이 책은 기독교인 군주들을 위한 평화에의 권고였다. 유명한 이탈리아인 마키아벨리Machiavelli, 1469-1527의『군주론君主論, Il principe』과 비슷한 시기에 기록되었으나 주장하는 바는 완전히 다르다. 에라스무스는 윤리적 국가론을 제창했으나 마키아벨리는 국가의 존재는 윤리와 아무런 상관이 없다는 입장이었다. 그래서 마키아벨리는 효과적인 통치를 위해 무자비하고 혹독한 통치를 권하고 있으나, 에라스무스는 교육과 겸손, 그리고 평화의 정책을 권고하고 있다.

마지막 다섯 번째가『평화의 탄핵Querela pacis』이라는 책이다.[5] 평화에 대한 가장 중요한 작품인 이 책은 '평화'라는 인물이 교황과 제후들의 전쟁 정책을 탄핵하는 내용으로 구성되어 있는데, 모든 전쟁은 제후들이 일으키고, 그 전쟁은 항상 제후들에게 유리하게 전개되어 결국 민

---

4. War is sweet to those who have never experienced it.
5. 슈테판 츠바이크,『에라스무스』(서울; 자작나무, 1997), 90-91

중들만 피해를 보게 된다. 제후들은 항상 민중의 단결을 두려워하며 민중을 억압한다. 그래서 '평화'라는 인물은 모든 민중이 단결하여 전쟁을 추방할 것을 권한다. 독백 형식으로 구성된 이 작품은 전 세계가 공동의 조국이라고 선언하면서, 평화의 유지야말로 제후나 민중 모두의 번영에 필요한 기본 조건이라고 주장하고 있다.

에라스무스는 근본적으로 전통적인 정당전쟁론을 수용하고 있다. 그러나 그는 그 시대의 전쟁이 정당한 전쟁의 규칙에 위배된다고 보았다. 많은 경우 전쟁의 목적이 남의 영토를 점유하거나 확장하려는 것인데, 영토 문제에 있어서 일방적 정의justice on one side는 있을 수 없다고 주장한다. 그는 『평화의 탄핵』에서 동물들이 서로 공격하는 것은 이해할 수 있으나 사람들이 전쟁 자체가 부당하다는 점을 인식하지 못하는 것은 이해할 수 없다며, "가장 정당한 전쟁보다도 부당한 평화가 훨씬 낫다."라는 키케로의 말을 인용한다. 또 그는 "전쟁은 군주들이 일으키지만 그 폐해는 민중들이 몫이다."라고 말하면서 무력을 통한 대결은 도덕적 해결일 수 없다고 주장한다. 그는 이렇게 썼다.

평화는 어떻게 지켜져야 하는가? 평화는 인간의 마음이 정화되어야만 가능하다 …… 우리는 군주로 하여금 영토를 넓히는 것보다 자기 영토를 더 개척하는 것이 훌륭한 일이라는 것을 깨닫게 해야 한다. 군주로 하여금 평화를 사게 해야 한다. 가장 값싼 전쟁이 가장 비싼 대가를 지불하게 된다는 것을 알게 해야 한다. 군주들이 학식 있는 사람들이나 주교나 수도원장의 중재를 받아들이게 해야 한다. 성직자들도 어리석게 자기를 과시해서는 안 되며, 전쟁에서 죽은 사람을 기독교식으로 장례해 주기를 거부해야 한다. 우리가 싸워야 한다면 우리의 공동의 적인 터키인과 싸워야 한다. 그러나 생각해 볼 것은 터키인들도 사람이자 우리의 형제이다. 우리는 무엇보다도 평화를 진지하게 갈망해야 한다."[6]

에라스무스는 전쟁, 그리고 전쟁에 참여하는 기독교인 군주의 잘못이 인간 생활에 미치는 참화를 지적하고 평화의 유지야말로 군주와 민중의 삶의 기본 조건임을 역설했다. 신교新敎, Protestant와 구교舊敎, Roman Catholic 간의 갈등이 전쟁으로 치닫는 상황에서 평화와 화해를 말하는 것은 비현실적이었다. 그럼에도 불구하고 에라스무스는 전쟁을 피하기 위해 군주, 귀족, 성직자, 그리고 지식인들에게 평화를 호소했고, 전 국민의 승인이 없는 한 전쟁을 의도해서는 안 된다고 주장했다. 그리고 전쟁 회피를 위해 군비의 축소를 주장하고 이를 실행하는 자에게 최대의 명예를 제공해야 한다고 주장한 바 있다. "나는 평온을 원한다Consulo quieti meae." 이것이 에라스무스의 희망이었다.

이런 에라스무스의 염원에도 불구하고, 에라스무스의 '관용과 타협'의 정신으로 신구교간의 화해를 시도했던 아우크스부르크 화의1555 이후에도 신구교 간의 대립은 심화되었고, 결국 유럽은 '30년 전쟁三十年戰爭, Thirty Years' War' 1618-1648이라는 긴 살육의 시대를 맞게 된다. 서유럽 최후의 종교 전쟁이자 서양 최초의 국제 전쟁으로 불리는 이 전쟁에서 독일 인구의 삼분의 일이 죽임을 당했다.

---

6. Bainton, 133.

3) 루터

앞에서 지적했듯이 루터나 칼빈 등 주류의 개혁자들은 넓은 의미에서 아우구스티누스, 아퀴나스의 전통을 잇는 정당전쟁론을 수용했다고 볼 수 있지만, 16세기적 상황에서 약간의 유연성을 지니고 있었다. 루터는 앞 시대의 정당전쟁론을 수용하되, 근본적으로 국가 권력의 공권력은 하나님께서 위임하신 것으로 보아 권력 행사의 정당성을 인정했다. 루터는 디모데전서 1장 9절, "알 것은 이것이니 법은 옳은 사람을 위하여 세운 것이 아니요, 오직 불법한 자와 복종치 아니하는 자며 경건치 아니한 자와 죄인이며 거룩하지 아니한 자와 망령된 자며 아비를 치는 자와 어미를 치는 자며 살인하는 자며"에 근거하여 세속 국가는 칼과 정의의 힘으로 세상을 다스려야 한다고 했다. 즉 통치자의 칼을 하나님께서 주신 것으로 본 루터에게 세속 권력은 하나님께서 세우신 '왼손 왕국'이었다. 그는 국가 권력의 법 집행을 인정했는데, 전쟁의 경우도 그러했다. 루터에게 있어서 전쟁은 국가의 정치적 기능의 한 측면이었다.

그래서 루터는 왕이나 황제 같은 통치자가 신민을 보호하기 위한 직책을 실행할 때는 이에 복종해야 한다고 보았고, 악을 행하는 무리들을 벌하는 전쟁은 평화를 회복하는 일이라고 보아 이를 정당한 전쟁으로 인식했다. 즉 시민의 생명을 구하고 평화를 보존하고 방어하기 위한 방어적 전쟁은 정당하다고 본 것이다. 그러나 전쟁을 개시하기 전에 모든 평화적 수단을 강구하여 문제 해결을 시도해야 하고, 전쟁은 최후의 수단a last resort으로 허용되어야 한다는 입장이었다. 평화적 수단을 강구한 후의 전쟁 곧 필연의 전쟁war of necessity이 되어야 한다고 보았다.[7] 이런 점은 정당전쟁론 전통에서 항상 강조되어 온 것이다. 전쟁의 범위는 악을 행한 자나 공격자에게로 제한되어야 한다고 본 것도 루터의 고유한 주장이라고 할 수는 없다. 전쟁과 평화에 대한 루터의 생각은 특히 『터키인들에 대항하는 전쟁에 관하여Vom Krieg wider die Türken』에 잘 드러나 있다. 이 책은 1528년에 썼는데, 출판된 것은 1529년이었다. 이 책은 영토를 확장해 오는 이슬람 세력 오스만 제국과 이에 대한 저항에 관해 쓴 여러 소책자 중 하나였다. 이 글에서 루터는 군인의 직 자체를 하나님의 공직으로 보았고, 또 전쟁 자체를 반대하는 입장을 취하지 않았다. 그는 선제적인 공격에 대해서는 부정적이었지만, 적으로부터 공격을 받는다면 방어적 선생은 불가피하다고 보았고 이럴 경우 선쟁은 정당성을 갖는 것으로 인식했다. 이런 점에서도 루터는 이전 시기의 정당전쟁론을 수용하고 있다고 할 수 있다.

루터의 정당전쟁론은 루터파의 신앙고백서인 아우크스부르크 신앙고백에서도 나타나는데, 이 신앙고백서 16조에서는 이렇게 말한다.

경찰과 세속 정부에 관하여 우리는 이렇게 가르친다. 즉 세상에 있는 모든 정권과 조직을 갖춘 정부와 법들은 하나님께서 만드시고 제정하신 선한 질서이다. 기독교인들이 공직을 맡거나 재판관으로 봉사하며, 제국의 법률이나 그 밖의 법을 따라 언도하거나, 무법자를 권세로 벌하며, 정당한 전쟁을 이끌며, 군인으로 복무하거나to

---

7. *Luther's Work*, vol. 46. 118.

engage in just wars, to serve as soldiers 소송을 하거나 사고팔고 서약

하며 재산을 소유하며 혼인하는 것은 죄가 아니다.[8]

　기독교인들이 공직을 맡고 정의로운 전쟁에 참여하며 군인으로 복
무하는 것은 합당하다고 선언하고 있다. 그런데 여기서 중요한 것은 전
쟁과 같은 무력의 사용은 적법한 통치자에 의한 것이라야 한다는 점이
었다. 세속 통치자도 하나님께서 세우신 것이기에 통치자의 법 집행을
인정하여 전쟁에 임할 수 있으나, 일반 시민의 경우에는 어떤 경우라도
임의로 무력이나 칼을 사용해서는 안 된다는 입장이었다.[9] 이런 입장을
잘 보여 주는 사례가 1524년부터 그 다음해에 걸쳐 발생했던 농민전쟁
때의 루터의 태도였다. 루터는 정당한 권리를 부여받지 못한 자가 무력
을 사용하여 반란을 일으킨 경우, 이를 진압하기 위한 무력 동원에 찬성
했다. 이 점에 대해 좀 더 소개하고자 한다.

　루터의 개혁 운동이 확산되는 시기에 귀족사회에서 억압받는 하위
계층민들의 사회적 요구가 분출하였는데, 먼저는 기사騎士, knight 계급
의 항거가 있었고, 이어서 1524년에는 농민들의 봉기가 있었다. 이를 보
통 농민전쟁Bauernkrieg이라고 부른다. 이미 100여 년 전부터 계속되
어 왔던 농민들의 불만이 표출된 것이었다. 이 농민들의 저항을 훅스
W. J. Fuchs는 "독일 역사상 최대의 정치적, 사회적 집단 운동"이라고 불
렀다. 이 전쟁이 종교개혁기에 일어난 첫 번째 전쟁이었다. 1524년 6월

---

8. 김영재 편, 『기독교신앙고백』 (수원: 영음사, 2011), 312.
9. 베인튼, 『16세기의 종교개혁』 (서울: 은성, 1992), 110.

지방 영주들에 대한 작은 저항을 계기로 일어난 농민전쟁은 1525년 2월에는 독일의 서부, 남부 지역으로 확대되었고 역사상 보기 드문 대규모의 전쟁으로 발전되었다. 그해 2월 27일부터 3월 1일 사이에는 슈바벤Schwaben, Schwabia 농민들에 의해 '12개조Zwölf Artickel'의 요구 조건이 제시되었고, 농민들은 루터도 서명해 주기를 기대했으나 루터는 도리어 "슈바벤 농민들이 채택한 12조항에 답하는 평화의 권고Ermahnung zum Frieden auf die zwolf Artikel der Bauernschaft in Schwaben"라는 권고문을 발표했다1525. 4. 루터는 이 권고문에서 교회와 영주들의 학정을 비난함과 동시에 농민들에 대해서는 반란이 옳지 못하다고 경고하였다. 이 권고문 후반부에서 루터는 농민들을 향하여 주님의 이름을 망령되게 일컫지 말라고 경고하고, 로마서 13장 1절에 기초하여 국가 혹은 세속 권력은 하나님께서 제정하신 신적 기관이라는 점을 강조함으로써 국가 권력에 대한 항거는 곧 하나님의 권위에 항거하는 것이라고 했다. 루터는 통치자가 아무리 악해도 이것이 혁명을 일으킬 원인이 될 수는 없다는 입장이었다. 이렇게 되자 결국 농민들은 루터를 버리고 토마스 뮌처Thomas Müntzer, 1489-1525와 같은 과격주의자를 따라갈 수밖에 없게 되었다.

루터가 평화를 권고했으나 농민들의 분노는 식지 않고 작센Sachsen 지방까지 확산되어 파괴와 약탈이 자행되자, 루터는 농민들을 신랄히 비판하고 1525년 5월에 "강도와 살인을 일삼는 농민에 반대하여Wider die räuberischen und mörderischen Rotten der andern Bauern"라는 제목의 격문을 발표하였다. 이글에서 루터는 제후들의 학정을 비판하면서도, 악을 제거하기 위해 하나님께서 세우신 정치 질서를 파괴하는 폭동은 용납할 수 없다며 무력으로 농민들을 진압할 것을 촉구하였다. 용기를 얻은 제후들은 1525년 봄부터 농민들에 대한 무력 탄압을 개시하였다. 어떤 조직이나 무기, 그리고 훈련 없이 싸웠던 농민들은 영주군에 의해 붕괴될 수밖에 없었고, 1525년 5월 15일 프랑켄하우젠Frankenhausen에서는 1만 명에 달하는 농민들이 헤세Hesse, 작센Sachsen 및 부룬스빅Brunswick에서 파병된 영주군에게 제압되었다. 이때에 5천 명 정도가 들판과 거리에서 죽었고, 토마스 뮌처를 비롯한 300명은 법정에서 참수형을 당했다. 이렇게 농민전쟁에서 희생된 사람은 10만 명에 달했다. 농민전쟁에 대한 루터의 태도에 실망한 상당한 농민들은 과격주의자들을 따르거나 재세례파로 떨어져 나갔고 일부는 다시 로마 가톨릭으로 복귀하기도 하였다. 이 일로 루터는 상당한 비난을 받았다.

이처럼 루터는 국가 권력을 하나님께서 세우신 정당한 기구로 보아 세속 정부에 복종해야 한다고 주장했다. 이를 뒷받침하기 위해 그가 애용했던 성경이 "각 사람은 위에 있는 권세에게 복종하라. 권세는 하나님께로 나지 않음이 없나니 모든 권세는 다 하나님이 정하신 바라"라는 말씀이었다롬13:1. 반면에 피지배자의 폭력적 변혁 시도는 부당한 것으로 보았다. 따라서 반란자에 대해서는 각종 수단을 동원하여 응징할 수 있다고 보았다.[10] 이것이 농민전쟁에 대해 보여준 루터의 입장이었

---

10. 파이트-야코부스 디터리히, 『마르틴 루터와 그의 시대』 (서울: 홍성사, 2017), 201, 베인튼, 『16세기 종교개혁사』, 273. 일반적으로 역사가들은 교황독제정치제도를 주장하는 가톨릭주의는 절대주의를, 국가권위를 중시하는 루터란은 독일 전체주의를, 칼빈주의는 민주주의를 창시했다고 말한다. 어떤 이들은 루터파가 국가의 지시에 대한 복종을 강조함으로서 결국 국가사회주의(national socialism)의 길을 열었다고 말하기도 한다. 베인튼, 『16세기 종교개혁사』, 270, 274.

다. 핵심은 과연 누가 정당한 무력 행사 권한을 지니고 있는가 하는 문제였다. 루터는 무력의 행사를 일반 대중의 손에 맡긴다면 사회의 혼란을 면치 못할 것이라는 생각 때문에 권한이 통치자 곧 세속 정부에 있다고 보았다. 그래서 농민들의 봉기에 대해 부정적인 입장을 취한 것이다.

루터가 세속 정부에 대한 순종의 의무를 강조했던 것은 사실이다. 어떤 학자들은 루터의 이런 입장은 그가 세속 정부에 대하여 불순종하고 있다는 비난을 받았기 때문이라고 주장하기도 한다. 실제로 교황 측을 지지하던 이들은 루터를 정치적인 반역자로 몰아갔다. 보름스 칙령 Edict of Worms도 루터를 교회보다는 세속 정부와 사회 질서를 교란시키는 인물로 지목했다. 이런 비난이 루터로 하여금 세속 정부에 대한 복종을 주장하게 한 심리적 배경이라는 것이다. 이런 해석의 정당성 여부와 관계없이 루터는 위에 있는 권세에게 복종하라고 가르쳤으나, 그가 세속 정부를 이상화하거나 무조건적으로 순종하라고 가르친 것은 아니었다.

그는 두 가지 경우에 있어서 세속 정부에 불순종할 수 있다고 말했는데, 첫째는 세속 정부가 신앙에 배치되는 명령을 발했을 때이고, 다른 하나는 정부가 정당하지 못한 전쟁을 일으키고 이를 수행할 경우였다. 루터는 전쟁의 정당성 여부를 심사하는 권한은 정부에 있다고 보았다. 그러나 일반 국민이 어떤 경로를 통해 그 전쟁이 정당치 못한 것임을 알게 되었을 때, 이에 참여나 협력을 거부할 수 있다고 보았다.[11] 그렇다고 해서 정부에 대한 무력 사용을 허용한 것은 아니었다. 그리고 루터는 무

---

11. 베인튼, 『16세기 종교개혁사』, 276.

엇보다도 종교적 목적으로 무력을 사용해서는 안 된다고 보았다. 왜냐하면 무력은 질서와 평화를 유지하기 위한 경우에 적법한 관리자통치자에 의해 사용되어야 한다고 본 것이다. 혹시 교회가 공격당한다 하더라도 교회는 하나님의 손에 의해 구조될 때까지 참고 기다려야 한다는 입장이었다. 그러나 후에 살펴보겠지만 스위스의 츠빙글리의 생각은 달랐다. 바로 이런 이유 때문에 루터파는 1529년 개혁 운동이 위기에 처한 스위스의 츠빙글리 측과의 연합을 꺼렸던 것이다.

종합적으로 검토할 때, 루터는 폭력이나 전쟁을 맹목적으로 지지하지도 않았지만 평화주의자도 아니었다. 이 점은 두 가지 개혁 운동, 곧 광적인 열광주의나 낙관적인 평화주의를 반대하여 일생 동안 싸웠던 점에서도 드러난다.[12] 그는 안드레아 칼슈타트Andreas Karlstadt, 1486-1541, 쯔비카우의 예언자들Zwickau prophets, 그리고 토마스 뮌처와 같은 혁명주의적 영성운동도 반대했고, 세속 정부의 법과 검을 폐지하고자 했던 광적인 재세례파나 분리주의적인 집단들과도 거리를 두고자 했다. '두 왕국 교리two kingdoms doctrine'는 바로 이들 집단과의 구별을 위해 필요했다. 결국 루터는 정당전쟁론을 수용하되 국가 권력의 무력 사용을 정당한 권위의 행사로 보아 이를 용인했다고 할 수 있다.

---

12. S. Ozments, *Protestants: The Birth of a Revolution* (NY: Doubleday, 1992), 227-8.

4) 츠빙글리

스위스의 독일어 사용 지역인 취리히Zurich의 개혁자인 츠빙글리 Huldrich Zwingli, 1484-1531는 여러 책을 썼지만 직접적으로 전쟁이나 평화에 대한 자신의 견해를 피력한 기록은 없다. 그가 교황 지지자들과의 토론을 앞두고 1523년에 발표한 '67개조Articuli sive Conclusiones lxvii'는 첫 16개 조항에서는 성경적인 교리들을 제시하고, 나머지 51개 조항에서는 교황 지지자들의 교리를 염두에 두면서 비판하는 구조로 되어 있다. 이 문서에서는 츠빙글리의 전쟁 혹은 평화에 대한 의견이 제시되지 않았다.[13] 루터의 '95개조'에 비유되는 이 문서 자체가 기독교 신앙의 요체를 밝히려는 의도였기 때문이있을 것이다. 1525년 3월에는 『참된 신앙과 거짓된 신앙에 대하여De Vera et Falsa Religione』라는 중요한 교리서를 발표했는데, 29장으로 구성된 이 책에서는 로마 가톨릭의 신학을 비판하는 입장에서 기독교 신앙을 기술했지만, 전쟁이나 평화에 대한 그의 견해를 드러낸 것은 아니었다. 이 책은 칼빈Jean Calvin의 『기독교 강요基督敎綱要, Christianae Religionis Institutio』에도 영향을 준 것으로 알려져 있다. 그 외에도 여러 문서가 남아 있지만 직접적으로 전쟁과 평화에

---

13. 65항에서는, "자기들의 잘못을 인정하려고 하지 않는 사람들은 아마도 하나님께서 다루실 것이다. 그러므로 그들이 악한 행위만을 일삼아 온 사람들이 아니라면 그들의 몸을 학대하는 일은 없어야 한다."라고 말하고 있는데, 이 조항의 영역문 "Those who do not wish to confess, God will probably take care of. Hence no force shall be used against their body, unless it be that they behave so criminally that one cannot do without that."의 'force'를 폭력으로 번역하여 츠빙글리가 비폭력을 말한 것으로 해석하는 이가 있으나, 전후 문맥을 보더라도 전혀 맞지 않는 해석으로 보인다.

대한 생각을 구체적으로 적시하지는 않았다.[14]

그가 1525년에 쓴 『스위스 연방에 보내는 신실하고 진지한 권면Eine freundschaftliche und ernste Ermahnung der Eidgenossen』에서는 계속되는 싸움은 스위스 연방에 비극적인 결과를 가져올 것이라고 경고하며 싸움을 중단하기를 바라고 있다.[15] 그러나 이것이 그의 특별한 평화 사상을 보여 주는 것이라고 볼 수는 없다. 싸움이나 전쟁을 피해야 한다는 것은 누구나 가질 수 있는 일반적인 생각이기 때문이다. 그런데 용병제도傭兵制度를 비판하는 이 글 세 번째 부분에 대해서는 고려할 점이 있다. 지금은 스위스가 제조업으로 많은 수입을 얻고 있지만 16세기 당시 스위스는 제조업이 발달하지 못한 나라였다. 따라서 경제적으로 어려운 상황에 처해 있었고 많은 젊은이들이 쉽게 돈을 벌기 위해 로마 교황청이나 이웃 나라의 용병Reisläufer으로 참가하고 있었다. 스위스 용병은 용맹하여 환영을 받았다고 한다. 역대 교황들도 스위스인들을 고용했는데, "그리스도의 신부들의 대적들을 응징하기 위해 보내 주신 하나님의 백성"이라고 불렀을 정도였다.

이런 상황에서 애국자이기도 했던 츠빙글리는 왜 스위스인이 로마나 프랑스를 위해 목숨을 바쳐야 하는가에 의문을 가지지 않을 수 없었다. 용병에 대한 그의 비판은 1510년 초에 쓴 『수소의 우화』에서부터 나타나지만, 그가 1513년과 1515년 두 차례 용병의 종군신부로 참가한 일이 자신의 신념을 강화시켜 주었을 것이다. 특히 1515년 '마리냐노

---

14. W. P. 스티븐슨, 『츠빙글리의 생애와 사상』 (서울: 대한기독교서회, 2013), 253 이하의 츠빙글리의 저작 목록을 참고하라.

15. 츠빙글리, 『츠빙글리 저작 전집1』 임걸 역 (서울: 연세대학교 대학출판문화원, 2014), 372.

Marignano 전투'에 참가하여 스위스 용병 1만여 명이 프랑스 군 포탄에 죽임을 당하는 참상을 목격했는데, 이런 경험을 통해 생명의 파괴, 적대적 싸움, 성병, 제도의 오용 등 용병제도의 문제를 알게 되었다. 그래서 그는 1515년부터는 용병제도와 프랑스와의 동맹을 반대, 비판하는 설교를 시작했다.

1521년 당시 찰스 5세와 교전 상태에 있던 프랑스왕 프랑수아 1세는 스위스에 파병을 요청하였는데, 이때 스위스의 모든 자치주들이 이에 응했으나 취리히만은 거부하였다. 그러자 프랑스와 동맹관계에 있던 교황은 취리히도 용병을 보내도록 압력을 행사했으나 츠빙글리는 이것도 거부하였다. 이때 츠빙글리는 교황청의 권력 남용을 실감하고 설교를 통해 용병 제도와 더불어 교황청의 권력 남용을 비판하게 되었다.[16] 용병제도를 비판한 것이 반전주의나 혹은 평화주의에 근거한 것은 아니었으나, 전쟁의 해악과 이로 인한 폐해를 인지하고 가능한 한 전쟁을 피해야 한다는 점을 지적한 것이다. 그는 바른 복음과 교회를 수호하기 위해서는 전쟁도 불가피하다는 생각을 한 것으로 보인다. 이런 점에서 그는 평화주의자가 아니었고, 넓은 의미에서 정당전쟁론 전통을 따랐다고 볼 수 있다. 그는 후에 카펠Cappel 전투에 참여하였고 결국 1531년 10월 11일에 그 전선에서 죽임을 당하게 된다.

---

16. 루터는 15세기 이후 존속되어 왔던 용병제도를 반대하지 않았다. 그것은 일종의 생계수단이었고 직업이었기 때문이다. 단지 루터는 과도한 이윤추구라는 용병의 탐욕을 경고하였을 뿐이다. 이것은 용병 제도 아닌 다른 경우에서도 동일했기 때문에 특별한 지적이라고 볼 수 없다.

이때의 사정을 소개하면 아래와 같다.[17] 취리히에서의 개혁이 추진되어 스위스 북부의 베른, 바젤, 샤프하우젠, 세인트 갈, 콘스탄스 등이 개혁을 받아들였으나 남부의 다섯 개의 삼림주森林州, 곧 슈비츠, 우리, 운터발텐, 쭈크, 루체른 등은 로마 가톨릭으로 남아 있고자 했다. 이 지역들은 종교적 문제 외에도 취리히가 영향력을 확대해 가는 일련의 변화를 거부하며 1524년 4월 8일 군사동맹을 체결했다. 이것이 베켄리이드 Beckenried 동맹이었다. 이런 군사동맹은 취리히에게는 중대한 위협이었다. 로마 가톨릭을 지지하는 주들과 개혁을 지지하는 주들 간의 대립과 분쟁이 심화되었다. 위험을 의식한 츠빙글리는 1525년 『스위스 연방에 보내는 신실하고 진지한 권면』이라는 소책자를 작성하여 스위스인들이 종교적인 문제로 싸우지 말 것을 권면하였다.[18] 그러나 이 호소는 받아들여지지 않았고 로마 가톨릭과 프로테스탄트 진영 간의 적의는 깊어만 갔다.

스위스 연방의회는 1526년 아르가우Aargau주 바덴Baden에서 종교회담을 개최하였고, 1527년 2월과 3월에는 바젤과 콘스탄츠에서, 1528년 1월에는 베른에서 또 다른 신학 논쟁을 전개했으나 양측의 갈등을 해소하지 못했다. 베른 논쟁 이후 프로테스탄트를 지지하는 주들은 로마 가톨릭의 베켄리이드 동맹에 대항하기 위해 1529년 동맹을 체결했는데, 그것이 '그리스도교 동맹'이었다. 1529년 4월에는 로마 가톨릭을 지지하는 주들이 스위스의 오랜 숙적이었던 오스트리아의 합스부르크

---

17. 이하는, 이상규 『교회개혁사』 (서울: 성광문화사, 2000), 110-115에 기초하였음.

18. 츠빙글리, 『츠빙글리 저작전집1』 임걸 역(서울: 연세대학교 대학출판문화원, 2014), 371-2, 374-5.

가Habsburg家의 페르디난트 공작과 동맹을 맺었다. 즉 개혁을 반대하고 로마 가톨릭 신앙을 수호하기 위해 오랜 정적政敵이었던 오스트리아와 손을 잡은 것이다. 이것은 합스부르크가 출신인 신성로마제국 황제 찰스 5세와 타협하는 것을 의미했다.

스위스의 종교개혁을 지지하는 이들은 군사적 위협 앞에서도 무력 사용에 반대했으나 츠빙글리는 먼저 군사적 행동을 취해야 한다고 제안하였다. 최선의 방어는 공격이었다. 츠빙글리는 다른 주의 도움 없이 1529년 6월 8일 로마 가톨릭 진영에 대해 선전포고를 했다. 츠빙글리는 바른 복음의 수호를 위해서 전쟁은 불가피하다고 본 것이다. 베른은 마지못해 취리히를 따랐다. 그러나 전쟁터에서 만난 스위스인들이 동족애를 빌휘하여 6월 26일 화의和議가 이루어져 전두를 피할 수 있게 되었다. 이때 체결된 조약을 보통 제1차 카펠 평화조약The First Peace of Cappel, 1529. 6. 26이라고 부르는데, 이 조약은 교황을 지지하는 주들이 합스부르크가와 맺은 조약을 취소하는 한편, 프로테스탄트의 복음주의 교회Evangelische Kirche들의 존립을 허용하는 것을 골자로 하고 있었다.

비록 일시적인 평화가 이루어지고 양측의 피해는 없었으나, 황제 카를 5세 주도하에 로마 가톨릭 측이 군사적 우위를 확보하게 되자 츠빙글리는 이를 우려하지 않을 수 없었다. 그래서 그는 헤세Hesse의 제후 필립philip의 도움을 받아 독일의 루터파와 연합함으로써 개신교 세력의 연합 전선을 구축하고자 하였다. 독일의 루터파 역시 정치적인 위협 아래서 스위스의 츠빙글리 측과의 협력이 필요하였다. 이러한 상황에서 개최되었던 회담이 1529년 10월의 마르부르크 회담Marburg Colloguy이었다. 이 회담에서 루터와 츠빙글리 간의 성찬관의 차이를 해소하지 못해 결국 이들 간의 연합은 이루어지지 못했다. 이것은 종교개혁사에서 중요한 결과를 초래하였다. 루터와 츠빙글리는 연합하여 하나의 교회를 세우지 못하고 분열하여 유럽의 주류 프로테스탄트 세력은 후일 루터를 따르는 루터파Lutheran와, 츠빙글리가 후일 제네바의 칼빈과 연합한 개혁파Reformed로 분열되었다. 그리고 루터는 독일 종교개혁의 본거지인 작센 지방을 합스부르크가의 로마 가톨릭 세력에 의해 점령당하는 정치적 손실을 입었다.

루터와 츠빙글리의 회담이 결렬된 1530년 전후의 스위스의 상황은 긴박하였다. 로마 가톨릭과 프로테스탄트 진영 간의 불신이 깊어졌고, 프로테스탄트는 로마 가톨릭 측의 선제공격을 내심 두려워하고 있었다. 이때 츠빙글리는 전쟁밖에는 해결책이 없다고 생각했다. 그러나 베른의 개혁자들은 전쟁을 꺼렸고 대신 로마 가톨릭 측 주들과의 밀, 소금, 포도주, 철 등의 거래를 금지하는 경제 봉쇄령을 내렸다. 이에 로마 가톨릭 측 주들은 1531년 10월 11일, 약 8천 명의 군사를 동원하여 취리히를 공격하였다. 불의의 습격을 당한 취리히는 겨우 1천5백 명의 군사를 동원할 수 있었다. 이것이 16세기 최초의 로마 가톨릭과 프로테스탄트 간의 종교전쟁이었다.

취리히는 카펠에서 적들과 맞섰으나 역부족이었다. 취리히의 병사 500여 명이 전사했는데, 이들 중에는 26명의 시의회 의원과 츠빙글리를 비롯한 25명의 목사들이 포함되어 있었다.[19] 츠빙글리가 전장에서 맞은 죽음에 대해 루터파 개혁자 부써Martin Bucer, 1491-1551는 충심으로

---

19. 루이스 스피츠, 『종교개혁사』, 166.

애도했으나, 루터는 목사가 칼을 휘두른 일에 대한 하나님의 심판이라고 비난했다.[20] 츠빙글리에 대한 루터의 악감을 고려한다 할지라도, 이는 폭력 혹은 전쟁에 대한 루터의 입장을 잘 보여 준다고 할 수 있다. 이미 죽었음에도 불구하고 츠빙글리에 대한 처우는 가혹했다. 그는 이단이요 반역자로 취급되어 시신이 토막 내지고 불탔고 재는 바람에 흩어져 버렸다.[21]

카펠 전투에서 취리히가 패한 가운데 휴전이 이루어졌다. 이때 체결된 조약이 '제2차 카펠평화조약The Second Peace of Cappel'1531. 11. 20이다. 이 조약은 프로테스탄트 측에 불리한 것이었다. 즉 프로테스탄트는 더 이상의 영토 확장이 금지되고 현 상태로 남아 있어야 했으며, 프로테스탄트 지역에서 로마 가톨릭 예배의 자유를 허용해야 했으니 로마 가톨릭을 지지하는 주에서는 프로테스탄트 예배의 자유가 허락되지 않았다. 다시 말하면 취리히에서 단행된 개혁이 확장되지 못하고 중지되는 결과를 가져온 것이다. 역사가 지난 후 돌이켜 볼 때 카펠 전투에서의 패배는 오랜 기간 스위스에서의 신앙고백적 경계선을 그어 놓은 결과를 가져왔다.

이상의 사실을 고려해 볼 때 츠빙글리는 바른 복음의 수호를 위해서는 전쟁도 불사한다는 그런 입장을 견지했던 인물이었음을 알 수 있다. 그는 평화주의자가 아니었고, 정당전쟁론을 수용하되 이에 대해 유연한 입장을 취했음을 알 수 있다. 츠빙글리가 죽은 후 스위스 개혁 운동

---

20. 베인튼, 『종교개혁사』 (서울: 크리스찬다이제스트, 2001), 89. 베인튼, 『마르틴 루터의 생』 (서울: 생명의 말씀사, 1996), 429.
21. 베인튼, 『16세기의 종교개혁』, 112.

은 레오 쥬드Leo Jud, 1482-1542와 불링거Heinrich Bullinger, 1504-1575에 의해 계승되었다. 불링거는 츠빙글리의 후계자이자 사위였고, 츠빙글리에 대한 최초의 전기 작가였다.

5) 칼빈

칼빈Jean Calvin, 1509-1564 또한 정당전쟁론의 전통을 계승한 인물로 간주된다. 물론 전쟁이 없는 것이 가장 이상적이지만 우리의 역사 현실은 그렇지 않다. 칼빈 시대에도 군인이 있었고 전쟁이 있었다. 이런 상황에서 쓴 칼빈의 『기독교 강요』 제4권 20장 11항 및 12항은 그의 전쟁관을 선명하게 보여 준다. 그는 "만약 누군가 신약에는 기독교인에게 전쟁이 합법적이라고 가르치는 증언이나 사례가 전혀 없다고 주장하면서 맞선다면 나는 다음을 들어 반박할 것이다."라고 말하면서 세 가지 근거를 제시했다.[22]

첫째, 전쟁을 해야 할 이유는 옛날과 다름없이 지금도 여전히 존재한다. 달리 말하면, 통치자들이 자기들의 다스림 아래에 있는 자들을 지키는 것을 막을 이유는 전혀 없다. 둘째, 이 사안을 풀어서 설명한 명확한 해석을 사도들의 글에서 찾으려고 해서는 안 된다. 그들의 목적은 국가를 형성하는 데 있지 않고 그리스도의 영적인 나

---

22. 『기독교강요』, 4. 20. 12. 문병호 역, 『기독교 강요』 (생명의 말씀사. 2020), 836의 번역을 따름.

라를 세우는 데 있기 때문이다. 셋째, 그리스도께서 이 땅에 오신 후에도 이 점에 있어서는 어떤 변화도 없었음이 은연중에 성경에서 지시된다. 아우구스티누스의 말에 의하면, 기독교 교리가 모든 전쟁을 정죄하고 있다면 구원에 대한 조언을 구하는 군인들은 무기를 버리고 군대를 완전히 떠나라는 충고부터 들어야 할 것이다. 그러나 그들에게는 "사람에게서 강탈하지 말며 거짓으로 고발하지 말고 받는 급료를 족한 줄로 알라"라는 말씀이 주어진다눅3:14. 자기들의 급료를 만족하라 했으니 군인들이 무기를 드는 것을 금하지 않았음이 확실하다.

즉 칼빈은 이렇게 지적하고 있다. 첫째, 통치자들은 자신의 통치하에 있는 백성을 보호해야 할 의무가 있다. 둘째, 전쟁이 옳은지의 답을 사도들의 글에서 찾아서는 안 된다. 왜냐하면 사도들은 국가 경영에 관련하여 문필 활동을 한 것이 아니기 때문이라는 것이다. 셋째, 아우구스티누스의 글을 인용하여, 세례요한도 군 복무를 금지하지 않았듯이 그리스도께서 오신 이후에도 군 복무나 무기 사용이 금지되지 않았다. 다시 말하면, 의로운 전쟁 혹은 정당한 전쟁의 경우에는 기독교인이 전쟁에 나가 싸우는 것이 도덕적으로 잘못된 것이 아니라는 입장이다. 이런 정신은 장로교 전통에서도 그대로 계승되었다. 예컨대, '웨스트민스터신앙고백서Westminster Confession of the Faith' 23장에서 '국가의 위정자'에 대해 말하는 2절은 이렇게 말한다.

기독교인들이 공직에 부름을 받아 이를 받아들이고 집무하는 것은 합법적이다. 공무를 수행할 때 그들은 각자가 자기 나라의 건전한 법에 따라 특히 경건과 정의와 평화를 유지해야 한다. 그런 목적을 위하여 전쟁을 하되 불가피하고 정당한 경우 신약의 가르침 아래 합법적으로 해야 한다[23]

칼빈은 근본적으로 합법적 국가 권력의 법 집행은 정당한 것으로 간주했다. 그는 위정자 혹은 통치자의 지위는 하나님께서 세우신 것으로 이해했고, 심지어 통치자는 하나님의 대리인이라고 보았다.[24] 따라서 통치 행위로 나타나는 정당한 법 집행에서 전쟁은 배제되지 않았다. 칼빈은 평화와 정의를 수호하기 위한 전쟁은 합법적이라고 믿었다.[25] 또 기독교 신앙을 수호하기 위한 전쟁도 합법적이라고 보았다.[26] 칼빈은 통치자들에게 권세가 주어진 것은 그들이 다스리는 영토의 평화를 지키며, 선동을 일삼는 자들의 소요를 억제하며, 힘 있는 자들에게 압제 당하는 자들을 도와주며, 여러 악행에 대하여 징벌하기 위한 것으로 이해하였다.[27] 따라서 통치자들이 평화를 수호하고 무질서를 바로잡고 악한 자를 징벌하기 위한 무력의 사용, 곧 자기 영토를 안전하게 보호하기 위

---

23. "It is lawful for Christians to accept and execute the office of a magistrate, when called thereunto; in the managing whereof, as they ought especially to maintain piety, justice, and peace, according to the wholesome laws of each commonwealth; so for that end, they may lawfully now, under the New Testament, wage war, upon just and necessary occasion."

24. *Inst.*, IV. 20. 6

25. 기강, IV, 20. 11.

26. 존 리스, 『칼빈의 삶의 신학』, 213, *Corpus Reformatorum* 47:4-4.

27. 기강, IV. 20. 11.

한 방어적 전쟁은 불가피하다고 인식한 것이다.[28]

그러나 칼빈은 어떤 경우가 의로운 혹은 정당한 전쟁인가에 대해서는 구체적으로 말하지 않았다. 그도 넓은 의미에서 정당전쟁론을 따랐지만, 어떤 전쟁을 의롭다 혹은 정당하다고 규정할 수 있는 보편적인 규칙이나 지침을 제시하지는 않았다.[29] 다만 그의 '기독교 강요'에서 몇 가지 지침을 주고 있다.

모든 통치자들은 자기들의 욕망으로 조금이라도 기울어지지 않도록 극히 삼가야 한다. 나아가 형벌을 가할 때에도 격노에 빠져서 헤어나지 못하거나, 증오에 사로잡히거나, 무자비한 준엄함에 불타지 않도록 해야 한다. 또한 아우구스티누스가 말했듯이 사기들이 형벌을 가하는 자들에게는 자기들과 공통된 본성이 있음을 생각하고 불쌍히 여겨야 한다. 나아가 무장한 강도인 적에 맞서서 무장을 해야 할 때에도, 편리한 대로 때를 판단하고 경솔하게 그렇게 해서는 안 된다. 최고의 필연성이 있어서 마지못해 그렇게 할 수밖에 없는 경우가 아니라면 전쟁을 위해서 주어진 때로 여겨서는 안 된다. 저 이방 철학자는 평화를 추구하는 것처럼 보이도록 전쟁을 하길 원했다. 이보다 훨씬 많은 것을 성취하려면 분명 우리는 무기에 의존하기 전에 먼저 모든 시도를 다해 보아야 한다. 결론적으로 이 두 가지 경우 모두에 있어서, 통치자들은 자기들의 사감에 사

28. 기강, IV. 20. 11.
29. 존 리스, 『칼빈의 삶의 신학』, 213.

로잡혀 좌우로 흔들려서는 안 되며, 오직 공공의식을 좇아야 한다. 그렇게 하지 않으면 다른 사람들의 선을 증진하고 섬기라고 부여된 자기들의 권세를 가장 악하게 사용하게 될 것이다.[30]

위의 가르침에서 칼빈이 정당한 전쟁의 원칙으로 제시하고 있는 것은 다음의 세 가지로 정리될 수 있다. 첫째, 어떤 합법적인 전쟁도 욕심이나 분노, 증오심으로 수행되어서는 안 된다. 둘째, 적이라 할지라도 동일한 인간 본성을 지닌 존재이므로 잔인한 행위는 배제되어야 한다. 셋째, 전쟁은 다른 방법으로 할 수 없는 경우의 최후의 수단이 되어야 한다.

종합적으로 고려할 때 칼빈은 통치자들이 자신의 영토를 수호하기 위하여 적들의 공격을 방어하는 방어적 전쟁을 해야 할 의무가 있다고 보았다. 또 전쟁은 평화의 유지와 회복을 위해 불가피하다고 보았다.[31] 칼빈은 전쟁 자체를 반대하는 평화주의자들을 '이상주의적 공상가'라고 말한 바 있다.[32] 따라서 그는 평화주의자가 아니었고 정당전쟁론의 전통과 유산을 계승했다고 볼 수 있다.

---

30. 기강, IV. 20. 12.
31. *CO* 36, 83.
32. *CO* 48, 229.

8. 재세례파와 평화주의

1) 재세례파

미국 하버드대학교Harvard University에서 교회사를 가르친 조지 윌리
암스George H. Williams는 16세기 종교개혁을 두 가지 유형으로 구분했
다. 첫째는 루터, 츠빙글리, 칼빈 등 주류의 개혁자들의 온건한 개혁 운
동이었다. 이들의 개혁 운동을 '관료적 개혁Magisterial Reformation'이라
고 불렀다. 이들은 콘스탄티누스 황제 이후 형성된 이른바 국가교회 혹
은 제도화된 교회에서 관헌이나 지방 정부의 지원이나 보호를 배제하
지 않았다는 점에서 '관료적magisterial'이라는 형용사로 개혁 운동의 성
격을 규정하였다.

두 번째 유형은 다소 과격하거나 급진적이었던 여러 형태의 재세례파
Anabaptists, 신령파Spiritualists, 그리고 복음주의적 합리론자들Evangelical
Rationalists의 운동을 통칭하여 '급진적 개혁Radical Reformation'이라고 불

렀다.[1] 재세례파에 속하는 집단으로는 크게 메노나이트Mennonite, 아미쉬 Amish, 후터파Hutterites가 있고, 신령파로는 슈벵크펠트Caspar Schwenckfeld 나 리베르틴파Libertines가, 합리론자들로는 세르베투스Michael Servetus, 1511-1553를 비롯한 반反삼위일체론자들이 있었다. 이들의 운동이 '급진 적Radical' 개혁으로 분류된 것은 국가와 교회가 분리되지 않은 유럽의 국가교회주의國家敎會主義, Staatskirchentum 전통을 거부하고 콘스탄티누 스 이전의 고대교회로의 회복을 내세워 보다 철저하고도 급진적인 개 혁을 주장했기 때문이다. 이런 분류 방식은 16세기 연구에 큰 영향을 끼 쳤고, 60년이 지난 오늘까지 타당한 구분으로 받아들여지고 있다.

16세기 교회개혁을 이처럼 두 유형으로 구분하는 윌리암스의 표준 은 일차적으로 개혁자들의 교회론敎會論, Ecclesiology 혹은 교회와 국가 와의 관계에 대한 입장이다. 로마 가톨릭에 반대하여 개혁 운동을 전개 해 가는 과정에서 국가나 정부 등 세속 권력 집단과 어떤 관계를 유지 해 왔느냐에 따라 분류한 것이다. 즉 전자는 세속 권력과 제휴하거나 지 원을 받아 교회 개혁을 추진하는 경향이 있었으나, 후자는 서구의 오랜 국가교회 전통을 거부하고 콘스탄티누스 이전의 교회에로의 회복을 근 간으로 하여 국가로부터 철저한 분리를 주장했다. 그래서 루터나 츠빙 글리, 칼빈 등의 주된 이념이 '개혁reformation'이라고 한다면, 재세례파 나 신령파의 주된 이념은 국가교회 형태 이전, 곧 4세기 이전으로 돌아가 는 '복귀restitution'였다.[2]

---

1. George H. Williams, *The Radical Reformation* (Philadelphia: The Westminster Press, 1962), XXIV.
2. George H. Williams, *Introduction to Part I of Spiritual and Anabaptist Writers:*

재세례파 운동은 한 지역에서만 일어난 단일한 개혁 운동이 아니라 스위스, 독일, 모라비아, 네덜란드 등지에서 산발적으로 일어난 복수의 운동이었다. 따라서 기본적 이념을 공유하면서도 지엽적인 차이점을 보여 주는 여러 유형 혹은 분파가 있었다. 이런 점에서 재세례파의 복수 기원설複數起源說, polygenesis이 지지를 얻고 있다. 여러 부류의 재세례파 집단이 있었는데, 조지 윌리암스는 이들을 세 가지 유형으로 구분했다. 그러나 영국의 교회사학자인 오웬 채드윅Owen Chadwick은 네 가지로,[3] 네덜란드의 발크Willem Balke는 일곱 개 분파로 분류하였다.[4] 발크의 분류는 보다 구체적인데, 이 중 토마스 뮌쩌와 쯔비카우의 예언자들the Prophets of Zwickau, 멜키오르파The Melchiorites, 뮌스터의 재세례파The Munster Anabaptists, 데이비스 요리스파The Group of Davis Joris 등은 폭력을 용인했던 반면에 스위스 형제단, 모라비아의 후터파, 그리고 메노나이트파는 비폭력 평화주의를 지향한 집단이었다.

그런데 이들 재세례파 집단의 공통점은 국가교회의 상징인 유아세례를 거부하고 성인이 되어 자신의 신앙을 고백한 후에 받는 '신자의 세례believers' baptism'를 주장했다는 점이다. 재再세례를 요구했다는 것은

Documents Illustrative of the Radical Reformation, vol. XXV in The Library of Christian Classics (Philadelphia, 1957), 19-38. '급진적 개혁'으로 구분되는 그룹들 가운데도 상당한 차이가 있다. 신령파(신령주의자들)는 외부적이고 가견可見적인 교회보다는 내면적인 성령 체험을 더욱 중시하여, Caspar Schwenckfeld 같은 이는 '내적인 말씀'인 성령의 내적 증거를 중시하여 외적인 다른 교회의식들, 곧 세례나 성찬조차도 제거될 수 있다고 믿었다. 복음적 합리론자들은 내적 말씀보다는 이성에 호소하여 전통적인 삼위일체 교리나 고대 교회의 기독론 교리에 대해서도 부정적이었다.

3. O. Chadwick, The Reformation (Grand Rapids: Eerdmans, 1965), 191.
4. W. Balke, Calvin and Anabaptist Radicals (Grand Rapids: Eerdmans, 1981), 2-3.

유아세례를 거부했다는 것인데, 이것은 국가교회로부터의 분리를 위한 논리적 결론이었다. 다시 말하면 유아세례를 받음으로 자동적으로 국가교회에 속했던 제도에서 떠나 '신자의 세례'를 받은 이들로 구성되는 별도의 교회를 지향했다는 것이다. 이런 점에서 재세례파는 탈脫콘스탄티누스주의를 지향했다고 볼 수 있다.[5]

재세례파는 탈콘스탄티누스주의를 지향했다는 점에서 교회관이나 국가관이 주류의 교회와는 매우 달랐다. 이들은 교회와 국가의 완전한 분리를 주장했고, 완전히 거룩한 교회가 될 수 있다는 완전주의完全主義적 교회관을 지향했다. 따라서 이들 재세례파는 당시 루터나 츠빙글리, 칼빈과 같은 온건한 개혁자들과 로마 가톨릭 양측으로부터 이단으로 간주되어 탄압을 받았고, 국가 권력으로부터는 무정부적인 집단이라는 이유로 박해를 받았다. 이런 여건에서 물리적인 힘, 혹은 폭력의 사용에 대해 어떤 입장을 취해 왔는가는 여러 유형의 재세례파를 구분하는 시금석이 된다. 재세례파 그룹 중에서 메노 시몬스Menno Simons, 1496-1561로 시작된 메노나이트교회는 일체의 물리력 행사나 폭력 그리고 전쟁을 반대하는 평화주의를 지향했는데, 이것은 4세기 이전의 교회가 지향해 온 평화주의의 회복이라고 볼 수 있다. 그렇다면 이들은 어떤 집단이었고 어떤 배경에서 평화주의를 지향하게 되었을까?

---

5. John Yoder, *The Royal Priesthood: Essay Ecclesiological and Ecumenical* (Scottdale: Herald Press, 1994), 154.

2) 폭력적인 호프만과 뮌스터 사건

앞에서 메노 시몬스로 시작된 메노나이트교회는 평화주의를 지행했다고 언급했는데, 그의 사상은 어느 사건의 영향을 받아 형성된 것이다. 그것은 1530년대에 있었던 폭력적인 재세례파 운동이었다. 조지 윌리엄스가 '혁명적 재세례파Revolutionary Anabaptists'라고 불렀던 멜키오르 호프만Melchior Hoffmann, C.1500-1543과 그 후예들의 폭력과 난동은 반면교사反面教師가 되어 후에 비폭력 평화주의를 지향하는 재세례파 운동을 일으키게 된다. 이 사건의 전개는 아래와 같다.

독일 출신 호프만은 본래 모피 상인이었다. 1523년에는 루터파가 되었고 종말론에 심취하게 되었다. 1533년에는 스트라스부르크Strasbourg에 새 예루살렘이 임한다는 시한부 종말론을 주장하면서 과격한 성격을 띠게 된다.[6] 유럽의 여러 나라를 전전하던 그는 루터파로부터 배척을 당하게 되자 1530년 4월 23일 다시 침례를 받고 재세례파가 되었다. 후에는 동東프리슬란트Ostfriesland의 엠덴Emden으로 옮겨가 당국의 환심을 사는 데 성공하고 설교자로 활동하게 된다. 어떤 점에서 그는 네덜란드에 재세례 사상을 공개적으로 전파한 첫 인물이었다. 그는 자신을 "오리라 한 엘리야"마11:14, 계11:3라고 주장하고 과격한 운동을 전개하여 이른바 호프만파Hofmannite 혹은 멜키오르파 재세례주의Melchiorite Anabaptism를 형성하게 된다.

그는 그리스도께서 1533년 스트라스부르크에 재림하실 것이라고 확

---

6. 김주한, "평화를 위한 교회의 노력," 「한국교회사학회지」 36(2013), 54.

신하고, 자신은 반년간 옥에 갇혔다가 석방되어 재림에 있어서 엘리야의 역할을 할 것으로 확신했다. 이러한 확신에도 불구하고 자신이 체포되지 않자 스스로 시정부에 격한 편지를 보내 체포를 자초하였다. 재판에 회부된 그는 종신형을 선고받았다. 곧 석방되리라 기대했으나 기대와는 달리 옥중에서 1543년 죽음을 맞았다. 옥중에서 반년을 보낸 후 석방되어 새 예루살렘을 통치할 것이라는 예언은 허황된 거짓으로 드러난 것이다.

호프만의 제자였던 네덜란드의 얀 마티즈Jan Mathisz, ?-1534는 본래 제빵업자였다. 그런데 호프만이 투옥되어 있는 동안 호프만의 재림설은 잘못된 것이라고 주장하고, 자신이야말로 하나님과 동행했던 에녹이라고 주장했다. 그리고는 광신도 집단을 규합하여 스스로 지도자가 되었다. 그는 네덜란드에서 가까운 독일의 뮌스터Münster가 '하나님의 시온'으로 선택받았다고 주장하고, 폭력을 동원하여 그 도시를 점거했다. 도시를 점령한 그들은 시민들에게 재세례를 강요하였고, 이를 거절한 자들은 소위 '불경건한 자들'로 간주하여 사형에 처했다. 엄청난 폭력과 살상이 뒤따랐다. 그는 열두 사도를 택하여 그들에게 안수했는데, 그중 한 사람이 레이덴의 재봉사 출신의 얀 보이켈스Jan Beukels, 1509-1536였다.

과격한 폭력을 동원했던 얀 마티즈는 뮌스터의 로마 가톨릭 연합군에 의해 체포되었고 1534년 부활절 주일에 죽임을 당했다. 그러나 이런 과격한 종말론은 쇠하지 않고 암암리에 전파되었고, 얀 보이켈스가 마티즈를 이어 새로운 지도자가 되었다. '레이덴의 얀Jan van Leyden'으로 알려진 그는 뮌스터의 왕뿐 아니라 새 예루살렘의 왕이며, '전 세계의

의의 왕'으로 자처했다.[7] 그는 허황된 종말론에 빠져서 주님을 위한 전쟁에서 싸우기 위해서는 무기를 소지해야 한다고 가르쳤다. 이렇게 되어 뮌스터는 또 다시 과격한 재세례교도들의 도시가 되었다. 모든 사유재산이 폐지되었고 일부다처제가 강요되고 폭력이 난무했다. 재세례파에 속하지 않는 이들은 이 도시에서 쫓겨나거나 죽임을 당했다.

얀 보이켈스의 왕국은 오래가지 못했다. 뮌스터의 정부군은 1536년 6월 이 도시를 점령하고 도시의 통치권을 되찾았다. 뮌스터는 다시 로마 가톨릭의 통치를 받게 된다. 곧 광신도들에 대한 보복이 뒤따랐다. 도시는 피로 물들었고 폭력적 재세례파 지도자들의 시체가 거리에 전시되었다. 자칭 왕이었던 보이켈스는 불에 달군 인두로 고문을 받고 1536년 1월 22일 죽임을 당했다. 찢겨진 그의 시체는 세인트람베르트St. Lambert교회당 탑에 전시되었다. 이것이 얀 마티즈와 얀 보이켈스, 곧 두 사람의 '얀'이 중심이 되어 1534년부터 이듬해까지 일어났던 폭력적인 뮌스터 사건이었다. 뮌스터의 몰락은 극단적이고 광신적인 재세례파 혹은 폭력적 광신주의의 종말을 고하게 되는데, 이 사건이 온건하고 평화주의적인 메노 시몬스가 재세례파에서 새로운 지도력을 행사하게 되는 배경이 된다.

---

7. Gerald R. Brunk ed., *Menno Simons, A Reappraisal*, 72, 131.

3) 메노 시몬스와 평화주의 운동

메노 시몬스Menno Simons, 1496-1561는 1496년 북해에서 15킬로미터 정도 거리에 위치한 네덜란드 프리슬란트Friesland의 비트마르숨 Witmarsum에서 낙농업을 하는 농부의 아들로 출생했다. 이때는 콜럼버스Christopher Columbus, 1451-1506가 신대륙을 발견한 지 4년이 지난 때였고, 루터가 탄생한 지 13년이 지난 후였다. 그리고 칼빈이 탄생하기 13년 전이었다.[8] 그의 어린 시절 학교 교육에 대해서는 별로 알려진 바가 없으나, 고향 근처 볼스바르트Bolsward에 있는 프란체스코수도원에서 생활하면서 언어와 신학을 공부한 것으로 알려져 있다. 메노는 그리스어는 약간 읽을 수 있었으나 라틴어 실력은 상당한 수준이었다고 한다. 그러나 히브리어는 알지 못했다. 28세가 되던 1524년 3월에는 로마가톨릭 사제가 되었으나 그로부터 2년이 지날 때까지 성경을 읽어 보지 못했다고 한다. 사제가 된 후 7년 간 아버지의 고향인 핑줌Pingjum에서 교구사제로 활동했고, 그 후 비트마르숨의 사제로 활동했다.[9]

사제로 활동하는 동안 메노는 전통적인 로마 가톨릭의 두 가지 교리에 회의를 품게 되는데, 첫째는 화체설化體說, Transubstantiation이었다. 스위스에서 콘라드 그레벨과 펠릭스 만츠가 첫 재세례를 베풀던 1525

---

8. 메노 시몬스의 삶의 여정에 관한 중요 정보는 Gerald R. Brunk ed., *Menno Simons, A Reappraisal* (Harrisonburg, Eastern Mennonite College, 1992), 17-56과 Cornelius Dyck, *Mennonite History* (Scottdale: Herald Press, 1993), 102-106에 근거하였다.
9. 주요 내용은, 이상규, "메노나이트교회의 평화주의 전통", 「한국교회사학회지」 44(2016), 207-242에 기초하였다.

년 바로 그해의 일이었다. 일반적으로 메노는 1520년 루터가 썼던 『교회의 바벨론 유수Von der babylonischen Gefangenschaft der Kirche』를 읽고 영향을 받은 것으로 보는데, 화체설은 인간이 고안한 허구에 불과하다고 했던 루터의 견해를 수용한 것으로 보인다. 따라서 화체설은 성경적 근거가 없고 건전한 이성에도 맞지 않는다고 인식하게 된다.

둘째는 유아세례였다. 1529년경 데오발트 빌리카누스Theobald Bilicanus라는 남부 독일의 설교가의 저서로부터 영향을 받은 것으로 보이지만, 1531년 3월 20일 지크 스나이더Sicke Snyder라는 인물이 프리슬란트 지방의 레이바르덴Leeuwarden에서 재세례를 받았다는 이유로 교수형을 당한 사건은 메노로 하여금 유아세례의 성경적 근거에 대해 깊이 고심하게 되는 계기가 되었다. 메노는 루터나 츠빙글리, 부써, 불링거 등의 작품과 교부 문서를 숙고하였으나 유아세례의 타당성을 확신할 수 없었다. 결국 그는 유아세례를 부인하게 되는데,[10] 이 점은 자신의 삶의 여정에 있어서 커다란 변화였다. 그에게 있어서도 성경만이 신학의 토대였고 성경적 근거를 찾지 못한 유아세례를 그는 받아들일 수 없었다. 그래서 1537년 네덜란드의 재세례파 지도자 오베 필립스Obbe Philips, C.1500-1568에게 재세례를 받고 자신이 몸담고 있던 로마 가톨릭을 분연히 떠나게 되었다. 이때부터 죽음을 맞을 때까지 25여 년간 재세례파로서 자신이 깨달은 바를 전파하기 시작했다. 그 결과로 네덜란드와 북부 독일을 중심으로 그의 이름에서 유래한 메노나이트교회가 발전하게 된다.

---

10. Cornelius Krahn, *History of Dutch Anabaptism* (The Hague: Martinus Nijhoff, 1968), 8.

메노의 첫 저술은 뮌스터 사건 이후 1536년에 쓴 『레이든의 얀의 신성모독에 대항한 완전하고도 분명한 방법Een gantsch duydelyck ende klaer bewys … tegens … de blasphemie van Jan van Leyden』이라는 소책자였다.[11] 이 책을 집필하고 두 달이 지난 후 뮌스터파가 함락되었기 때문에 이 글은 굳이 출판될 이유가 없었으므로 공개되지는 않았다. 그러다가 이 책이 출판된 것은 거의 한 세기가 지난 1627년이었다.[12] 메노는 이 책에서 "검劍 철학 주창자들"의 비기독교적인 성격을 비판하고, 이 땅에 하나님의 나라를 건설한다는 이름으로 검을 사용한 뮌스터파를 강하게 비판했다.

물리적인 검으로 투쟁하는 것은 금지된 일이다 …… 그대들에게 나는 한 가지 묻고자 한다. 그들은 검으로 세례 받았는가, 십자가로 세례 받았는가? 그대들은 모두 검으로 저항하는 이상한 교리를 경계하기 바란다. 또한 많은 사람들에게 독침을 준 사악한 뱀이 숨어 있는 예쁜 꽃과 유사한 가르침을 주의하기 바란다.[13]

---

11. Gerald R. Brunk ed., *Menno Simons, A Reappraisal*, 134.
12. 메노의 이 작품은 그의 모든 저작 가운데서 가장 중요한 논쟁적 작품으로 알려져 있는데, 1627년 출판된 것은 분명하지만 출판인이나 출판지가 기재되지 않았다. 이 책은 1681년의 메노 전집(*Opera Omnia* of 1681)에 포함되어 있는데, 1872년 크리스티안 세프(Christian Sepp)에 의해 진정성을 의심받기까지 아무도 문제를 제기한 바 없다. 그로부터 20년이 지난 1892년 드 홉 쉐퍼(J. G. de Hoop Scheffer)는 세프의 주장을 반박하고 진정성을 재확인했다. 이 작품은 메노의 다른 저술과는 성격을 달리하는데, 폭력적인 레이덴의 얀을 강하게 공격하고 있다는 점이다. Gerald R. Brunk ed., *Menno Simons, A Reappraisal*, 134.
13. John C. Wenger, ed., *The Complete Writings of Menno Simons* (Scottdale: Herald Press, 1956), 45, 49.

메노 시몬스는 얀 마티즈나 베르나트 로츠만Bernat Rothman, 1495-1535 같은 급진적 재세례파와는 달리 온건하고도 평화지향적인 개혁을 추진했다. 특히 뮌스터의 종말론이 낳은 폭력적인 천년왕국千年王國, Millennium 운동의 불행한 결말을 타산지석他山之石으로 삼아 보다 철저한 평화주의 재세례 운동을 전개했다. 메노가 뮌스터의 폭력을 경험한 이후 비로소 비폭력 평화주의를 말한 것은 아니었다. 메노는 이전부터 신약성경의 가르침에 근거하여 평화주의적 가르침을 신봉하고 있었으나 뮌스터 사건은 자신의 확신을 재확인하는 기회가 되었다.[14] 즉 신약성경의 가르침에 따라 모든 폭력에 저항하는 비폭력 평화주의를 지향하게 된 것이다. 이런 평화 이념은 철학자 칸트Immanuel Kant, 1724-1804의 평화사상이 대두되기 3백 년 전의 일이었다.

재세례파 운동은 초기부터 제자도弟子道, discipleship를 중시했고, 평화주의는 복음의 핵심이자 총체적으로 '그리스도를 본받는 것imitatio Christi'이었다. 따라서 예수님의 모범과 초기 기독교의 가르침은 메노를 포함한 재세례파의 생활 방식을 결정하는 중요한 토대였다. 이미 콘라드 그레벨Conrad Grebel은 1524년에 이렇게 말한 바 있다.

참된 그리스도인들은 세속적인 검을 이용하거나 전쟁에 관여해서는 안 된다. 왜냐하면 그것은 사람들의 생명을 파멸시키기 때문이

---

14. 일반적으로 메노나이트교회 신학자들은, 뮌스터 사건은 메노 시몬스의 극적인 회심에 영향을 준 사건으로 간주하고 있고, 이런 폭력적인 종교운동 와중에서의 회심은 메노로 하여금 반폭력적 평화운동에 지대한 영향을 준 것으로 해석한다. Harold Bender etc. ed., *The Mennonite Encyclopedia*, vol. 3 (Scottdale: Herald Press, 1959), 578.

며, 우리는 더 이상 옛 언약 아래 살고 있지 않기 때문이다. 진실한 그리스도인들은 세속적인 검을 사용하지 않으며 전쟁에 참여하지도 않는다. 그리스도의 복음과 그 복음을 받아들이는 사람들은 검에 의해 보호받는 것도 아니고, 검으로 자신을 보호하지도 않는다.[15]

이와 같은 그레벨의 단호하고도 확고한 비폭력 사상은 후에 언급할 재세례파의 슐라이트하임 신앙고백서The Schleitheim Confession of Faith에 영향을 주게 된다.[16] 뮌스터에서의 폭력으로 재세례파가 엄청난 비난과 불신에 직면하게 되었을 때, 메노는 철저한 비폭력 평화주의에서 재세례파 운동의 새로운 활로를 찾았다. 메노는 진정한 그리스도의 모범은 비전非戰이나 반전反戰만이 아니라 모든 종류의 대립, 투쟁, 폭력, 무기 소지 등 인간 생명을 위협하는 모든 것으로부터 완전히 이별하는 것이라고 믿었다. 그 확신의 근거는 신약성경이었고, 신약성경은 교회보다 더 높은 권위를 지닌 것이었다. 이런 점에서 메노는 루터처럼 로마 가톨릭의 교회관에서 완전히 떠나 있었다.[17]

재세례파의 한 부류인 후터파의 제2의 창시자로 불리는 피터 리드만Peter Riedemann, 1506-1556은 1545년 이렇게 말한 바 있다. "평화의 왕 그리스도께서는 자신의 나라, 곧 교회를 세우셨는데, 그 교회는 피로 사신

---

15. Harold Bender, *The Anabaptist Vision* (Scottdale: Herald Press, 1944), 31.
16. C. Arnold Snyder, *Anabaptist History and Theology* (Kitchener: Pandora Press, 1995), 58.
17. Harold Bender etc. ed., 578.

것이다. 이 나라에서는 모든 세상적인 전쟁은 끝이 났다. 그러므로 기독교인들은 전쟁에 참여할 수 없으며 보복하기 위해 칼을 소지해서도 안된다."[18] 평화에 대한 가르침은 뮌스터 사건 이후 재세례파 전통에서 널리 고양되었고, 메노나이트교회 전통에서 제자들이 따라야 할 가장 중요한 제자도로 간주되었다.

평화주의 입장을 보여 주는 메노의 가장 중요한 작품은 1540년 네덜란드어로 출판된 『기독교 교리의 토대Dat Fundament des Christelycken leers』였다. 이 책은 신자들을 위한 일종의 교리적 지침서이며 위정자들에게 헌정되었거나 제시되었다는 점에서 유사성이 거론되는 칼빈의 『기독교 강요』 초판1536과 비교된다.[19] 메노가 국가 권력 자체를 부인한 것은 아니었다. 교회와 국가를 구분했지만, 국가 권력이 신앙의 사유를 침해하지 않는 한 통치자들에게 순종할 것을 요구했다. 이런 주장과 함께 기독교 교리의 토대는 칼의 도道가 아니라 십자가의 도라는 점을 주장했다. 이 책을 보면 메노는 전통적인 로마 가톨릭 영성과 인문주의자 에라스무스Desiderius Erasmus, 1469-1536의 평화주의적 경건pacifist piety에서 영향을 받았음을 볼 수 있다. 그는 이 책에서 뮌스터파의 폭력적이고 과격한 행동을 단호하게 배격하면서 평화주의를 지향하고 있고, 평화주의적인 재세례파를 변호했다.

새로 거듭난 사람은 전쟁에 참여해서는 안 되며 싸워서도 안 된다.

---

18. Harold Bender, *The Anabaptist Vision*, 32.
19. George Williams, *The Radical Reformation*, 106.

이들은 칼을 쳐서 보습을, 창을 쳐서 쟁기를 만드는 평화의 자녀이기 때문이며 전쟁을 모르는 사람들이기 때문이다. 그들은 가이사의 것은 가이사에게, 하나님의 것은 하나님께 바치는 사람들이다. 이들의 무기는 성령을 통해 선한 양심대로 살게 하는 성령의 말씀이다. 베드로는 검을 도로 꽂아 넣으라는 명령을 받았다. 모든 기독교인들은 그들의 원수를 사랑하도록, 악을 행하는 사람들에게라도 선을 행하도록, 저주하고 핍박하는 자들을 위해 기도하도록, 겉옷을 요구하는 사람에게 속옷까지 주고, 오른뺨을 치는 자에게 왼뺨도 돌려대도록 초청을 받은 사람들이다. 사랑하는 형제자매들이여, 성경이 이르는 대로 기독교인들이 어떻게 원수에게 보복을 하며 거역하며 전쟁하며 살인하며 도륙하며 핍박하며 훔치며 강포하며 도시를 약탈하고 불태우며 나라들을 정복하겠는가?[20]

위의 인용문에서 보여 주듯이 메노 시몬스의 무저항 평화주의는 근본적으로 신약성경의 가르침을 문자적으로 따르는 것이었다. 그래서 그는 평화를 참된 교회의 표식으로 보았을 정도였다.[21] 그는 또 이렇게 말한다. "우리의 요새要塞는 그리스도이시오, 우리의 방패는 인내이며, 우리의 칼은 하나님의 말씀이며, 우리의 승리는 예수 그리스도에 대한

---

20. Harold Bender ed., *Menno Simon's Life and Writings* (Scottdale: Mennonite Publishing House, 1958), 90-91. 루디 배르근, 『메노나이트 이야기』(서울: KAP, 2005), 179에서 재인용.
21. J. C. Wenger and L. Verduin eds. *Complete Works* (Scottdale: Herald Press, 1956), 94. 알렌 크라이더, 『평화교회는 가능한가?』 (춘천: KACP, 2007), 41.

신실하고 견고한 그리고 거짓 없는 믿음에 있다."[22] 메노 시몬스는 자신의 삶의 여정에서 약 25종의 소책자를 썼는데, 모든 작품 표지에 고린도전서 3장 11절, 곧 "이 닦아둔 것 외에 능히 다른 터를 닦아 줄 자가 없으니 이 터는 곧 예수 그리스도시라"를 인용하고 있다. 이런 점에서 미국 신학자 티모시 조지Timothy George는 메노 시몬스의 해석학적 원리 혹은 신학은 그리스도 중심적이라고 말하면서 이는 루터의 영향이라고 지적한다.[23]

메노 시몬스는 유식한 학술서를 집필하거나 조직신학을 체계화할 만한 여유를 갖지 못했다. 일생동안 도망자의 삶을 살았고, 관헌을 눈을 피해 살았기 때문이다. 1542년 12월 황제 카를 5세가 5백 길드의 현상금을 걸고 체포 칙령을 발표했을 때 메노 시몬스는 자신을 '안식처 없는 인간'이라고 표현했다. 1544년에는 "내 불쌍한 처와 어린 자녀들이 단 1년, 아니 반년이라도 안전하게 기거할 오두막집이나 헛간은 그 어느 나라에서도 찾을 수 없구나!"[24]라고 탄식했다. 그 이듬해1545부터 그를 따르는 이들의 교회가 메노파Mennonieten, Mennonites로 불리기 시작했다.[25] 그는 여러 번 생사의 갈림길에 서는 험난한 삶을 살았다. 그가 1561년 1월 31일 65세의 나이로 자연사한 것은 기적에 가까운 놀라운 일이 아닐 수 없다.

---

22. John Horsch, *The Principle of Nonresistance as Held by the Mennonite Church* (Scottdale: Mennonite Publishing House, 1927), R. H. Bainton, 『전쟁 평화 기독교』(서울: 대한기독교서회, 1981), 209.

23. 티모시 조지, 『개혁자들의 신학』, 328.

24. 티모시 조지, 『개혁자들의 신학』, 317.

25. George H. Williams, *The Radical Reformation*, 393.

미국교회사학회American Society of Church History, ASCH 회장을 역임했던 헤롤드 벤더Harold Bender, 1897-1962는 재세례파가 세 가지 이상을 추구했다고 보았다. 첫째는 기독교의 본질은 제자도에 있다고 보아 제자도를 실천했다는 점, 둘째는 교회를 세상과 분리된 고난 받는 공동체로 규정한 점, 셋째는 새로운 윤리로서 사랑과 무저항 사상을 제시한 점이라고 했다.[26] 결국 메노 시몬스에게 있어서 비폭력 평화주의는 신약성경에 기초하되 뮌스터 사건을 통해 강화된 것이었고, 그로써 평화를 지향하는 교회의 전통을 수립하게 되었다고 할 수 있다. 이렇게 볼 때 알렉산드리아의 클레멘스가 '겸손'을, 안디옥의 이그나티우스가 '고난'을, 중세기 프란체스코가 '가난'을 '그리스도를 본받음imitatio Christi'으로 이해했다면, 메노 시몬스는 '비폭력 평화주의'를 그리스도를 본받는 것으로 이해했음을 알 수 있다.

4) 슐라이트하임 신앙고백서와 비폭력 사상

초기 재세례파 지도자들과 메노 시몬스에 의해 강조된 비폭력 평화주의 사상은 재세례파의 첫 신앙고백서라고 불리는 슐라이트하임 신앙고백서The Schleitheim Confession of Faith, 1527에서 강조되고 재확인되었다.[27] 이 신앙고백은 스위스 샤프하우젠주Schaffhausen州의 슐라이트

---

26. Harold Bender, *The Anabaptist Vision*, 20. 이 책의 역본은 김복기 역, 『재세례신앙의 비전』(KAP, 2009)이다.
27. 이 신앙고백서 전문은 한국어로 번역된바 없고, 영역본은 John Yoder, trans. and ed., *The*

170 우리에게 평화를 주소서

하임Schleitheim이라는 작은 마을에서 개최된 스위스와 남부 독일 재세례파의 모임에서 비롯되었다. 1527년 2월 24일 아우크스부르크에서 모인 재세례파 지도자들은 이 신앙고백서를 공식적으로 수용했다.[28] 이 신앙고백서의 본래의 제목은 '일곱 개 조항에 대한 하나님의 자녀들의 형제애적 연합Brüderlich Vereinigung etzlicher Kinder Gottes sieben Artikel betreffend'이었다. 이 문서는 신앙고백서라기보다는 일곱 가지 특별한 관심사에 대한 선언문의 성격이 짙다.[29] 이 문서에서 말하는 일곱 가지란 세례, 권징출교, 성찬, 세상으로부터의 분리, 교회의 목회자들, 칼, 그리고 맹세의 문제인데, 근본적으로 두 개의 왕국, 곧 그리스도의 주권하에 있는 나라와 사탄의 지배하에 있는 나라로 엄격하게 구분하고 있다. 이 문서의 작성자는 일반적으로 베네딕트수도회Benedictine Order 출신인 미카엘 새틀러Michael Sattler, 1490-1527로 알려져 있는데, 1526년 여름 스위스 형제단의 지도자로 부상했다. 그의 입장이 강하게 반영된 이 고백서가 스위스 형제단의 신학적 입장이 되었다.[30]

이 고백서 제6항에서는 칼과 무력에 대해 기록하고 있는데, 일곱 개 조항 중 가장 긴 내용으로 구성되어 있다. 이 항에서는 폭력은 어떤 형태라도, 설사 위정자들에 의해 행사된다 할지라도 '그리스도의 완전하

Schleitheim Confession (Scottdale: Herald Press, 1977)이 있다.

28. Cornelius J. Dyck, An Introduction to Mennonite History (Scottdale: Mennonite Publishing House, 1993), 139. C. Arnold Snyder, Anabaptist History and Theology, 61.

29. 박경수, 『칼뱅의 유산』(서울: 대한기독교서회, 2014), 243.

30. C. Arnold Snyder, Anabaptist History and Theology, 60-61. 새틀러는 슐라이트하임 고백서 작성 얼마 후 체포되어 1527년 5월 20일 처형되었다. 그의 아내는 8일 후 수장형을 당했다.

심 밖에' 있는 것이라고 단정하고,[31] 기독교인들은 어떤 이유로도 칼_{무기}을 사용할 수 없고 따라서 군 복무도 거부해야 한다고 말하고 있다. 이런 비폭력에 대한 가르침과 함께 이 조항은 기독교인의 칼의 사용에 대해 세 가지 질문을 제기한다.

이제 우리를 위한 그리스도의 뜻이 이와 같은 줄을 깨닫지 못하는 많은 사람들이 기독교인은 선한 자를 방어하고 보호하기 위하여 또는 사랑의 대의를 위하여 악한 자에게 대항하여 칼을 사용해도 좋은지 또 사용해야 하는지를 따지려 할 것이다. 우리의 대답은 한 사람의 이의도 없이 다음과 같다. 그리스도께서는 우리에게 그분을 배우라고 가르치시며 명하신다. 왜냐하면 그분께서는 온유하시고 마음이 겸손하시어 우리의 영혼들이 그분께로부터 평안을 발견할 것이기 때문이다. 그리스도께서는 간음하다가 잡혀 온 비그리스도인 여인에게 대해서도 당신의 아버지의 법에 따라 그를 돌로 치지 말고 자비와 용서와 경고로 더 이상 죄를 짓지 않도록 해야 한다고 말씀하셨다. 우리는 금지령의 규칙에 따라 이와 같은 태도를 철저히 가져야 한다.

칼에 대하여 제기되는 두 번째 문제는 기독교인이 세상의 분쟁에 끼어들어 불신자들처럼 서로 투쟁을 해도 좋은지의 여부이다. 다음은 우리의 일치된 대답이다. 그리스도께서는 유산의 상속 문제로 다투는 형제와 형제 사이에 어떤 결정이나 판단을 내리시기

---

31. Cornelius J. Dyck, *An Introduction to Mennonite History*, 139.

를 원치 않으시고 그것을 거부하셨다. 그러므로 우리도 그렇게 하지 않으면 안 된다.

칼에 관한 세 번째 문제는 기독교인이 정부 관리로 선출되면 그 직책을 수행해도 좋은가의 문제이다. 이에 대한 대답은 다음과 같다. 그들은 그리스도를 왕으로 삼으려 했으나 그분께서는 그들을 떠나셨으며 그것을 그분의 아버지께서 마련하신 일로 여기지 않으셨다. 우리도 그분의 모범을 따를 것이며 어둠 속을 걸어가지 않을 것이다. 왜냐하면 그분께서 친히 칼의 사용을 금하시면서 말씀하시기를 세상의 임금들이 사람들 위에 스스로를 높이지만 너희는 그것과 상관이 없어야 한다고 하셨기 때문이다. 바울은 여기에서 한 걸음 더 나이기 말하기를 '하나님께서 미리 아신 자들로 또한 그 아들의 형상을 본받게 하도록 미리 정하셨다'라고 했으며, 베드로 또한 '그리스도께서도 너희를 위하여 고난을 받으사 너희에게 본을 끼쳐 그 자취를 따라오게 하려 하셨느니라.'라고 했다.

마지막으로 다음과 같은 사항들 때문에 기독교인은 정부 관리로 복무하는 것을 적합지 않은 일로 생각할 것이다. 즉 위정자는 육체에 속한 것이지만 기독교인들은 성령을 따르는 자들이며, 위정자들의 집과 거처는 이 세상에 남아 있으나 기독교인들의 시민권은 하늘에 있으며, 위정자들의 투쟁 무기는 육체적인 것이고 육체에게만 대항 할 수 있는 것인데 반해 그리스도인들의 무기는 영적인 것이며 마귀의 간음에 대항하는 것이다. 세속에 속한 사람들은 쇠와 철로 무장하지만 기독교인들은 하나님의 갑옷으로 무장한다. 간단히 말해서 우리를 향한 그리스도의 마음이 그러하듯이

그리스도의 몸의 지체들의 마음도 모든 일에서 그를 통해 그리스
도의 몸을 파괴시킬 어떤 분열도 없게 해야 한다. 왜냐하면 서로
대립하는 왕국마다 멸망할 것이기 때문이다. 그리스도에 대하여
이와 같이 기록되었으니 그분의 지체들도 마땅히 그분과 같이 되
어 그분의 몸이 온전하도록 그리고 그분의 몸 자체의 성장과 진보
에 일치할 수 있어야 한다.[32]

위의 고백서가 제시하는 질문들을 요약하면 이렇다. 첫째, 기독교인
들이 선한 사람을 보호하고 악한 자들에 대항하기 위하여 칼을 사용할
수 있는가? 둘째, 세속적인 문제들에 대한 논쟁과 다툼에 대해 기독교
인이 판단을 내릴 수 있는가? 셋째, 기독교인이 정부의 관리로 선출되
면 그 일을 감당해야 하는가? 이 세 질문에 대해 각각 '아니다'라고 부
정적인 대답을 하고 있으며 그 근거로 예수님의 모범이 제시되고 있다.[33]
그러면서 '세상 사람들은 철과 동으로 무장하지만 기독교인들은 하나
님의 전신갑주, 곧 진리, 의, 평화, 믿음, 구원, 그리고 하나님의 말씀으
로 무장한다'는 점을 강조한다.[34]

---

32. 알버트 마린 편저, 『전쟁과 그리스도인의 양심』(서울: 성광문화사, 1982), 225-6. 이 번역문
을 원문에 기초하여 일부 수정하였음.
33. 박경수, 『칼뱅의 유산』, 246.
34. 츠빙글리와 칼빈은 슐라이트하임 신앙고백서에 대해 비판했다. 츠빙글리는 1527년 여름에
쓴 『재세례파의 책략에 대한 논박(Refutation of Anabaptist Tricks)』에서, 칼빈은 1544년
의 『재세례파에 대항하는 간략한 교훈(Brief Instruction Against the Anabaptist)』에서 슐
라이트하임 신앙고백서를 조목조목 비판했다. 파렐은 뉘사텔 목사들을 대신하여 재세례
파의 선전에 대항하기 위한 의도로 칼빈에게 두 번이나 이 책의 집필을 요청했고, 그 결과
로 이 책을 쓴 것이다. W. de Greef, *The Writings of John Calvin* (Grand Rapids: Baker,

이런 정신은 재세례파의 다른 논자들에 의해서도 강조되었다. 예컨대, 훈련된 신학자이기도 했던 독일인 후프마이어Balthasar Hubmaier, C.1480-1528는 1527년 6월 24일 『검에 관하여Von dem Schwert』를 출판한 바 있다. 제7항에 대해서는 약간 견해를 달리하는 것을 제외하면, 말할 것도 없이 슐라이트하임 고백서의 계승이었다.[35] 후프마이어는 이 책을 출판하고 한 달이 지난 후 오스트리아 정부에 의해 체포되었고 1528년 3월 10일 비엔나에서 화형을 당했다. 그는 최후의 순간 예수님께서 십자가상에서 하셨던 말씀을 라틴어로 반복했다. "주여, 당신의 손에 내 영혼을 부탁하나이다In manus tuas, Domine, commendo spiritum meum."[36] 그로부터 3일 후 그의 아내 엘스베스Elsbeth는 다뉴브강에 수장되어 순교지의 길을 갔다.[37] 이와 같은 비폭력 평화주의의 이성은 그 이후 재세례파 전통에서 거듭 강조되었고, 이로써 많은 재세례파들이 비난과 박해를 받고 순교하는 길을 걸어갔다.

1993), 168.

35. 휴브마이어는 일관된 무저항주의자가 아니었다는 주장도 있다. 그가 짧은 기간(1526-1528) 모라비아 니콜스버그에 있던 재세례파 구룹을 인도했는데, 이때 터키를 대항한 무력사용에 동의하고 이일을 추진하기 위한 세금지출을 동의했다는 주장이 있다. Harold Bender, *The Anabaptist Vision*, 41-42.

36. George Williams, *The Radical Reformation*, 229.

37. C. Arnold Snyder, *An Introduction to Mennonite History*, 119.

5) 재세례파 비폭력 평화주의의 적용: 병역 거부

재세례파 전통에서 무력 사용 거부는 자연스럽게 병역 거부를 의미했다. 이 점은 슐라이트하임 신앙고백서에 이미 언급되어 있다. 병역 거부도 근본적으로 "칼을 칼집에 도로 꽂으라"는 예수님의 가르침마 26:52에 근거한다. 이런 논리로 메노나이트교회는 병역을 거부했고, 무력에 의한 파괴나 살상을 초래할 수 있는 세속 정부에의 참여도 거부했다. 이런 입장이 이른바 '양심에 따른 병역 거부conscientious objection to military service'의 시원이 된다. 메노나이트교회 윤리학자인 존 요더John Howard Yoder는 참된 그리스도의 제자는 예수님의 삶과 교훈을 따라야 하기 때문에 폭력과 전쟁을 받아들일 수 없으며, 병역 거부는 이에 대한 당연한 응답이라고 말한다.[38]

양심에 따른 병역 거부는 메노나이트들에 의해 비로소 시작된 것은 아니다. 앞서 지적하였듯이 이미 초기 기독교회에서도 이런 사례를 발견할 수 있는데, 메노나이트교회는 이런 초기 기독교의 전통을 제자도 실행의 소중한 가치로 받아들인 것이다. 콘스탄티누스의 공인 이전의 초기 기독교는 비전非戰, 비폭력의 윤리를 지향하였으므로 병역 거부는 당연한 논리였다. 교부들을 포함한 초기 기독교 저술가들은 그리스도의 가르침과 전쟁은 양립할 수 없다고 보았고, 전쟁 중에 사람의 목숨을 빼앗는 일은 살인이라고 보았다. 라틴 교부 테르툴리아누스

---

38. John H. Yoder, *Nevertheless: Varieties of Religious Pacifism* (Scottdale: Herald Press, 1971), 52-55.

Tertullianus, 160-225는 "나는 나의 모든 힘을 다해 군 복무를 배격한다 Omni ope expulero militiam"라고 말한 바 있다.

이러한 현실에서 로마제국의 군인 파비우스 빅토르Pabius Victor의 아들이었던 누미디아 출신의 막시밀리아누스Maximilianus, 274-295는 아프리카 지방 총독African proconsul 카시우스 디온Casius Dion의 징집 명령을 받았지만 이를 거부하여 295년 3월 12일 처형되었다. 초기 교회사가 유세비우스Eusebius에 의해 기록된 이 청년의 사례는 양심적 병역 거부의 최초의 사례로 남아 있다. 케둑스C. John Cadoux에 의하면 막시밀리아누스의 경우와 동일한 사건들이 적지 않았다고 한다.[39] 라틴 교부였던 테르툴리아누스는 "그리스도인들은 남을 죽이기보다는 오히려 자신이 죽임을 당하는 편을 택해야 한다."라고 기르쳤다. 잎서 인용했던 그의 말을 여기서 다시 인용한다.

그런데 모세가 지팡이를 들고 다녔고, 아론이 군사용 벨트를 착용했고, 세례 요한이 가죽 혁대를 차고 다녔으며, 눈의 아들 여호수아는 군대를 지휘했고, 구약의 백성들은 전쟁을 수행했다고 주장한다. 그러나 그렇다고 기독교인들이 전쟁을 할 수 있는가? 그럴 수 없다. 평화시대의 군인이라 할지라도 주님께서 치워 버리신 그 칼 없이 어떻게 군인 노릇을 할 수 있는가? 비록 세례 요한을 찾아온 군인들이 그의 가르침을 받았고, 또 어떤 백부장이 신앙을 갖기도 했지만, 그러나 후에 주님께서 베드로의 칼을 버리라고 말씀하

---

39. J. C. Wenger, *Pacifism and Biblical Nonresistance*, 11.

심으로써 모든 군인의 무장도 해제하셨다.[40]

테르툴리아누스가 기독교인의 군 복무를 반대한 것이 우상숭배의 가능성 때문인가 아니면 비폭력 평화주의 이상 때문인가, 아니면 양자를 다 포함하는가에 대해서는 이견이 있지만, 그는 기독교 신앙과 군 복무는 양립할 수 없다는 점을 분명히 했다. 이런 가르침은 알렉산드리아의 오리게네스Origenes, 185-254나 펠릭스Minucius Felix나 락탄티우스 Lactantis, 240-320 같은 변증가들의 문서에서도 동일하게 나타난다.

그러나 앞에서 기술한 바처럼, 기독교가 로마제국의 국교가 되는 4세기 이후 평화주의는 퇴조하고 그 대신 정당전쟁론이 대두되었다. 무죄한 자를 방어하고 부당한 탈취를 회복하여 정의를 보장하고 평화를 유지하기 위한 전쟁이라면 전쟁은 정당성을 지니며, 이럴 경우 군 복무와 전쟁 참여는 가능하다고 인식하게 되었다. 기독교가 제국의 종교가 되자 제국의 영토 확장을 지지할 수밖에 없었고, 평화주의는 상대적으로 약화된 것이다. 그 후 아우구스티누스354-430, 아퀴나스1225-1274, 루터, 칼빈, 그리고 우리 시대의 라인홀드 니이버Reinhold Niebuhr, 폴 렘지 Paul Ramsey로 이어 오면서 주류 교회는 정당전쟁론을 받아들여 왔다.

이런 과정에서도 병역 거부 사상이 완전히 사라진 것은 아니었다. 4세기의 투르의 마르틴Martin of Tures, C.316-397은 군에 입대한 후 기독교인이 되자 병역 거부자가 되었고, 로마 가톨릭에 의해 이단으로 지목된 12세기 왈도파Waldenses나 13세기 카다리파Catharie 등도 평화주의를 지

---

40. *De* Idololatria, 19.3.

향하여 군 복무에 부정적이었다. 그러다가 16세기 재세례파, 특히 메노나이트는 오랜 세월 묻혀 있던 비폭력 평화주의를 회복하고 비전非戰, 반전주의의 일환으로 병역 거부를 주창하게 된 것이다. 스위스 재세례파를 시작한 콘라드 그레벨은 "진실로 경건한 신자는 이리에 둘러싸인 양과 같다. 그들은 이 세상의 칼을 사용하지 않고 전쟁에도 참가하지 않는다. 그들은 인간의 생명을 파괴하는 어리석은 일에서 단호하게 손을 끊기 때문이다."[41]라고 말한 바 있다.

메노 시몬스 또한 이런 정신을 고취했다. "거듭난 자는 전쟁을 하는 것도 전쟁에 참여하는 것도 거부한다. 그들은 평화의 아들로서 가이사의 것은 가이사에게 하나님의 것은 하나님께 바친다. 그들의 검은 성령의 검으로서 성령의 인도하심에 따라 양심과 힘께 빼어든다."[42] 이런 징신은 1632년 네덜란드 메노나이트들이 도르트레히트에 작성한 '도르트레히트 신앙고백서Dordrecht Confession'에서 거듭 강조되고 있다. 즉, "우리들은 믿고 고백한다. 주 예수께서는 그분 제자들과 그분을 따르는 자들에게 모든 복수와 저항을 금지하고 악을 악으로 갚지 않고 서로 저주하지 않으며 검을 칼집에 꽂고 이에 반항하지 않도록 명하신다."라고 선언하고 있다. 이런 병역 거부는 국민 전체가 국방의 책임이 있다는 근대적 국민개병주의國民皆兵主義가 등장한 이후의 양심에 의한 병역 거부와는 경우가 다르다. 그럼에도 불구하고 병역 거부는 승인받기 어려운 일이었다. 예컨대, 가톨릭 교도인 스페인 왕에게 지배를 받던 시기 네덜

---

41. John Horsh, *The Principle of Non-Resistance as Held by the Mennonite Church* (Scottdale: Herald Press, 1951), 7.

42. John Horsh, *The Principle of Non-Resistance as Held by the Mennonite Church*, 18.

란드에서는 병역을 거부했던 약 1천 명의 메노나이트들이 죽임을 당했다. 프로테스탄트인 오라녜공 빌렘Prins van Oranje Willem, 오렌지공 윌리엄이 이끈 네덜란드 독립 이후 메노나이트들은 일정한 세금을 내는 대신 병역 면제를 받았다.[43]

메노나이트는 500여 년이 지난 오늘에 이르기까지 평화주의의 실천으로서 병역 거부 사상을 일관되게 주장해 왔다. 북미 메노나이트를 대표하는 메노나이트교회Mennonite Church와 메노나이트교회 총회 General Conference Mennonite Church가 공동으로 작성하여 1995년 7월 캔자스 주 위치타Wichita에서 채택된 '메노나이트신앙고백서Confession of Faith in a Mennonite Perspective'에서도 이 점은 동일하게 강조되고 있다. 전 24조로 구성된 이 신앙고백서의 22조는 '평화, 정의, 무저항'의 문제를 취급하는데, 비폭력 비전 병역 거부에 대하여 아래와 같이 고백하고 있다.

우리는 그리스도를 따르는 사람들로서 예수의 평화와 정의의 사역에 참여한다. 예수께서는 우리를 불러 평화를 조성하고 정의를 추구함에 복이 있음을 알게 하셨다. 우리는 하나님의 온유한 영으로서 의를 위하여 기꺼이 핍박을 받는다. 우리는 그리스도의 제자들로서 전쟁을 준비하지 않으며 전쟁 행위와 군 복무에 가담하지 않는다. 예수께 부여된 똑같은 성령은 우리에게 부여되어 복수하

---

43. Peter Brock, *Freedom from Violence: Sectarian Nonresistance from the Middle Ages to the Great War* (Toronto: The University of Toronto Press, 1991), 101-3. 김두식, 『평화의 얼굴』(서울: 교양인, 2007), 174에서 중인.

지 않게 하고 원수를 사랑하고 용서하며, 올바른 관계를 실천하고 믿음의 공동체에 의지하여 논쟁을 가라앉히고 또한 악에게 폭력으로 저항하지 않게 한다. 교회로부터 시작되어 성령의 인도를 받은 우리는 폭력이 하나님의 뜻이 아니라는 것을 모든 사람에게 증언한다. 우리는 국제간의 전쟁과, 인종계급 간의 적대감, 어린이와 여자에 대한 학대, 남녀 간의 폭력, 낙태, 그리고 치명적 처벌 등 모든 형태의 폭력에 대해 증언한다. 우리는 교회로 하여금 한결같은 선으로 악을 극복하고, 우리에게 정의를 행하도록 권한을 부여하시는, 그리고 영광스럽고 평화로운 통치의 소망으로 우리를 붙들어 주시는 은혜와 평강의 하나님께 영원한 충성을 다한다.[44]

그래서 메노나이트교회는 국가 권력에 의한 전쟁 정책을 반대하여 병역을 거부하게 된 것이다. 국가 형태나 체제가 과거로부터 달라져 왔어도 병역 거부의 신념을 지키는 일은 용이해지지 않았다. 이 일로 메노나이트교도들은 거듭 탄압을 받았고, 자신들의 신념이 용납되는 곳이 있다면 삶의 환경을 초월하여 이주하기를 주저하지 않았다. 유럽에 거주하던 메노나이트들이 양심의 자유를 견지하기 위해 고향 땅의 모든 소유권을 포기하고 미지의 대륙으로 이주를 감행했던 것 또한 평화주의 전통의 계승이라고 할 수 있다. 스위스, 네덜란드, 남부 독일 등지에서 발현한 메노나이트교회가 북미대륙을 비롯하여 남미 혹은 아시아로 진출하게 된 것은 따지고 보면 신앙을 지키기 위한 이주의 결과였다.

---

44. 메노나이트 신앙고백 편찬위원회, 『메노나이트 신앙고백』 (서울: KAP, 2007), 146-146.

메노나이트들의 양심에 의한 병역 거부 전통은 제1, 2차 세계대전 중에서도 계속 유지되었다. 이들은 병역 거부 대신 대체 복무를 주장함으로 국민의 의무를 회피하지 않으려 하기도 했다. 예컨대 제2차 세계대전 당시 약 12,000명의 병역 거부자들이 대체 복무로 징용되었는데, 이중 63퍼센트가 메노나이트였다.[45] 1951년 메노나이트교회가 채택한 '평화, 전쟁, 무저항에 관한 신앙과 헌신의 선언A Declaration of Christian Faith and Commitment with Respect to Peace, War, and Non-resistance'에서도 비폭력, 무저항, 병역 거부와 이에 따른 대체 복무를 주장하고 있다.

메노나이트의 평화주의 전통은 양심에 따른 병역 거부만이 아니라 현대의 필요에 따른 형태, 곧 평화와 정의 실현을 위한 여러 활동들로 구체화되고 있다. 1915년부터 1967년까지만 하더라도 스물네 차례에 걸쳐 평화에의 호소문, 성명서, 혹은 위정자에게 보내는 호소문을 발표한 바 있다. 이와 같은 메노나이트의 평화 증언 문서peace witness documents는 제자도에 충실할 때 지상의 평화를 이룰 수 있다는 확신을 보여 준 것이다. 현재에도 시행되고 있는 메노나이트화해봉사부 Mennonite Conciliation Service의 활동이나 평화적인 갈등 해결conflict resolution, 회복적 정의 실천 등과 같은 봉사 활동도 메노나이트 평화주의 전통의 현대적 적용이라고 할 수 있다.

평화주의 실천에서 가장 주요한 사역은 피아彼我를 구별하지 않고 도움 받을 데 없는 자들을 위해 조건 없이 섬기고 봉사하는 일일 것이다. 메노나이트의 사역에서 이 일은 주로 메노나이트중앙위원회Mennonite

---

45. Melvin Gingerch, "메노나이트교회의 역사," 「신망애진」 7(1986. 3), 12.

Central Committee를 통해 수행되어 왔고 현재도 이 사역은 계속되고 있다. 한국에서의 경우 이 사역은 전화戰禍의 아픔으로 고통당하던 1951년부터 시작되어 700여 명의 고아 및 극빈자를 위한 청소년 직업교육으로 시행되었고, 부녀자들을 위한 구호 사업, 농촌 지도, 지역사회 개발사업으로 시행된 바 있다.

따지고 보면 메노나이트교회의 평화주의가 현대의 비폭력 평화사상, 혹은 반전, 비전 등 평화주의 사상의 연원이 된다고 할 수 있다. 그리고 메노나이트교회의 비폭력non-violence, 반전운동anti war movement, 양심에 따른 병역 거부conscientious objection to Military Service, 화해 reconciliation, 보복하지 않음un-retaliation 등과 같은 평화주의 이상과 전통은 이들이 근본적으로 세사도 정신으로 이해한 것늘이었다. 곧 그것이 그리스도를 본받는 일이라고 본 것이다.

9. 계몽주의 시대의 평화 이해

17, 18세기 계몽주의 시대the Age of Enlightenment는 일종의 관용寬
容의 시대였다. 관용은 16세기 종교개혁기의 치열한 종교 전쟁을 겪은
이후의 자연스러운 반성이었을 것이다. 그래서 18세기는 상대적으로
평화로운 시대였다. 전쟁은 전쟁에 대한 혐오감을 일으켰고, 전쟁을 비
판하는 문학이 유행했다. "전쟁이란 그것을 맛보지 않는 자들에게는 달
콤하게 보인다dulce bellum inexpertis"[1]라는 고대 그리스의 시인 핀다로
스Pindaros, B.C.518-438의 말이 에라스무스의 인용을 통해 소개되었는데,
이 시기에는 이 경구가 널리 회자되었다. 에라스무스의 『평화의 탄핵
Querela pacis』이라는 책은 16세기보다 이 시기에 더 많이 출판되었다.
그만큼 평화에 대한 기대가 높아졌다고 할 수 있다. 그래서 16세기 에라
스무스를 이어 17, 18세기는 평화 구상의 시기였다고 할 수 있다. 프랑스
에서는 대수도원장 샤를 이레네 드 생 삐에르, 스위스에서는 장 자크 루

---

1. War is sweet to those who have never experienced it. Πίνδαρος λυκὺς ἀπείρῳ
πόλεμος (Fragments 110, 109).

소, 미국에서는 윌리엄 펜, 모라비아에서는 요한네스 코메니우스, 독일에서는 임마누엘 칸트 같은 이들이 평화론을 개진했다. 그 평화론은 대체적으로 세계연방 수립을 통한 영구적 평화를 모색하는 것이었다. 이제 이런 점들에 대해 살펴보고자 한다.

1) 그로티우스, 코메니우스, 윌리엄 펜, 루소

17세기에는 평화를 말한 인물들이 적지 않았다. 대표적인 인물이 네덜란드인 휴고 그로티우스Hugo Grotius, 1583-1645였다. '국제법의 아버지'로 불리는 그의 대표적인 저서가 『전쟁과 평화에 관한 법De Ivre Belli ac Pacis』이다. 총 세 권으로 구성된 이 라틴어 저술은 어떤 경우에 전쟁이 정당화될 수 있는가에 대해 기술하고 있다. 종교개혁기와 '30년 전쟁기期'에 살았던 그는 유럽에서 벌어진 수많은 전쟁들을 목도하고, 어떻게 하면 전쟁을 방지할 수 있을지에 대해 고민하게 된 것이다. 이것이 『전쟁과 평화의 법』 집필의 직접적인 동기가 된다. 그는 이 책에서 종교전쟁의 비극을 극복하고 국가 간의 전쟁을 합리적인 규정에 따라 규제하고자 했다. 이런 점에서 위의 책은 일차적으로 전쟁을 규제하는 법을 주제로 하는 작품이었다고 할 수 있다. 그는 이 책에서 정당한 전쟁은 있는가, 그리고 어떤 전쟁을 '정당하다'고 말할 수 있는 근거는 무엇인가에 몰두하였다. 그는 정당한 전쟁의 범위를 '자기 방위, 피해에 대한 회복, 악에 대한 징벌'이라는 세 가지 요인으로 한정하였다. 따라서 영주나 통치자의 이익을 위한 사적 전쟁Privatkrieg은 인정되지 않는다. 그도 전쟁에서의 도덕적 정당성을 주장했으므로 따지고 보면 정당전쟁론의 계승자였다. 그는 평화주의자는 아니었으나 전쟁은 오직 정의와 평화의 도구여야 한다고 믿었다.[2]

1667년 『평화의 천사Angelus Pacis』를 쓴 모라비안 교도인 코메니우스Iohannes Amos Comenius, 1592-1670 또한 이 시대의 평화주의자였다. 보헤미아체코 출신인 코메니우스는 1616년 형제연합교회Unitas fratrum에서 목사 안수를 받고 작은 시골 교회에서 목회자로 활동을 시작했다. 1630년대부터 그는 교육사상사教育思想史학자로 명성을 얻었고, 근대 교육학의 선구자로 불리게 된다. 유럽의 여러 도시를 순회하면서 교육 제도를 개선하는 데 이바지 했다. 그는 30년 전쟁을 목격하면서, 특히 그 기간 형제연합교회가 겪은 쓰라린 박해와 단압을 경협하면서 평화에의 이상을 갖게 되었고, 평화를 그의 신학의 중요한 주제로 삼게 된다.[3] 그는 산상수훈의 정신을 따라 사는 것이 평화를 이루는 길이라고 보았다. 그의 평화신학平和神學, Irenic theology에서 말하는 평화란 단순한 인간적인 화해나 화친이 아니라, 평화의 주인이신 그리스도 안에서 그분의 통치인 샬롬을 실현하는 일이었다.[4] 이런 평화에 대한 신념 때문에 그는 평화를 주창했던 철학자이자 신학자, 교육사상가 그리고 종교 개혁가로 불리게 된다.

코메니우스가 네덜란드 암스테르담Amsterdam에 체류했던 1657년에는 네덜란드와 영국 사이에서 도버해협Strait of Dover 사용권 문제로 벌

---

2. Bainton, 178.

3. 정일웅, "코메니우스의 평화신학과 평화교육론," 「신학과 교회」 9(2018. 여름), 215.

4. 정일웅, "코메니우스의 평화신학과 평화교육론," 235.

이던 대립이 결국 전쟁으로 발전했다. 이때 코메니우스는 네덜란드 대표로 전쟁 중지를 위한 정치인들의 평화 회담에 참석하여 그리스도의 화해와 평화를 호소하는 연설을 했다. 그런데 이 연설에 감동을 받은 양국 대표들이 전쟁 종식에 합의하여 평화를 회복하게 되었다고 한다.[5] 이런 경험에서 『평화의 천사』를 구상하게 된 것이다.

북미의 펜실베이니아Pennsylvania 식민지 개척자인 윌리엄 펜William Penn, 1644-1718은 미국에서 처음으로 자유와 평화를 호소한 평화주의의 옹호자로 불리고 있다. 그는 자유와 평등, 개인주의와 공동체적 협동, 시민적 요구와 정부의 통치가 합리적 조화를 이루는 사회를 이루려는 이상을 가진 인물이었다. 영국 런던에서 출생한 퀘이커Quaker 교도였던 그는 1693년에 쓴 『현재와 미래의 유럽 평화에 관한 에세이An Essay Toward the Present and Future Peace of Europe』에서 평화로운 사회에 대한 이상을 제시했다. 그는 전쟁을 방지하거나 종식시키는 데 있어서 대화와 협상, 그리고 외교적 노력을 중시하였다. 그는 물리적인 충돌을 방지하기 위해서는 사회공동체에서 정의가 실현되어야 한다고 보았고, 이를 통해서 전쟁을 억제해야 한다고 주장했다. 실제로 그는 인디언들을 공정하게 대하고, 그들의 재산권을 인정하고 그들과 공정하게 협상하고 정의로운 조약을 맺어야 한다고 주장했다. 무력으로 정복하기보다는 합리적인 협상을 선택했던 인물이었다. 그렇게 하는 것이 정의의 실현이고 평화를 이루는 길이라고 본 것이다.

그러나 그는 인간 본성을 긍정적으로 인식하는 일종의 이상주의자

---

5. 정일웅, "코메니우스의 평화신학과 평화교육론," 220.

였다. 그래서 인간 내부의 죄성罪性을 깊이 인식하지 못한 것이다. 그는 인간의 공동체, 곧 사회는 이성적 판단에 따라 의도적으로 계획되고 규제될 수 있고 보았다. 이상적인 사회 질서는 관습이나 경험보다는 이성에 의한 치밀한 계획과 운영, 합리적인 관리를 통하여 얼마든지 창출될 수 있다고 본 것이다. 이런 신념에서 델라웨어 강변에 형제애兄弟愛, brotherly love의 이상적인 도시 필라델피아Philadelphia, 어원이 '형제애'를 뜻하는 그리스어를 건설하고자 했다.

프랑스의 계몽주의Enlightenment 사상가이자 교육학자, 그리고 소설가이자 철학자였던 장 자크 루소Jean-Jacques Rousseau, 1712-1778 또한 세계 평화를 구상했던 인물이었다. 그가 1762년에 쓴 『에밀Émile』은 '교육학의 비이블'로 불릴 만큼 교육학의 고전으로 인정받고 있고, 『사회계약론Du Contrat social』을 통해 제시한 민권民權 사상은 후에 프랑스 혁명의 사상적 지주가 되었다고 말한다. 그런가 하면 1755년에 쓴 『인간 불평등 기원론Discours sur l'origine et les fondements de l'ine`galite` parmi les hommes』은 훗날 마르크스Karl Heinrich Marx에게 영향을 주었다고 알려져 있다. 루소의 민권 사상은 자유·평등·박애라는 자유주의自由主義, Liberalism 이데올로기Ideologie, 신념 체계로 이어져 로베스피에르 Maximilien François Robespierre 등 공화주의共和主義, Republicanism 혁명가에게도 큰 영향을 주었다고 한다. 루소는 처음에는 로마 가톨릭교도였다가 이후 칼빈주의Calvinism, Reformed 개신교로 개종했다. 그러나 그의 사상과 작품은 기독교적이라기보다는 세속적 경향이 깊다고 할 수 있다.

1712년 스위스 제네바Geneva에서 가난한 시계공의 아들로 태어난 루소는 불우한 환경에서 성장했으나 1750년 『학문 예술론Discours sur les sciences et les arts』을 발표하면서부터 사상가로 인정을 받기 시작했다. 그리고 1762년에 발표한 『에밀』을 통해 자연주의自然主義, Naturalism 교육사상가로 불리게 된다. 그는 이 책에서, 사회적으로부터 고립된 인간이 아니라 사회 속에서 자연성을 잃지 않은 인간, 곧 자유로운 자연인 양성이라는 교육론을 제시했다. 그는 교사 중심의 전통적 교육관에 도전하고 학습자의 흥미와 개성, 경험을 중시하는 아동 중심적 자연주의 교육 사상을 전개했다. 이런 그의 사상을 대표하는 말이 "인간이여, 자연으로 돌아가라"라는 말이었다.

루소는 이 책을 통해 또 한 가지 중요한 주장을 펴고 있는데, 그것은 교육을 통해 국제 평화를 이룰 수 있다는 낙관론적인 전망이었다. 국가 간에는 전쟁 상태가 상존하지만 교육을 통해 인간을 건실한 시민으로, 그리고 건실한 시민을 세계인으로 양성함으로써 평화 체제를 이룩할 수 있다고 낙관한 것이다. 실제로 루소는 전쟁과 평화에 대해서도 관심을 두고 있었고 평화 체제를 구상하기도 했다. 그는 평화론에 해당하는 두 권의 책을 남겼는데, 한 권은 1712년에서 1733년에 걸쳐 집필한 『생 삐에르 대수도원장의 이론체계Extram du Projet de Paix Perpetuelle de M. L'Abbé de Saint Pierre』이고, 다른 한 권은 『영원한 평화에 대한 판단Jugement sur la Paix Per petuelle』이다. 전자는 프랑스의 작가이자 수도원장인 생 삐에르 신부L'Abbé de Saint Pierre, 1658–1743, 본명은 Charles-Irénée Castel의 『영구 평화론永久平和論, Le Projet de paix perpétuelle』을 요약 혹은 발췌한 것이고, 후자는 이를 비판한 소론小論이라 할 수 있다.

『영원한 평화에 대한 판단』은 『에밀』이나 『사회계약론』에서 제기한 문제와 연계하여 그의 평화 구상을 보여 주고 있다. 루소는 국내에서의 억압적인 체제와 국제적 전쟁이야말로 인류 최대의 재앙이라고 생각하고 이를 어떻게 극복할 수 있는가를 고심하였는데, 이는 생 삐에르의 국가 연합 구상과 유사하다. 루소는 국가 간의 연합체, 곧 국가 연합을 통해 평화 체제를 유지할 수 있다고 보았다. 비록 실제적으로는 국가 연합의 구성은 성립되기 어렵다고 보았으나, 그럼에도 불구하고 전쟁을 예방하고 평화를 유지하기 위해 이용할 수 있는 수단이라고 생각했다. 결국 루소의 국제평화론의 기본 구상은 국가 간의 연합을 통해 국제 평화가 실현될 수 있다는 입장이었다. 또 국가 연합의 전제 조건으로 관련 국가의 민주적 변혁을 중시했다. 국민 주권을 평화의 전제 조건으로 삼는 것이 루소의 평화론의 핵심이라고 할 수 있고, 이것이 칸트의 민주적인 영구평화론으로 이어진다.[6]

2) 칸트의 영구평화론

서구 계몽주의 시대에 평화론을 주창한 대표적인 인물이 임마누엘 칸트Immanuel Kant, 1724-1804였다. 독일 관념철학觀念哲學, Idealism의 기반을 확립한 인물로 불리는 칸트는 1724년 동프로이센Ostpreussen의 쾨니히스베르크Königsberg, 현재 러시아의 칼리닌그라드에서 11남매 중 넷째 아들로 출생하여 개인의 신앙적 체험을 중시하는 독일 경건주의敬虔主義,

---

6. 최상용, 『평화의 정치사상』 (서울: 나남출판사, 1997), 208.

Pietism의 환경에서 성장했다. 16세에 쾨니히스베르크대학에 입학하여 신학과 철학을 공부했으나 수학과 물리학이 더 관심 있는 분야였다고 한다. 이때부터 그의 학문 여정은 계속되어 저명한 철학자로 명성을 얻었고, 후에는 쾨니히스베르크대학 철학 교수가 된다. 일생 동안 독신으로 살며 학문 연구에 진력하여 1781년 『순수이성비판純粹理性批判, Kritik der reinen Vernunft』을 출판하면서 최고의 학자로 인정을 받게 된다. 이어서 자신의 또 다른 대표작들인 『실천이성비판實踐理性批判, Kritik der praktischen Vernunft』1788, 『판단력비판判斷力批判, Kritik der Urteilskraft』1790을 출판한다.[7]

칸트는 『영구평화론永久平和論, Zum ewigen Frieden: 하나의 철학적 기획Ein philosophischer Entwurf』을 썼는데, 이 책은 프랑스 혁명French Revolution 이후 계속되는 전쟁 가운데 프랑스 혁명군과 프로이센 사이에서 바젤 평화조약이 체결된 직후인 1795년에 발간되었다. 전쟁을 경험하고 난 이후의 물질적, 정신적 폐허 가운데서 평화에 대한 기대와 더불어 전쟁을 피해야 한다는 여론이 형성되고 있을 때였다. 바로 이런 시기에 칸트는 이 책을 통해 자신의 평화에 대한 생각을 제시한 것이다. 칸트는 자신의 책 제목처럼 '영구적인 평화를 위하여Zum ewigen Frieden' 자신의 평화론을 제안한 것이다.

이 책은 *Perpetual Peace: A Philosophical Sketch*라는 제목으로 영역英譯되었는데, 이 책에서 칸트는 어떻게 국가 간에 전쟁이 없는 영구

---

7. 필자는 난해하기로 유명한 그의 책을 딱 한 권 읽을 수 있었다. 1793년에 출판된 『이성의 한계 안에서의 종교(Die Religion innerhalb der Grenzen der bloßen Vernunft)』였는데, 그것도 독일어가 아니라 영문 번역본을 대학원 시절 부교재였기 때문에 마지못해 읽었다.

적인 평화를 실현할 수 있을지에 대해 기술했다. 칸트의 도덕론에 의하면 전쟁은 악이며 영구평화야말로 인류가 도달해야 할 의무였다. 물론 복잡하게 얽힌 인간 사회에서 영구적인 평화를 이룩한다는 것은 지난한 과제이지만, 그럼에도 불구하고 전쟁은 인간성을 파괴하고 자유를 유린하는 것이기 때문에 평화를 위한 구체적이며 현실적인 조건을 제안하고자 했다. 실제로 영구평화론이라는 아이디어를 제시한 이는 루소에게도 영향을 끼친 18세기 프랑스 작가이자 수도원장인 생 삐에르였다. 그는 세계 평화를 위한 국제기구의 구성을 주장했으나 널리 알려지지 못했고, 후에 루소와 칸트의 저술을 통해 널리 알려지게 되었다.

이런 점을 고려해 볼 때 칸트의 영구평화론은 단테, 에라스무스, 생 삐에르, 루소로 이어지는 근대 평화론의 사상적 연장선 위에 있다고 할 수 있다. 즉 칸트의 영구평화론에서, 복고적인 세계정부론世界政府論을 제기했던 단테Alighieri Dante, 1265-1321, 전쟁을 통치자의 감성적 광란으로 보아 군주, 성직자, 지식인들의 이성에 평화를 호소했던 에라스무스, 평화를 위한 국제기구의 조직을 제창했던 생 삐에르, 그리고 전제적인 구체제의 변혁을 통해서 전쟁을 억제할 수 있다고 보았던 루소의 사상을 통괄하는 사상적 연쇄를 볼 수 있다.[8] 특히 칸트의 평화론은 현대의 평화 연구에서 가장 체계적인 연구로 알려져 있다.

칸트는 그의 『영구평화론』에서 평화의 조건을 크게 '예비조항豫備條項, Die sechs Präliminar artikel', '확정조항確定條項, Die drei Definitiv artikel'으로 나누고 각각의 조항에 대해 자세히 해설한 후, 영구평화론의 관점

---

8. 최상용, 229.

에서 정치와 도덕의 관계에 대한 자신의 의견을 '부록附錄, Zusätze'으로 첨가하였다. 이제 그가 말하는 각 조항에 대해 살펴보자.

칸트가 제안한 영구적인 평화 실현이 방해받지 않기 위한 예비조항 여섯 개 항은 다음과 같다.

〈평화를 위한 여섯 가지 예비조항〉
첫째, 장래의 전쟁을 위한 자료를 은밀히 숨겨둔 채로 맺는 평화조약은 평화조약으로 간주될 수 없다.

둘째, 어떤 독립 국가도, 그 나라가 큰 나라든 작은 나라든 상관없이, 상속, 교환, 매수, 혹은 증여에 의해 다른 나라를 취득해서는 안 된다.

셋째, 상비군常備軍은 점진적으로 완전히 폐지되어야 한다.

넷째, 국가의 대외적인 분쟁과 관련하여 어떠한 국채國債도 발행해서는 안 된다.

다섯째, 어떠한 국가도 다른 나라 정부나 헌법에 대하여 강압적으로 간섭해서는 안 된다.

여섯째, 전쟁 중 어떤 나라도 다른 나라와의 향후 평화 시기의 상호 신뢰를 불가능하게 하는 적대 행위를 해서는 안 된다. 예컨대, 암살자percussores나 독살자venefici의 고용, 항복 조약의 파기, 적국에서의 반역의 선동perduellio 등을 해서는 안 된다.[9]

---

9. 예비 조항의 영역(英譯)은 다음과 같다. "1. No secret treaty of peace shall be held valid in which there is tacitly reserved matter for a future war. 2. No independent states, large or small, shall come under the dominion of another state by inheritance, exchange,

이 예비조항에서는 전의戰意를 숨긴 평화 조약이나 타국에 대한 폭력적 간섭, 상호불신을 유발하는 적대행위 등을 금하고 있다. 또 국가의 상속, 교환, 매수, 양도 등을 통한 주권 침탈을 막고자 했고, 상비군의 전면적 폐지, 대외 분쟁에 관련된 국채의 발행을 금지하는 조항들은 전쟁의 근원적 배제를 위한 조치라고 할 수 있다. 특히 상비군의 전면적 폐지를 말한 것은 상비군을 두게 되면 군비 경쟁을 막을 수 없고, 군비 경쟁은 결국 긴장을 고조시켜 전쟁을 유발한다고 보았기 때문이다. 이상에서 보여 주듯이 예비조항은 평화를 유지하기 위해서 해서는 안 될 금지 조항을 열거한 것이다. 칸트는 이 여섯 개 항 중 첫째, 다섯째, 여섯째 항은 어떠한 상황에서도 반드시 적용되어야 하며, 둘째, 셋째, 넷째 항은 사정에 따라 각국의 재량껏, 목적을 잃지 않는 범위 내에서 그 시행의 연기가 허용될 수 있다고 보았다. 결국 칸트는 국가 간의 신뢰를 바탕으로 하는 상호 존중을 강조하는데, 이는 윤리적 요구라고 할 수 있다.

예비조항에 이어 칸트는 영구적 평화를 위한 세 가지 확정조항을 제시했는데, 예비조항이 영구적 평화를 위한 최소한의 금지 조항이라고 한다면, 확정조항은 그것이 승인되고 보장된다면 영구평화가 보장됨을

purchase, or donation. 3. Standing armies shall in time be totally abolished. 4. National debts shall not be contracted with a view to the external friction of states. 5. No state shall by force interfere with the constitution or government of another state. 6. No state shall, during war, permit such acts of hostility which would make mutual confidence in the subsequent peace impossible: such are the employment of assassins (percussores), poisoners (venefici), breach of capitulation, and incitement to treason (perduellio) in the opposing state.

의미하는 적극적 조항이라고 할 수 있다. 그래서 예비조항은 '해서는 안된다'라는 형식의 진술인 반면, 확정조항은 '해야 한다'라는 형식을 띠고 있다. 확정조항은 아래와 같다.

〈평화를 위한 세 가지 확정조항〉
첫째, 모든 나라의 시민적 체제는 공화제여야 한다.
둘째, 국제법은 자유 국가들의 연맹 체제에 기초해야 한다.
셋째, 세계시민법은 보편적 우호의 조건들에 국한되어야 한다.[10]

이를 간단히 정리하면, 모든 국가의 정치체제는 공화제여야 하고, 국제법은 자유국가들의 연방체제에 기초해야 하고, 세계시민법은 보편적 우호의 조건들에 국한되어야 한다는 것이다. 평화의 보증은 법적 조치로 가능한데 위의 세 확정조항들은 국법, 국제법, 세계시민법의 순서대로 배열되고 있음을 보게 된다. 영구평화는 결국 이 세 분야에서 인류전체를 포괄하는 법적 목표가 실현될 때 가능하다는 것이다.

이상의 칸트가 말하는 세 가지 확정조항들에 대해서는 약간의 설명이 필요할 것으로 보인다. 세 가지 조항들은 첫째는 개별 국가, 둘째는 국가 간, 셋째는 국가를 넘어 세계 전체에 대해서 말하고 있는데, 첫째 조건에서 시민적 체제는 공화제共和制, Republikanisch, Republicanism여야 한다고 말하고 있다. 여기서 말하는 공화제라는 것은 통치 방식을 의미

---

10. 확정조항의 영역은 다음과 같다. "1. The civil constitution of every state should be republican. 2. The law of nations shall be founded on a federation of free states. 3. The law of world citizenship shall be limited to conditions of universal hospitality.

하는데, 전제정치專制政治가 아닌 공화정치共和政治를 의미한다. 전제정치는 일종의 독제체제로서 어느 한 사람의 판단에 따라 군대의 동원, 전쟁의 선포와 같은 중대한 사안이 결정되지만, 공화정치는 법치, 권력 분립, 대의제도 등을 수용하기 때문에 시민이 정책 결정에 참여할 수 있다. 공화제하에서 전쟁을 결정하기 위해서는 시민의 협력을 얻어야 하기 때문에 이 정치제도 자체가 전쟁 억지력을 가진다는 것이다. 시민들은 전쟁의 비용과 책임을 자신들이 짊어질 수밖에 없으므로 전쟁을 선택하지 않을 것이다. 그래서 공화제여야 한다고 말한 것이다.

두 번째 조항은 자유 국가들의 연맹 체제를 말하고 있는데, 칸트는 세계 정부 수립이 아닌 자유로운 국가들 간의 연방聯邦, union 체제를 통해 영구평화를 달성할 수 있다고 보았다. 그리고 사유로운 국가들의 연방 체제에 기초한 국제법國際法, Völkerrecht, International law을 수립해야 한다고 보았다. 인간의 악함을 규제하기 위해 개별 국가의 법이 필요하듯, 국가 간의 전쟁 도발을 억제하기 위해서는 법적 구속력을 지닌 국제법이 필요하다는 점을 말한 것이다. 즉 칸트는 강제력을 지닌 세계정부가 아닌, 개별 국가들이 정체성을 유지하면서도 평화를 위해 상호 우호적 관계를 맺어야 한다고 보았다. 어렵기는 하지만 국제법과 국제 연맹 등의 수단으로 세계 평화를 실현할 수 있다고 본 것이다.

셋째가 세계시민법Weltbürgerrecht, Cosmopolitan law은 보편적 우호의 조건들에 국한되어야 한다는 것인데, 영구평화로 나아가기 위해 국가 간 주권 보장은 물론 타국에 대하여 내정 간섭을 하지 말아야 한다는 것이다. 세계시민법은 단지 보편적 우호의 제 조건에 한정하여 규제하는 것이어야 한다. 그가 말하는 '보편적 우호'란 타국으로의 방문권이나 거주권과 같은 것을 의미했다. 예컨대, 이방인이 낯선 땅에 도착했을 때 적으로 간주되지 않을 권리를 뜻한다. 이런 우호의 조건을 수용할 때 세계의 각 지역이 서로 평화적으로 관계를 맺게 되고, 이런 평화로운 관계가 공법公法으로 뒷받침되면 인류는 세계시민적 체제에 점차 다가갈 수 있게 된다는 것이다. 이러한 권리는 모든 인간에게 속해 있는 권리인데, 과거 유럽의 나라들이 아메리카와 아프리카 등지의 정복 과정에서 보여 준 야만적 행위에 대한 자성自省에서 나온 것이다.

칸트가 구상한 평화는 '보편적인 영구 평화pax perpetua universalis'였는데, 이는 그로부터 100년 후 등장한 국제연맹國際聯盟, League of Nations, 1920, 국제연합國際聯合, United Nation, UN, 1945의 철학적 기초가 되었다. 제1차 세계대전 후의 국제연맹이나 제2차 세계대전 이후의 국제연합의 이론을 이미 18세기에 칸트가 영구평화론으로 선구적으로 제안한 것이라고 할 수 있다. 평생 독신으로 살며 철학자의 길을 갔던 칸트는 1804년 2월 12일, 80세를 일기로 생을 마감했다. 그가 남긴 마지막 말은, "그것으로 좋다Es ist gut"였다고 한다.

3) 역사적 평화교회들: 형제교회와 퀘이커

'역사적 평화교회歷史的 平和教會, Historica Peace Church'란 비폭력 평화주의를 주장하는 16세기 메노나이트교회Mennonite Church, 17세기 퀘이커The Quakers, 그리고 독일에서 시작된 18세기의 형제교회Church of

Brethren를 의미하는데,[11] 이 세 교회가 연합하여 1935년 캔자스주 노스 뉴턴North Newton에서 평화를 논의하기 위한 첫 회합을 가진 이후 '역사 적 평화교회'라는 용어가 사용되기 시작했다.[12] 역사적 평화교회 중 메노 나이트교회에 대해서는 앞에서 소개했으므로 여기서는 '퀘이커'와 '형 제교회'에 대해 소개하려고 한다.

퀘이커

퀘이커The Quakers는 신비주의적 경향을 지녔던 영국의 비국교도인 조지 폭스George Fox, 1624-1691로부터 시작되었는데, 이들 집단은 종교 친우회宗教親友會, the Religious Society of Friends로 불리기도 한다. 조지 폭 스는 영국 중부의 베니느레이턴에서 방식공의 아들로 출생했다. 열누 살이 되던 1636년 제화업자 밑에서 도제 생활을 하다 열아홉 살 때인 1643년 잉글랜드 내전이 터지자 구도자의 길을 가게 된다. 즉 가족과 친우 관계를 청산하고 영적 방랑을 시작한 것이다. 그는 1649년부터는

---

11. Guy H. Hershberger, *War, Peace and Non Resistance* (Scottdale: Herald Press, 1953), 77.

12. '역사적 평화교회 협의회'는 그 이후 계속 되었고, 가장 최근의 경우가 2001년 6월 25-29일까지 스위스 비넨베르크(Bienenberg)에서 Theology and Culture: Peacemaking in a Globalized World 라는 주제로 모인 협의회(International Historic Church Consultation) 였다. 이때 발표자로 초청받은 필자는 "The Role of the Korean Church for Conflict Transformation and the Peaceful Reunification of the Korean Peninsula"라는 제목의 논문을 발표한 바 있다. 이 글은 요약되어 아래의 단행본에 게재되었다. Sang Gyoo Lee, Intercessors for Reunification: Toward a Peacebuilding Church in Korea, "*Seeking Cultures of Peace*, eds. Fernando Enns, Scott Holland, Ann K. Riggs (Telford, PA: Cascadia Publishing House, 2004), 206-214.

내적인 빛Inner Light을 강조하여, 기성 교회의 형식주의나 제도, 의식儀式을 부인하고 신앙생활에서 가장 중요한 것은 내주內住하시는 성령, 성령의 인도와 역사, 성령께서 주시는 자유라고 주장했다. 객관적으로 주신 기록된 외적 계시보다는 우리 안에 역사하시는 내면의 빛을 따라 사는 것이 참된 신앙이라고 하는 주관주의적 경향을 보여 주었다. 그는 인간의 허영, 사회적 부도덕과 불의를 비판하고, 신앙과 생활의 일치를 주장하며 신자들의 이중적인 삶에 대해서도 비판했다. 이들은 자신들만 '빛의 자녀들'이라고 부르면서 서로를 형제라고 불렀다. 퀘이커라는 명칭은 1650년부터 사용되었는데, 사람들은 이들을 '떠는 사람들 Quakers'이라고 불렀기 때문이다. 이런 이름을 얻게 된 것은 이들이 집회 시에 종교적 감정을 억제하지 못하고 경건한 두려움으로 떨었기 때문이라는 주장이 있는가 하면, 폭스가 비국교회적 신념 때문에 일곱 번 이상 체포되어 재판을 받을 때 판사에게, "하나님 말씀 앞에 두려워 떠시오!"라고 큰소리를 친 일로부터 시작되었다는 주장도 있다. 이들은 국가교회 제도와 칼빈주의 예정론豫定論이나 원죄原罪 교리를 반대하여 영국교회와 청교도淸敎徒, Puritan 양측으로부터 반발을 샀는데, 스코틀랜드의 언약파言約派, Covenanters와 마찬가지로 찰스 2세Charles II, 1630-1685, 재임 1660-1685 치하에서 정치적인 탄압을 받았다.

퀘이커는 제도화된 교회를 거부했으므로 예배 형식도 거부했다. 목사나 장로 혹은 집사와 같은 교회 직분도 인정하지 않았다. 또 세례나 성찬도 받아들이지 않았다. 이들은 내적인 빛을 따라 말하고 행동해야 한다고 보아 침묵 가운데 명상하며 하나님의 인도를 따라 누구나 성경을 말하거나 가르쳤다. 이들의 예배에는 일정한 형식이 없고, 강단이나 성찬대도 없다. 음악이나 찬송도 없다. 함께 모여 침묵 가운데 명상하고, 누구든 성령의 인도를 받은 사람이 말씀을 전하고 기도하고 혹은 찬송할 수 있다. 남성이든 여성이든 차별이 없다. 이것을 성령 안에서의 자유라고 생각했다. 이들은 교회당 건물을 중시하지 않았고, 어디서 모이든 영적 공동체가 진정한 교회라고 여겼다.

특히 이들은 마태복음 5장 33절부터 35절까지에 근거하여 서약이나 맹세를 거부하고, 산상수훈에 근거하여 폭력과 전쟁, 군 복무를 반대했다. 전쟁을 반대한 이면에는 호전적인 정서情緒는 타인에 대한 잘못된 생각과 태도의 증거라는 확신이 있었다. 어떻든 이들은 초기 기독교와 재세례파 전통을 따라 비폭력 평화주의를 지향했다. 선제적 공격은 말할 것도 없시만, 방어적 전생도 서부하고 전생에의 참여 사체를 반대했다.

퀘이커의 평화 사상을 보여 주는 대표적인 문서는 '퀘이커의 평화 증언The Quaker Peace Testimony'이라는 문서인데, 퀘이커교도들을 탄압하던 영국왕 찰스 2세에게 1660년에 보낸 문서이다.

우리는 목적이 어떠하든 혹은 명분이 어떠한가에 상관없이 무기를 들고 싸우는 전쟁과 대립과 투쟁에 대해 철저하게 반대하며 이를 온 세상에 증언한다. 우리를 인도하시는 그리스도의 정신은 변개될 수 없으므로 한번 악으로 규정한 일에서 떠나라 명했다가 다시 거기 거하라고 하지 않으신다. 그리고 우리가 확신하는 것은, 우리를 모든 진리 가운데 인도하시는 그리스도의 영은 결코 우리로 하여금 그리스도의 왕국을 위해서나 이 땅의 나라를 위해서, 타인을 향해 무기를 들고 싸우거나 전쟁을 하도록 말씀하지 않으실 것임을 확실히 믿고 그렇게 세상에 증언한다.[13]

국왕 찰스 2세에게 올리는 친우회의 증언[14]

1650년 약 60여 명으로 출발한 퀘이커교는 4년 후 약 3천 명으로 성장했고, 곧 더 넓은 지역으로 확산되었다. 그러나 영국교회로부터 탄압을 받게 되자 북미대륙으로 이주하게 된다. 이 일에 기여한 인물이 퀘이커 지도자였던 윌리엄 펜William Penn, 1644-1718이었다. 그는 런던의 부유한 국교회 신자 가정에서 출생하고 성장하여 옥스퍼드 대학교University of Oxford에 입학했으나 영국교회를 비판하다 퇴학당했고, 이후 퀘이커교도가 되어 여러 차례 옥고를 치르며 종교의 자유를 옹호하는 글을 썼다. 그는 1677, 78년 어간에 북아메리카 뉴저지New Jersey에 800명의 퀘이커교도를 이주시키는 데 기여하였고, 1681년에는 영국왕 찰스 2세로부터 지금의 펜실베이니아주Pennsylvania州 설립 허가를 얻고 이곳으로 퀘이커교도들을 이주시켰다. '펜실베이니아'라는 말은 '펜의 숲'이라는 의미인데, 바로 윌리엄 펜의 이름에서 유래한 것이다.

---

13. We utterly deny all outward wars and strife and fightings with outward weapons, for any end, or under any pretence whatsoever; and this is our testimony to the whole world. The spirit of Christ, by which we are guided, is not changeable, so as once to command us from a thing as evil and again to move unto it; and we do certainly know, and so testify to the world, that the spirit of Christ, which leads us into all Truth, will never move us to fight and war against any man with outward weapons, neither for the kingdom of Christ, nor for the kingdoms of this world.

14. Declaration of Friends to Charles II.

그는 펜실베이니아를 비국교도의 신앙 및 표현의 자유를 실현하는 피난처로 만들었다. 그 결과 1702년에는 펜실베이니아와 뉴저지 지역에 2만여 명의 퀘이커교도들의 정착지가 형성되었다. 그 후 퀘이커교도들이 크게 증가되었고 비폭력 평화운동 외에도 여러 사회 개혁 운동에도 깊이 관여하였다. 신분적 차별을 거부하고 여성들의 권익 신장을 위해 노력하고, 사회 복지와 교육 운동에도 관여했으며, 감옥의 환경을 개선하고 사형 제도도 반대했다. 특히 제2차 세계대전 당시에는 양심에 따라 병역을 거부하는 대신 전쟁으로 인해 고통당하는 이들을 구제하고 구호하는 일에 앞장섰다. 전후에도 동일한 방식으로 숭고한 인간애를 보여 주었다. 이런 활동으로 미국 퀘이커 봉사위원회 American Friends Service Committee, AFSC와 영국 퀘이커 봉사협회The Friends Service Council, FSC는 1947년 공동으로 노벨평화상을 수상했다. 현재 전 세계의 퀘이커교도는 30만 명 정도로 알려져 있다.

형제교회

1708년 알렉산더 매크Alexander Mack, 1679-1735에 독일 슈바르체나우 Schwarzenau에서 시작된 '형제교회兄弟敎會, Church of the Brethren'는 메노나이트와 퀘이커와 더불어 3대 '역사적 평화교회'로 불린다. 1830년대 전후 영국에서 시작된 플리머스 형제단Plymouth Brethren도 '형제교회'로 불리지만 이와는 다른 교회다. 역사적 평화교회로 불리는 이 형제교회는 독일의 경건주의敬虔主義, Pietism적 배경에서 시작되었는데, 급진적인 경건주의 신앙과 재세례파의 전통을 통합한 교회로서 국가교회에 대한 경건주의적 항거에서 출발했다고 할 수 있다. 1871년에는 독일

침례교형제교회German baptist Brethren로 불리기도 했으나 일반적으로 '형제교회The Church of Brethren'라고 부르고 있다. 이 교회는 여러 가지 점에서 메노나이트교회와 유사하다.

형제교회의 창시자인 알렉산더 매크는 독일 슈리샤임Schriesheim 의 개혁교회Reformed church 출신으로 밀가루를 만드는 제분업製粉 業을 했다. 급진적 경건주의 운동에 매력을 느끼고 호흐만 폰 호헤나우 Hochmann von Hochenau, 1670-1721와 교류하며 함께 전도 운동을 전개했다. 정부가 경건주의자들을 박해하자 매크는 제분소를 처분하고 비트겐슈타인 카운티의 슈바르체나우로 이사하여 그곳에서 여덟 명의 급진적 경건주의자들과 합세하고 그들의 지도자가 되었다. 재세례파의 영향을 받은 이들은 신약성경의 가르침을 따라 살기 위해서는 새로운 공동체가 필요하다고 보아 조직을 갖추고 서로를 형제Brüder라고 불렀다. 이렇게 되어 1708년 형제교회라는 공동체가 조직된 것이다. 매크는 『기본적인 질문들Basic Questions』1713과 『제권리와 법령Rights and Ordinance』1715 등 두 권의 저서를 남겼는데, 이 책들은 형제교회의 신앙에 대한 중요한 저술로 간주되고 있다.

또 한 사람의 지도자인 호흐만 폰 호헤나우는 지금은 비텐베르크 대학과 합쳐져 할레-비텐베르크 마르틴 루터 대학교Martin-Luther-Universität Halle-Wittenberg가 된 할레Halle대학 출신이다. 할레대학은 학문과 사상의 자유를 중시하여 당시 근대적 대학의 모범으로 불렸다. 호헤나우는 이 대학에서 독일 경건주의의 지도자 헤르만 프랑케August Hermann Francke, 1663-1727의 영향을 받아 1693년 회심하였다. 그도 급진적인 경건주의자로서 교회를 영적인 조직으로 보아 조직이나 신조,

성례를 중시하지 않았고, 이런 급진적 활동 때문에 박해와 투옥을 당하기도 했다. 이후 알렉산더 매크를 만나 함께 형제교회의 지도적 인물로 활동했다.

형제교회가 지향하는 바를 다섯 가지로 정리할 수 있는데, 첫째, 신학적으로는 복음주의적인 프로테스탄트 입장을 따른다는 점이다. 둘째, 유아세례를 인정하지 않고 성인이 된 후 자신의 신앙을 고백한 후 받는 세례, 곧 신자의 세례believers' baptism를 주장한다. 또 신자의 세례에 이어 형제교회 일원이 되는 의식인 삼위 하나님의 이름으로 거행하는 삼중 침례trine immersion를 중시했다. 셋째, 맹세, 비밀결사 등도 반대하지만 신약성경 원리에 따라 폭력과 전쟁을 반대하는 무저항 비폭력 평화주의를 지향했다. 넷째, 철저한 제지도를 강조한다. 그래서 형제교회는 경건주의의 전통에 따라 성경공부와 거룩한 생활을 중시하고, 이와 더불어 애찬love feast, 성찬, 성도들의 발 씻는 의식, 기독교적인 봉사를 중시한다. 다섯째, 교회정치 형태는 회중교회會衆敎會, Congregational Church 형태를 따른다.

형제교회는 비전非戰 평화주의를 지향하여 군 복무를 반대하였기에 독일에서 박해를 받았고, 신앙의 자유를 누리기 위해 1719년 미국으로 이주하였다. 지도자인 매크도 일시적으로 네덜란드로 피신했으나 곧 다른 형제교회 신도들을 이끌고 1729년 미국 동부로 이주하였다. 미국 형제교회는 미국의 독립전쟁 기간에 전쟁 참여를 거부하여 또 다시 박해를 받고 동부의 도심지에서 쫓겨나 변방 지역인 서부로 피신하였다. 1882년에는 형제교회의 분열이 일어나 몇 가지 분파로 나뉘었는데, 가장 큰 형제교회는 일리노이주 엘진Elgin에 본부를 두고 있다. 성도 수는 약 30만 명에 달한다. 다른 형제교회는 인디애나주의 위노나 레이크 Winona Lake와 오하이오 애슐랜드Ashland에 각각 본부를 두고 있다. 비록 교회 분열이 있었으나 형제교회는 신약성경과 초기 기독교회의 사상은 비폭력적 평화주의였다고 확신하고 평화주의 교회pacifist church를 지향하고 있다.

역사적 평화교회라고 불리는 세 교회 외에도 평화주의를 지향하는 여러 교회가 있는데, 다음과 같다. 재세례파 계열의 아미쉬The Amish, 후터공동체Hutterites, 구독일침례교형제단Old German Baptist Brethren, 그리스도 안의 형제들The Brethren in Christ 등이 있고, 재세례파 전통을 잇는 두크호버스Doukhobors, 몰라칸스Molokans, 던카드 형제단Dunkard Brethren, 두키치츠니키Dukh-i-zhizniki, 브루더호프공동체Bruderhof Communities, 쉬원트펠더스Schwenkfelders, 모라비안Moravians, 쉐이커교the Shakers 등이 있다. 또 19세기 중반 이후 생성된 크리스타델피안파Christadelphians, 성결평화주의교회Holiness Pacifists, 제칠일안식일예수재림교회Seventh-day Adventist Church, 하나님의 교회Churches of God '7th day' 등도 평화주의적인 교회들이다.

10. 근대의 평화주의자들

1) 톨스토이

러시아의 문호 레프 톨스토이Lev Nikolaevich Tolstoy, 1828-1910는 소설가이자 시인이었고, 사회개혁가이자 사상가였다. 그는 『전쟁과 평화 Voyna i mir』1869, 『안나 카레니나Anna Karenina』1877와 같은 대작을 남긴 작가로서 명성을 얻었지만, 비폭력 평화주의자로서 인도 독립운동가 간디Mahatma Gandhi, 1869-1948와 미국의 흑인 민권운동가 마틴 루터 킹Martin Luther King Jr., 1929-1968과 같은 후대의 평화 운동가들에게 커다란 영향을 끼쳤다. 그는 예수 그리스도를 하나님의 아들이라고 믿지 않았고, 단지 그분의 가르침이 인간의 이성과 일치하기 때문에 위대한 인물이라고 보았다. 그래서 그는 정통 기독교인은 아니었지만 인간 예수의 모범을 따르려고 노력했고 산상수훈을 자신의 윤리적 모범으로 받아들였다. 여기서는 그의 삶의 여정을 돌아본 후 그의 비폭력 평화사상에 대해 소개하고자 한다.

1828년 9월 9일에 러시아 남부 도시 툴라의 야스나야 폴랴나Yasnaya Polyana에서 니콜라이 일리치 톨스토이 백작의 넷째 아들로 출생한 톨스토이는 어려서 부모를 잃고 친척집에서 성장했다. 16살 때 카잔Kazan 대학교 법학과에 입학했으나 중퇴하고 1847년 고향으로 돌아갔다. 대학교육 방식이 인간의 자유로운 생각을 억압한다고 생각했기 때문이다. 1848년에는 다시 고향을 떠나 대도시인 모스크바Moskva와 상트페테르부르크Sankt Peterburg를 다니며 방탕한 생활에 빠졌다. 그러나 그는 이윽고 자신의 무절제한 생활에 염증을 느끼고 군인이었던 형 니콜라이Nicolai를 따라 1851년 러시아 남부 카프카스Kavkaz로 갔고, 이듬해 자신도 군에 입대하여 크림전쟁Crimean War, 1853-1856에 참전하게 된다. 이 시기에 겪은 전쟁 경험을 소재로 『습격Nabeg』, 『산림 채벌Rubka lesa』 같은 작품을 쓰기 시작했는데, 이것이 작가로서의 출발이었다. 1854년에는 도나우 전선으로 배속되어 세바스토폴Sevastopol 포위전에 참여했다. 이때의 경험을 토대로 쓴 작품이 『세바스토폴 이야기Sevastopolskiye rasskazy』였다.

1856년 전쟁이 끝난 후 상트페테르부르크로 가 잠시 체류한 후 다시 고향으로 돌아갔다. 1857년에는 프랑스, 스위스, 독일을 여행했고, 고향 야스나야 폴랴나 농민들의 열악한 환경에 관심을 가지고 농민의 자녀들을 위한 학교를 열었다. 이 시기에도 창작 활동은 계속되었다. 1860년부터 이듬해까지 다시 유럽으로 여행을 떠나 독일, 프랑스, 이탈리아, 영국, 벨기에 등지의 교육 현장을 돌아보며 교육이론을 연구했다. 교육 문제에 열중하여 자신이 개발한 교육이론을 수록한 교육 잡지를 발간하고, 새로운 접근 방식을 보여 주는 교과서들을 펴내기도 했다.

34세 때인 1862년에는 중산층 가정의 소녀 안드레예브나 베르스와 결혼했다. 결혼과 동시에 그간의 교육 활동을 그만두고 15년간 가정 생활에만 전념했다. 이 기간은 행복한 나날이었고 9남 3녀의 자녀가 태어났다. 그는 고향의 영지를 관리하면서 창작 활동을 다시 시작해 1869년에는 『전쟁과 평화』를, 1877년에는 『안나 카레니나』를 출판하게 된다. 1800년대 초 러시아의 다섯 귀족 가문의 역사를 다룬 『전쟁과 평화』는 7년에 걸쳐 쓴 대서사시로서, 세계문학사에서 불후의 명작으로 인정되고 있다. 그는 그로부터 8년 뒤 『안나 카레니나』를 발표했는데, 서술 기법이나 문체는 『전쟁과 평화』와 비슷하지만 예술적인 통일성에서는 훨씬 돋보이는 작품으로 평가받고 있다. 그런데 주목할 점은, 톨스토이의 인생철학이 이 두 작품을 저술하는 동안 크게 변화되있다는 점이다.

『전쟁과 평화』가 현실의 삶을 긍정하는 낙관적인 소설이라고 한다면 『안나 카레니나』는 현실에 대한 인식에 있어서 큰 변화를 보여 주었다. 1860년대 러시아의 사회 문제를 다루고 있는 이 소설에서 공장 노동자들 혹은 가난한 이웃에 대한 관심을 뚜렷하게 드러냄으로써, 톨스토이는 안락하고 사치스럽게 살았던 이전의 삶을 버리고 변화된 사회 개혁 사상가가 되었다. 그는 자기 자신을 위해서가 아니라 남을 위한 이타적 삶의 방식을 추구했는데, 이것은 신약성경, 특히 산상수훈의 정신에 따른 것이다. 그는 비록 삼위일체 교리와 예수님의 신성을 부인하고 그저 예수님을 인간적 모범으로 여겼을 뿐이지만, 예수님의 가르침이야말로 의미 있는 삶이란 무엇인가 하는 자신의 질문에 대한 해답을 담고 있다고 확신하게 되었다. 그래서 무소유의 정신을 추구하면서 사유재산 제도도 비판했는데, 소유는 권력에 의해 주어지는 것이라고 보았기 때문이다. 그는 자기 재산을 포기하고자 했으나 가족의 요구에 굴복해 법적으로 자신의 영지를 가족에게 양도했다고 한다. 특히 톨스토이는 생명 외경 사상을 품고 무저항 평화주의를 피력하게 되었다.

이러한 톨스토이의 사상을 네 가지로 정리하면, 첫째, 기독교의 가르침은 하나님을 공경하여 가난한 사람과 죄인들까지도 사랑하는 보편적인 인간애라고 보았고, 그 사랑의 실천이 폭력을 사용하지 말라는 복음서의 가르침을 따르는 것이라고 이해하였다. 둘째, 예수님께서는 폭력을 거부하셨는데, 이 명령이 인간의 이성적 요구와 일치하기 때문에 우리는 폭력을 거부해야 한다고 보았다.[1] 그는 하나님의 나라의 도래와 인간 사회의 개혁을 동일시했다. 말하자면 그는 사회복음社會福音, Social Gospel을 신봉했다. 셋째, 그는 국가 혹은 정부의 도덕적 타락이 소수의 다수에 대한 압제, 폭력과 전쟁을 초래한다고 보았다. 절대적으로 폭력을 거부하는 믿음 때문에 그는 국가를 무시하는 무정부주의無政府主義, anarchism적 경향을 띄게 된 것이다. 넷째, 사랑이라는 법을 준수하여 어떤 형태의 폭력도 거부할 수 있는 것이 도덕적 완성이라고 보고 개인의 도덕적 삶을 고양해야 한다고 했다. 따지고 보면 그가 비폭력 평화주의를 지향한 것은 산상수훈의 가르침에 기초한 것이었다. 그는 산상수훈은 하나님의 은혜로 거듭난 사람만이 아니라 모든 사람을 위한 것이라고 믿었다.

앞에서도 지적했지만 그는 정통 기독교인은 아니었다. 그는 러시아 정교회正敎會, Russian Orthodox Church를 비판하고 정통 신앙을 받아들

---

1. Guy H. Hershberger, 187-8.

이지 않았기 때문에 1901년에 파문을 당했다. 단지 그는 인간 예수의 모범을 따라 전쟁 없는 평화를 추구한 것이다. 그에게 있어서 산상수훈은 '완전을 향한 인간 진보의 이정표'였는데, 톨스토이는 산상수훈의 핵심이 "고난을 감내하는 사랑으로 악에 대항하는 것confronting evil with suffering love"으로, 이것이야말로 복음의 핵심이라고 주장했다.[2] 중세 교회의 오랜 경구에서 제목을 딴 그의 단편소설 『사랑이 있는 곳에 하나님도 있다ubi charitas ibi Deus』는 가난한 사람을 사랑하는 것이 그리스도를 사랑하는 것마25:40이라는 점을 드러내고자 했고, 『불을 놓아두면 끄지 못한다』라는 제목의 단편소설은 폭력은 또 다른 폭력을 가져와 문제를 더 심하게 만들 뿐 해결책이 되지 못한다는 사실을 주장하고 있다. 또 톨스토이는 인간은 이성적 존재라는 점을 강조하면서 이성적 활동을 통해 전쟁을 방지할 수 있다고 보아, 그가 인간의 선성善性을 믿는 낙관적 인간관의 소유자라는 점을 보여 주었다.

전쟁이란 인간을 가장 참혹하게 만드는 무력 행사라고 본 톨스토이는 전쟁을 반대했는데, 한 가지 사례가 1904년에 일어난 러일전쟁露日戰爭이었다. 러시아는 청나라와 비밀군사협정을 맺고 만주를 관통하는 시베리아 철도를 부설하여 동쪽으로 세력을 확장하려 하였고, 일본은 한반도로의 진출을 노리며 러시아 세력의 남하를 저지하고자 했다. 만주와 한국을 놓고 침략 의도를 노골화하며 러시아와 일본이 대립한 것이다. 결국 일본은 러시아군에 선전포고를 하였고, 러시아도 일본에 선전포고를 하여 1904년 2월 일본군의 뤼순旅順에 대한 기습 공격으로 러

---

2. 존 요더, 『비폭력평화주의의 역사』 (서울: 대장간, 2015), 13.

일전쟁이 발발한다. 톨스토이는 군비軍備 확장에 몰두했던 황제 니콜라이 2세Nikolay II, 재임 1894~1917를 비판했을 뿐만 아니라, 전쟁을 앞두고 '회개하라'는 내용의 논문을 저술하여 "누구를 위한 전쟁인가"라고 물으며 기독교를 믿는 러시아와 불교도의 나라 일본의 전쟁은 인간 살상의 어리석은 행위라고 비판했다. 이 논문은 러시아에서는 발행이 금지되었지만 전쟁이 비인도적이라는 점을 지적하는 그의 주장에 공감하는 이가 적지 않았다. 간디도 그중에 한 사람이었다. 여기서 톨스토이의 비전 혹은 반전사상은 크림전쟁에 참여했던 개인적인 경험도 영향을 주었지만 산상수훈의 가르침에 커다란 영향을 받았음을 알 수 있다.

톨스토이는 생애 말년에 가난한 자들을 위한 학교도 짓고 치유센터도 건립하는 등 공동체를 만들고 자신의 저작권도 공동체 사람들에게 이양했다. 이 일로 가족들과 불화했다고도 한다. 그는 1910년 11월 20일 랴잔 역驛 근처의 외딴 마을 아스타포보Astapovo에서 폐렴으로 사망했다. 동양평화론東洋平和論을 주창했던 안중근이 순국했던 바로 그해였다.

2) 간디

인도의 정신적 지도자이자 독립운동가였던 모한다스 카람찬드 간디 Mohandas Karamchand Gandhi, 1869-1948는 우리 시대 대표적인 비폭력 평화주의자였다. 노벨 문학상을 수상한 시인 타고르Rabindranath Tagore, 1861-1941는 그의 이름에 '위대한 영혼'이라는 뜻의 '마하트마Mahatma'를 붙였다. 그는 인도가 영국의 식민 지배를 받는 기간1859-1948 중 인도의 독립운동 지도자로 활동하면서 비폭력운동을 지향하여 20세기를 대표하는 평화주의자가 되었다.

간디의 비폭력 평화주의 운동은 당시의 정치적 상황과 관련되어 있다. 인도의 무굴제국Mughal Empire은 1526년부터 1857년까지 332년간 인도 지역을 통치한 이슬람 왕조인데, 17세기말부터 경제적 쇠퇴를 보이기 시작했다. 계속되는 토지의 산성화, 농업 생산 인구의 부족, 영토 확장 정책으로 인한 국력의 낭비, 중앙정부 권력의 약화, 귀족들의 타락과 파벌 형성 등이 원인으로 지적되고 있다. 제국 말기에는 많은 수의 독립 혹은 준독립 상태의 지역 토호土豪 세력이 등장하면서 제국 정부는 명목상으로만 존재하고 있었다. 남부 인도의 하이드라바드, 남서부에서 델리끼지를 장악한 마라타Maratha, 동부의 벵갈Bengal, 서부의 라즈푸트Rajput, 펀잡Punjab 등이 대표적인 세력이었다. 이 시기 인도는 사실상 한 나라가 아니었다. 이런 상태에서 영국이 점진적으로 인도를 점령하게 된다.

영국에서는 17세기에 두 번의 혁명이 일어난 후 절대주의絕對主義가 무너지고 입헌정부立憲政府가 수립되었고, 18세기 말에는 산업혁명産業革命, Industrial Revolution으로 공산품 생산력이 확대되자 세계 각국으로 시장을 확대하면서 해외 식민지 개척에 열중하게 된다. 그래서 빅토리아 여왕Queen Victoria, 1819-1901 치하1837-1901에는 '해가 지지 않는 나라'라고 불리기도 했다. 영국이 식민지 개척에 몰두하고 있던 와중에 네덜란드가 인도네시아를 차지하게 되자, 영국은 인도를 탐하여 아라비아해Arabia海 연안에 있는 수라트Surat에 처음으로 동인도회사東印度會社, East India Company 상관商館을 설치하고, 이어 첸나이Chennai, 뭄바이

Mumbai, 콜카타Kolkata에 상관을 설치하고 요새를 구축했다. 영국의 동인도회사는 1600년 설립되었는데 후일 식민지를 착취하는 기관이 되었다. 이러한 영국의 식민 정책을 본뜬 나라가 일본이었다. 일본은 동양척식회사東洋拓植會社를 만들어 식민지를 수탈했다.[3]

영국 동인도회사는 1717년에는 벵갈로 진출하였고, 1757년에는 벵갈과 플라시Plassey을 정복했는데, 이때가 사실상 영국의 인도에 대한 식민 지배의 시작으로 볼 수 있다. 우리나라가 일본의 식민 지배를 받기 150년 전의 일이었다. 우리나라는 1910년 일제의 조선 병탄으로 식민 지배를 받게 되지만, 인도의 경우는 특정 지역을 중심으로 점진적으로 영국이 지배를 넓혀 가기 시작한다. 동인도회사를 앞세워 인도에 들어온 영국은 1757년 이후 벵갈, 비하르Bihar, 오리사Orissa 등 인도 동북부 지방을 통치하였고, 약 100년이 지난 1856년에는 인도의 거의 모든 지방의 통치세력이 영국에게 복속되었다.

이런 가운데 1857년 세포이 항쟁Sepoy Mutiny, 1857-1858이 일어났다. 영국은 동인도 회사를 통해 인도를 간접적으로 통치하고 있었는데, 동인도 회사는 군대를 보유하고 있었다. 당시 영국군 26만 9천 명 중 영국인은 4만 6천 명뿐이었고 나머지는 모두 인도 현지의 용병들이었다. 이들 용병을 세포이sepoy, 페르시아어로 용병이라는 의미라고 불렀는데, 이들의 반反영국 항쟁이 세포이 항쟁이었다. 세포이 항쟁을 진압한 영국은 그동안 인도를 간접 통치하는 수단으로 활용한 동인도회사를 해체하

---

3. 동양척식주식회사(Oriental Colonization Company)은 대영제국의 동인도회사를 본뜬 일본의 국책 회사로, 조선의 경제 독점과 토지·자원의 수탈을 목적으로 1908년 12월 18일에 설립되었다. 간단히 줄여서 동척(東拓)이라고 부르기도 한다.

고 1859년부터 인도 제국을 직접적으로 통치하기 시작한다. 이렇게 볼 때 무굴제국이 통치권을 완전히 박탈당하고 패망한 것은 1859년이었다. 그 이전의 세포이 항쟁은 인도 독립운동의 시작이라고 볼 수 있다.

영국의 지배를 받던 인도는 90년 후인 1947년에 독립하게 되는데, 간디는 영국의 식민통치기의 대표적인 반영反英 독립운동가였다. 간디는 인도의 소공국小公國인 포르반다르Porbandar의 총리를 지냈던 카람 찬드 간디의 셋째 아들로 출생하였고 부모의 영향으로 일생 동안 힌두교도로 살았다. 그는 18세 때 대학자격시험에 합격하여 대학에 입학했으나 한 학기만 공부했고, 좋은 일자리와 수익이 보장된다는 권유를 받고 영국 유학을 결심했다. 런던대학교University of London 법학과에서 수학한 그는 1891년에는 변호사 면허를 취득했다. 그리고는 한 회사의 소송 사건을 처리하기 위해 영국의 남아프리카 지역 식민지인 남아프리카 연방The Union of South Africa으로 가게 된다. 그런데 거기서 심하게 차별받는 인도인들을 보았고 이때부터 인종차별 반대와 인도인들의 인권 향상을 위해 살기로 다짐했다. 이것이 그의 생애 전체에 걸친 긴 투쟁의 시작이었다. 1915년에는 인도로 돌아오는데, 이때부터 간디는 영국에 맞서 민족운동과 독립운동을 전개한다. 중요한 운동이 영국 회사 취업 거부, 국산품 애용, 영국 상품 불매, 납세 거부 등이었고, 이를 추진하는 방식은 영국에 대한 비협력, 불복종, 무저항이었다. 이런 그의 투쟁 방식을 '능동적能動的 저항'과 구별하여 '수동적受動的 저항passive resistance'이라고 부른다. 그는 일체의 물리적 폭력을 거부하고 비폭력 저항 운동을 전개했다. 이런 방식을 간디는 '아힘사ahimsā'라고 불렀다. 이 말은 산스크리트어Sanskrit語로 '불살생不殺生'을 뜻하는데, 간디는 이를 '비폭력'이라는 뜻으로 사용하였다.

여기서 한 가지 고려할 점은 간디의 저항 방식은 그의 종교인 힌두교의 고난 사상과 관련되어 있다는 점이다. 우리가 믿는 기독교는 그리스도께서 우리 죄를 위해 고난당하셨기 때문에 기독교인들은 하나님께 감사히 순종함으로써 신앙을 위해 고난당하기를 주저하지 않는다. 그러나 힌두사상에서는 신들을 즐겁게 하기 위한 수단으로 인간이 스스로 희생적 고통을 당해야 한다고 한다.[4] 힌두교의 신은 신봉자들이 충분히 고통을 받았다고 여겨질 때 원하는 것을 부여하는 이기적이며 독재적인 신이었다. 간디는 이런 힌두의 고난 사상을 정치적으로 이용하여, 자신의 고통을 영국이라는 독재자를 만족시키는 수단으로 사용했다. 즉 간디 스스로 고통을 당함으로써 영국으로 하여금 인도의 독립을 허용하는 쪽으로 움직이게 한 것이다. 이런 신념에서 간디는 금식과 여러 고통을 감내한 것이다. 일반적 의미에서 간디의 금식이나 극도의 청빈은 영국을 압박하기 위한 수단이었지만, 내면적으로는 힌두교의 고난 사상의 표현이었다.

또 한 가지 고려할 점은, 간디는 물리적 폭력만 아니라면 다양한 방법으로 영국 정부에 저항하고 혁명적 변혁을 시도했다는 점이다. 이 점이 기독교 전통의 이른바 '역사적 평화교회'가 지향한 비폭력 평화주의의 방식과 달랐다. 바리새인들이 예수님을 덫에 걸리게 하려고 '가이사에게 세금을 바쳐야 하는가'라고 물었을 때, 예수님께서는 "가이사의 것은 가이사에게, 하나님의 것은 하나님께 바치라"라고 하셨다눅20:25.

---

4. Guy H. Hershberger, 188.

즉 예수님께서는 이방인 황제에게 복종하고 세금을 바치라고 가르치셨으나, 간디는 납세 거부 운동을 전개하였다. 점령국인 영국의 통치를 어렵게 만들고자 한 것이다. 그는 폭력을 사용하지 않는 한에서 할 수 있는 모든 방법으로 식민통치를 거부하고 방해했다.

각종 억압과 착취, 도덕적 퇴폐와 불평등에 대해 저항한 간디의 운동을 '사티아그라하Satyagraha'라고 불렀다. 이 말은 힌두교의 경전 '바가바드기타Bhagavadgita'에 나오는 말인데, 진리 파악, 곧 진리를 붙잡는다는 의미로서 '진리의 힘'을 의미한다. 간디는 진리 파악이란 서구인들처럼 지성으로서가 아니라 몸 전체로서 가능하다는 점을 자신의 삶을 통해 보여 주었다. 그는 '진리'는 사랑을 포함하며, '파악'이란 힘과 선을 위한 싸움을 위한 이성을 포함한다고 보았다. 이 진리 파악의 길이 비폭력 운동이라는 힘과 아이디어를 주었다고 한다. 이러한 그의 비폭력 운동은 톨스토이를 매개로 신약성경의 산상수훈에서도 영향을 받았다고 한다. 그래서 일생 동안 힌두교도로 산 그였지만 산상수훈을 즐겨 읽었다고 한다.

그는 영국의 식민 통치를 무력화함으로써 제국주의 정치체제를 종식시키려는 수단으로 비협력적 저항을 선택했다. 그래서 협상, 중제, 선동, 파업, 현수막 설치, 불매 운동, 시민 불복종 운동, 연좌 농성, 세금 거부 등을 동원한 것이다. 단지 폭력을 사용하지 않는 한에 있어서 모든 방법을 동원하여 영국 정부를 방해했다. 이것이 바로 간디의 비폭력 저항이었다.[5] 메노나이트와 같은 평화교회는 정부를 힘으로 뒤엎는 혁명

---

5. Guy H. Hershberger, 190.

을 시도하지 않는다. 그들은 그들이 속한 사회나 정부에 저항하거나 체제를 뒤엎기보다는 그들이 믿는 평화주의 신념을 받아 주는 곳으로 이민을 떠났다. 그러나 간디는 그렇지 않았다. 그의 목표는 인도를 지배하는 영국을 몰아내는 정치적 혁명이었다. 이를 위해 무력을 제외한 다른 모든 수단을 동원한다. 단지 무기나 총을 드는 물리적인 폭력을 동원하지 않았을 따름이다. 이렇게 볼 때 간디의 평화주의는 기독교 전통의 평화주의와는 다른 것이다. 간디의 제자인 쉬리다라니Shridharani는 간디의 비폭력 평화주의는 "서구적인 평화주의라기보다는 일반적인 전쟁에 더 가까운 방식이었다."라고 말한 일이 있다.[6] 간디는 비폭력이 폭력보다 정치적으로나 사회적으로 보다 효율적이라고 믿었기 때문에 비폭력을 옹호한 것이다. 이렇게 볼 때 그는 '실용적 평화주의'를 추구했다고 볼 수 있다.

그렇다면 그는 자신의 비폭력운동이란 무엇이라고 말하는가? 간디는 자신의 말로 그리고 자신의 삶의 여정을 통해 다음과 같이 표명했다.

첫째, 비폭력 운동은 진리와 사랑의 힘을 믿는 자가 할 수 있으며, 약자의 윤리가 아니다.

둘째, 비폭력 운동은 불의를 용납하지 않으며 불의와 타협하지 않는다.

셋째, 비폭력 운동은 고난을 감내할 수 있는 자들만이 이룰 수 있다.

---

6. Guy H. Hershberger, 192.

간디는 이 비폭력 운동이야말로 진정한 승리를 가져온다고 믿었고, 그것이 인도의 독립을 이루는 가장 효과적인 방법이라고 생각했다. 간디는 네루Jawaharlal Nehru, 1889-1964와 함께 인도국민회의당印度國民會議黨, Indian National Congress을 이끌며 반영 독립운동을 전개했고 그의 끈질긴 노력으로 인도는 1948년 독립을 얻었다. 그러나 간디는 종교적 갈등의 현실에서, 박해받는 소수의 모슬렘 편에 서기 위해 그 자신이 속한 힌두교의 입장을 무시하기까지 했던 점에 불만을 가진 극단적인 반反이슬람 힌두교도의 흉탄兇彈으로 1948년 1월 30일 인도 뉴델리에서 사망했다. 간디의 평화주의는 후대에 큰 영향을 끼쳤는데, 나치Nazis 독일에 저항하여 히틀러를 암살하려 시도한 독일의 신학자 본회퍼Dietrich Bonhoeffer, 1906 1945는 인도로 가서 간디에게 가르침을 받고자 했고, 미국의 흑인 인권 운동가 마틴 루터 킹Martin Luther King, Jr.도 그의 영향을 받았다고 한다.

3) 안중근과 동양평화론

안중근은 조선 침략의 원흉인 이토 히로부미伊藤博文, 1841-1909를 암살한 이로서 그의 활동과 평가에 대해서는 이견이 있을 수 있다. 우리는 그를 '의사義士'라고 추앙하지만 일본 측은 그를 '암살자' 혹은 '테러리스트'로 규정해 왔다. 제3국에서는 자국의 독립을 위해 자신을 희생한 인물, 혹은 민족주의자民族主義者로 평가되고 있다. 그는 1909년 10월 26일 히로부미를 저격했는데, 그로부터 5개월 후인 1910년 3월 26

일 처형되었고, 그로부터 52년이 지난 1962년 3월 1일 대한민국 정부는 그에게 건국훈장建國勳章을 수여했다. 설사 그의 행위가 민족주의적 측면에서 의로운 일이었다 하더라도 기독교 전통의 비폭력 평화주의와 같은 것은 아니었다. 더 큰 의미의 평화를 이루기 위해 폭력을 이용한 것이다.

지금은 한국 천주교회天主敎會, Catholic Church가 안중근을 칭송하지만, 당시 천주교 조선 대목구代牧區, 교황청 직할 교구 교구장 뮈텔Gustave-Charles-Marie Mutel, 1854-1933 신부는 히로부미 저격 이후 안중근의 가톨릭 신자 자격을 박탈했고, 처형을 앞둔 안중근의 종부성사終傅聖事 요청도 거절하였다. 살인자로서 회개하지 않았다는 이유였다. 뮈텔의 금지에도 불구하고 황해도 지방에서 일하던 프랑스 출신 니콜라 빌렘Nicolas Joseph Marie Willhelm, 한국명 홍석구, 洪錫九, 1860-1936 신부는 종부성사를 집전했는데, 그것을 이유로 그는 징계를 받았다. 안중근은 비폭력 평화주의자는 아니었으나, 그럼에도 불구하고 한·중·일 간의 평화체제 구상인 '동양평화론東洋平和論'을 말했다는 점에서 그의 삶의 여정은 우리의 관심을 끌고 있다.

안중근安重根, 1879-1910은 황해도 해주海州의 향반鄕班, 지방에 머무르는 양반 집안에서 안태훈安泰勳의 장남으로 출생했다. 그러나 1884년 갑신정변 이후 개화당이었던 아버지가 죽임을 당할 위기에 놓이자 할아버지 안인수安仁壽를 따라 황해도 신천군 두라면 청계동으로 피신하여 이곳에서 성장하게 된다. 안중근은 아버지가 세운 서당에서 한문을 배웠고, 천주교도였던 가족의 영향으로 1895년에는 천주교학교에 입학하였다. 18세 때인 1897년에는 빌렘 신부로부터 토마스Thomas, 도마, 多默라는 세례명과 함께 세례를 받았다.

그가 민족운동에 본격적으로 가담한 것은 1905년 11월의 을사조약乙巳條約 체결 이후였다. 안중근은 일제의 조선 국권 박탈에 격분하여 국권 회복 운동에 헌신하기로 작정하고 처음에는 국권 회복을 위한 애국 계몽愛國啓蒙 운동이 참여하였다. 1906년 3월에는 자기 가문의 재산을 팔아 진남포鎭南浦로 이사한 이후 진남포에 삼홍학교三興學校와 돈의학교敦義學校를 설립하고 교육 구국 활동을 시작하였다. 대구에서 1907년 2월 국채보상운동國債報償運動이 시작되자 이에 호응하여 관서지부를 설치하고 지부장을 맡아 활동했다. 1907년 7월 헤이그Hague 밀사 사건을 구실로 일제가 고종을 폐위하고 8월 1일 군대를 해산하자 안중근은 시울로 가 신민회新民會[7] 간부들에게 항일 무장 투쟁을 골자로 하는 독립전쟁 전략을 제의했다. 신민회가 이를 즉각 받아들이지 않자 안중근은 국외에서 이를 실행하고자 1907년 가을 러시아 극동極東의 블라디보스토크Vladivostok로 망명하여 이범윤李範允, 최재형崔再亨 등에게 국외 의병 부대를 조직하여 국내 진입 작전을 전개할 것을 제안했다.

이를 위해 안중근은 300여 명의 청년들을 뽑아 연해주 노우키에프스크煙秋, 지금의 크라스키노, Kraskino에서 의병부대를 창설하고, 이범윤을 의병대장으로 추대하고 자신은 두 번째 직위인 의병참모중장을 맡아

---

7. 1907년 이회영, 전덕기, 이동녕, 이시영, 이동휘, 안창호, 윤치호, 양기탁, 이경희, 김구, 최광옥, 김규식 등을 중심으로 조직된 항일 비밀 결사 단체였다. 표면적 활동은 교육, 계몽, 신식 학교 설립, 신학문 수용 등이 주목적이었고, 개신교계에서 비밀리에 지원하였다. 또한 만주에 한국 독립군을 훈련할 기관인 신흥무관학교(新興武官學校) 설립을 가능하게 했고, 이후 상하이 대한민국 임시정부(臨時政府) 구성에도 기여하였다.

실제적인 책임자가 되었다.[8] 이 의병 부대의 국내 진입을 위한 세 차례의 의병 전투가 있었다. 2차 전투 때 열 명의 일본군 병사를 포로로 잡았는데, 대부분의 의병들은 즉결 총살하자고 주장했으나 안중근은 만국공법萬國公法, 국제법에 의거하여 이들을 석방해 주었을 만큼 인도주의자人道主義者였다. 그러나 석방된 일본군이 인중근 부대의 위치를 정확하게 보고하여 안중근은 3차 전투에서 패배하였다. 안중근은 노우키에프스크에서 의병 부대 재조직을 시도했으나 자금 부족으로 이루지 못하고, 후일 재조직하기로 동지들과 합의하고 이를 확약하는 의미에서 손가락 하나씩을 잘라 혈서를 썼다. 이른바 단지동맹斷指同盟을 맺은 것이다.[9]

이후 안중근은 블라디보스토크에서 발행되는 교포신문 '대동공보大東共報'[10]의 탐방원探訪員, 기자으로 일하던 중 일제의 조선 침략의 원흉, 초대 조선 통감統監 이토 히로부미가 조선의 완전한 병탄과 만주 침략을 러시아 측과 협상하기 위해 만주 시찰에 나선다는 사실을 알게 된다. 이때 안중근은 국권 회복을 위해 그를 제거할 것을 결심하고 1909년 10

---

8. 신용하, 『한국근대의 선구자와 민족운동』 (서울: 집문당, 1994), 219.

9. 신용하, 『한국근대의 선구자와 민족운동』, 221.

10. 「大東共報」는 1908년 11월 16일 제정 러시아의 블라디보스토크에서 창간되었다가 1910년 9월 1일 폐간된 한국인 이주민 동포들의 신문이었다. 이 신문은 국내의 「독립신문(獨立新聞)」, 샌프란시스코의 「신한민보(新韓民報)」의 전통을 이어 순 한글 신문으로서 발행 부수는 1,500부였다고 한다. 한국민족의 해외 독립운동의 중요한 근거지가 러시아의 블라디보스토크, 미국의 샌프란시스코, 하와이의 호놀룰루, 청나라의 상하이 등지였는데, 이 중 한국인 이주민이 가장 많이 거주하는 지역이 블라디보스토크였다. 이 신문은 창간 후 폐간되기까지 국권 회복을 위한 항일 의병활동을 적극적으로 보도하고 지지 성원하였다. 안중근의 이토 히로부미 암살과 그 후의 사건의 전개, 심문, 재판 등에 대해서도 상세히 보도하였다.

월 26일 오전 9시 하얼빈哈爾濱, Harbin 역驛에 도착하여 러시아 의장대를 사열하는 이토 히로부미를 저격했다. 저격 후 안중근은 품 안에 있던 태극기를 높이 들어 올리며 "코레아 후라Korea Hura!", 곧 '대한민국 만세'라고 외쳤다고 한다. 현장에서 체포된 안중근은 뤼순旅順 감옥에 투옥되어 재판을 받았다. 그는 재판 과정에서 흔들림 없이 대처하였고, 이토 히로부미를 죽인 이유를 대한의 독립 주권을 침탈했다는 등의 열다섯 가지 이유로 설명했다.[11] 안중근은 이토 히로부미를 사살한 것은 그가 "대한의 독립 주권을 침탈하고 동양의 평화를 교란했기 때문에 대한의군 참모중장의 신분과 자격으로 그를 저격한 것이지, 결코 개인적인 저격이 아니었다"라고 주장했다.

글씨기 뛰어난 안중근은 뤼순 감옥에 수감되어 있으면서 많은 유묵遺墨을 남겼는데, 대표적인 것이 "위국헌신 군인본분爲國獻身軍人本分", 곧 "나라를 위하여 목숨을 바치는 것이 군인의 본분이라"라는 글이나, "일일부독서 구중생형극日不讀書口中生荊棘", 곧 "하루라도 책을 읽지 않으면 입속에 가시가 돋는다"라는 글이다. 그는 1910년 2월 14일 사형선고를 받았고, 3월 26일 31세의 나이로 사형을 당했다. 마지막으로 남긴 말이, "남길 유언은 없으나 다만 내가 한 일이 동양 평화를 위한 한 것이

---

11. 1. 명성황후를 시해한 죄, 2. 1905년 11월 한국을 일본의 보호국으로 만든 죄, 3. 1907년 정미 7조약을 강제로 맺게 한 죄, 4. 고종황제를 폐위시킨 죄, 5. 군대를 해산시킨 죄, 6. 무고한 사람들을 학살한 죄, 7. 한국인의 권리를 박탈한 죄, 8. 한국의 교과서를 불태운 죄, 9. 한국인들을 신문에 기여하지 못하게 한 죄, 10. (제일은행) 은행지폐를 강제로 사용한 죄, 11. 한국이 300만 영국 파운드의 빚을 지게 한 죄, 12. 동양의 평화를 깨뜨린 죄, 13. 한국에 대한 일본의 보호정책을 호도한 죄, 14.일본 천황의 아버지인 고메이 천황을 죽인 죄, 15. 일본과 세계를 속인 죄 등이다.

었음으로 한·일 양국인이 서로 일치 협력해서 동양 평화의 유지를 도모하길 바란다."라는 것이었다. 거사에 동참했던 우덕순禹德淳, 1880-?은 징역 3년, 조도선曹道先, 1879-?과 유동하劉東夏, 1892-1918는 각각 징역 1년 6개월을 선고받았다.

안중근은 옥중에서 『동양평화론東洋平和論』 집필을 시작했으나 사형 집행으로 완성하지는 못했다. 그는 사형 선고를 받고 항소권을 포기하는 대신 이 책을 쓰고자 했고 일제는 이를 수용하였다. 그래서 안중근은 이 책 집필을 시작했는데, 3월 26일로 예정된 사형 집행을 15일 정도 연기해 주도록 요청하였으나 일제가 수용하지 않아 책을 완성하지 못했다. 이 글은 1910년 2월부터 3월 어간에 한문으로 썼는데, 어떤 관련 자료나 준비 기간 없이 혹한의 감방에서, 그리고 사형 집행을 앞둔 절박한 상황에서 쓴 글이라는 점에서 볼 때 동양 평화에 대한 자신의 확고한 신념을 남기고자 하는 강렬한 의지가 있었음을 알 수 있다.

이 글은 서序, 서문, 전감前鑑, 지난 일을 거울삼음, 현상現狀, 지금의 형편, 복선伏線, 일어날 일을 내비침, 문답問答, 묻고 답함 순으로 전개하려 했으나 서문과 전감 일부만 작성했다. 전감이란 앞 사람이 한 일을 거울삼아 스스로를 경계한다는 의미인데, 지난날의 경험이나 역사를 경계한다는 뜻이다. 그는 이토 히로부미를 저격할 당시부터 자신의 행위는 동양 평화를 위한 것이었음을 주장해 왔는데, 이 글을 통해 법정에서 진술한 것처럼 자신의 행위가 한 개인을 저격한 것이 아니라 동양 평화를 해치는 악에 대한 응징이었음을 보여 주려 한 것으로 보인다. 동시에 자신이 이해하고 있는 동양 평화에 대한 이상을 기술하려고 한 것이다. 이 글 전문은

한글로 번역되어 있다.[12]

그는 『동양평화론』에서 한국, 중국, 일본이 협력하여 동양평화회의東
洋平和會議를 결성하고, 뤼순을 중립화하고, 관련 삼국으로 운영되는 동
양평화회의 본부를 뤼순에 설치하자고 제안했다. 또 평화지역 창설, 공
동개발은행 설립, 공동화폐 발행 등을 통해 상호 공존을 추구하자는 제
안도 하는데, 오늘의 유럽공동체European Union, EU와 같은 기구를 제안
한 것이다. 그의 동양평화론은 칸트의 '영구평화론'을 계승한 것이라고
평가되기도 한다. 『동양평화론』 서문에서 안중근은 그 시대의 군비 경
쟁과 전쟁의 폐해를 지적하고 있다.

대지 합치면 성공하고 흩어지면 패망한다는 것은 만고萬古에 분명
히 정해져 있는 이치이다. 지금 세계는 동서東西로 나뉘어 있고 인
종도 각각 달라 서로 경쟁하고 있다. 일상생활에서 편리한 실용기
계 연구에 농업이나 상업보다 더욱 열중하여 진행되고 있다. 그러
나 새 발명인 전기포電氣砲, 기관총, 비행선飛行船, 침수정浸水艇, 잠수
함은 모두 사람을 상하게 하고 사물事物을 해치는 기계이다. 청년
들을 훈련시켜 전쟁터로 몰아넣어 수많은 귀중한 생명들을 희생
물犧牲物, 희생제물처럼 버려, 피가 냇물을 이루고, 고기가 질펀히 널
려짐이 날마다 그치질 않는다.[13]

---

12. 안중근, 『동양평화론(외)』 (파주: 범우사, 2020). 이 책에는 「대동공보」에 기고했던 "인심결
   합론(人心結合論)", 최후 공판기록, 마지막 옥중 서한, 그리고 당시의 신문 기사, 연보 등이
   포함되어 있다.
13. 안중근, 『동양평화론(외)』, 27.

그리고 서론 말미에서는 다음과 같이 동양평화론을 말하게 된 배경을 설명하고 있다.

지금 서양 세력이 동양으로 뻗쳐오는—서세동점, 西勢東漸의 환난을 동양 사람이 일치단결하여 극력 방어함이 최상책이라는 것은 비록 어린아이일지라도 극히 아는 일이다. 그런데도 무슨 이유로 일본은 이러한 순리의 형세를 돌아보지 않고 같은 인종인 이웃나라를 치고 우의友誼를 끊어 스스로 방휼지세蚌鷸之勢를 만들어 어부漁夫를 기다리는 듯하는가.[14] 한·청, 양국인의 소망은 크게 깨져 버리고 말았다. 만약 일본이 정략을 고치지 않고 핍박이 날로 심해진다면 부득이 차라리 다른 인종에게 망할지언정 차마 같은 인종에게 욕을 당하지 않겠다는 소리가 한·청 두 나라 사람의 폐부肺腑에서 용솟음쳐서 상하上下 일체가 되어 스스로 백인白人의 앞잡이가 될 것이 불을 보듯 뻔한 형세이다. 그렇게 되면 동양의 수억 황인종 가운데 수많은 뜻있는 인사와 정의로운 사나이가 어찌 수수방관袖手傍觀하고 앉아서 동양 전체가 까맣게 타죽는 참상을 기다리기만 할 것이며 또한 그렇게 하는 것이 옳겠는가. 그래서 동양 평화를 위한 의전義戰을 하얼빈에서 개전하고, 담판談判하는 자리를 뤼쑨 구旅順口로 정했으며, 이어 동양 평화 문제에 관한 의견을 제출하는 바이다. 여러분의 눈으로 깊이 살펴보아 주기 바란다.

---

14. 방휼지세(蚌鷸之勢)란 조개(蚌)와 도요새(鷸)가 서로 물고 다투는 형세를 의미하는데, 이 때 어부(漁夫)가 나타나면 힘 안 들이고 둘을 잡아가게 된다. 여기서 어부지리(漁父之利)라는 말이 생겼다.

서문에서 말한 바처럼 안중근은 자신의 행위를 동양 평화를 위한 전쟁이라고 말하며, '동양평화론'이란 한·중·일 삼국이 각각 독립을 유지하면서 서로 상호부조相互扶助하여 서세동점西勢東漸하는 서구 열강의 식민주의植民主義, Colonialism에 대응하는 체계를 만들 수 있다는 방법론까지 제시하고 있었다. 이토 히로부미가 말하는 대동아공영大東亞共榮이라는 이름의 동양 평화는 이웃나라를 침략하여 일본에 종속시키는 것이었다. 그러나 안중근이 말하는 동양 평화는 한·중·일 삼국이 각각 독립을 유지하면서 힘을 합쳐 서구의 제국주의를 막음으로써 이루어지는 것이었다. 그는 타국에 대한 침략이 아니라 인접 국가 간의 상호 협력에 의한 평화 유지를 구상한 것이다. 이렇게 볼 때 히로부미는 평화의 파괴자였을 뿐이고, 따라서 그에 대한 저격은 동양 평화를 지키기 위한 응징이었다.

안중근은 자신의 책 『동양평화론』을 완성하지 못했으나 관동도독부關東都督府[15] 히라이시 요시토平石義人 고등법원장과의 대화에서 동양 평화를 위한 자신의 구상을 제시했다고 한다. 앞에서 간략하게 정리하였으나, 안중근의 동양평화론 구상을 종합하면 그가 주창하려 했던 평화론의 실천 방안을 이렇게 유추할 수 있다.[16]

---

15. 일본은 러일 전쟁에서 승리함으로서 러시아제국이 소유하고 있던 랴오둥반도의 다롄(大連) 및 뤼순(旅順) 지역을 관동주(關東州)라고 명명했는데, 관동주 식민행정을 담당하는 기구가 관동도독부였다. 그리고 관동주 방위군이 관동군이었다. 관동도독부는 제1차 대전이 끝난 1919년에는 관동청으로, 만주국이 성립한 1934년에는 관동주청으로 개편되었다.
16. 안중근, 『동양평화론(외)』, 23, 24.

1. 일본은 뤼순을 중국에 돌려주고 이곳을 중립화하여 대한제국,
   일본제국, 청 세 나라의 협력을 위한 기구를 설치할 것.
2. 위의 세 나라는 원만한 금융을 위하여 공동 은행을 설립하고, 공
   용 화폐를 발행한다.
3. 위의 세 나라는 청년들로 연합군을 창설하고, 그들에게 2개국
   이상의 언어를 배우게 하고 우방 혹은 형제애를 함양하여 서양
   제국주의 침략에 공동으로 맞서게 한다.
4. 대한제국과 청 두 나라는 일본제국의 지도 아래 상공업의 발전
   을 도모한다.
5. 위의 세나라의 황제가 로마 교황의 중재 아래, 상호 주권을 존중
   하고 평화적 관계를 맺어야 한다.

안중근의 동양평화론은 국제기구를 통한 다국 간의 협력, 경제 통합,
집단 안보 제안 등으로, UN이나 EU 같은 국제기구가 나오기 이전의 주
장이라는 점에서 국제 연합을 통한 평화 추구를 선구적으로 주장한 것
이라고 할 수 있다. 이렇게 볼 때 안중근은 일본의 타도가 아닌, 일본에
게 동양 평화의 선도 세력으로서 책임 있는 자세를 보이도록 요구한 것
이었다고 할 수 있을 것이다.

사실 안중근은 처음에는 일본을 신뢰했다고 볼 수 있다. 러일전쟁 당
시 우리나라의 일부의 사람들은 일본이 러시아를 물리치고 아시아의
평화를 지켜 줄 것을 기대했었다. 안중근도 비슷한 생각을 했음을 그의
법정 진술을 통해서 확인할 수 있다. 안중근은 1910년 2월 법정에서 러
일전쟁에 대해 말하면서, "한국인들은 일본의 승리를 마치 자국의 승리

인 듯 기뻐했다"라고 말한 바 있다. 그러나 러일전쟁에서 승리한 일본이 곧장 외교권을 강탈하는 을사늑약을 한국에 강요하자 안중근은 침략자 일본의 정체를 알게 되었고, 일본에 저항하며 이토 히로부미를 암살하게 된 것이다. 그럼에도 불구하고 안중근은 수감되어 처형되기까지 5개월간 일본인 간수들과 신뢰관계를 구축했다고 한다. 그는 동양 평화를 파괴한다고 보았던 이토 히로부미는 저격했으나 일본인 간수들과의 화해는 중시했다. 곧 종족주의種族主義를 초월하여 동양 평화가 이루어지기를 기대한 것이다.

4) 라인홀드 니버의 기독교 현실주의

20세기 미국의 대표적인 윤리신학자倫理神學者, Moral theologian 라인홀드 니버Karl Paul Reinhold Niebuhr, 1892-1971는 이른바 기독교 현실주의Christian realism를 제창한 인물인데, 기독교 현실주의란 기독교 신앙을 현실적인 현대 정치와 외교에 접목시킨 이론이라고 할 수 있다. 이러한 그의 평화론을 '현실주의적 평화주의Realistic pacifism'이라고 부른다. 그는 인간의 본성과 집단의 악한 구조를 해명하기 위해 일생 동안 씨름했던 학자로서 인간의 본성에서 비추어 볼 때 평화주의는 우리가 추구할 수 있는 이상은 될 수 있으나 현실성이 없다고 보았다. 즉 그는 초기 기독교의 전통을 잇는 이전 시대의 평화주의는 현실성이 없는 이론으로 간주하고, 정당전쟁론을 받아들이되 현실주의적 관점에서 힘의 균형을 바탕에 둔 평화론을 제시했다. 그것이 그가 말하는 현실주의적 평화주의이다. 즉 현실주의적 군사, 정치 전략을 추구함으로 평화를 유지할 수 있다는 입장이었다. 이런 평화론은 19세기 말과 20세기 초, 그리고 제2차 세계대전 이후의 냉전冷戰, Cold War 체제를 반영하고 있다고 볼 수 있는데, 냉전 체제가 해체된 오늘날에도 여전히 적절한 이론일 수 있는가에 대해서는 찬반양론이 있다.

여기서는 먼저 라인홀드 니버의 삶의 여정을 정리한 후 그의 기독교 현실주의, 그리고 현실주의적 평화주의에 대해 소개하고자 한다. 그의 삶의 여정은 그의 현실주의적 사상 형성을 이해하는 데 도움을 주고, 기독교 현실주의는 그의 현실주의적 평화주의를 이해하는 기초가 되기 때문이다.

라인홀드 니버의 생애

니버는 1892년 6월 21일 미국 미주리주 라이트시Wright city에서 독일 출신의 복음주의자 구스타프 니버Gustav Niebuhr 목사의 4남 1녀 중 3남으로 출생했다. 구스타프 목사는 복음주의 개혁교회福音主義改革教會, Evangelical and Reformed Church에 속한 목사로서 영성과 함께 지성을 중시했던 학구적인 인물이었다. 이 점은 그의 자녀들의 행로에도 영향을 끼쳤다. 장녀인 홀다Hulda는 미국장로교PCUSA 신학교인 맥코믹신학교 McCormick Theological Seminary 신약학 교수가 되었고, 장남 월터Walter는 출판업자이자 사업가로 활동했다. 라인홀드보다 두 살 아래인 리차드Richard 역시 그의 문화신학文化神學, Cultural theology으로 우리에게도 널리 알려져 있다.

라인홀드 니버는 아버지를 이어 목회자가 되기로 결심했고, 일리노

이주의 엘름허스트대학Elmhurst College에서 수학하고 1910년 졸업했다. 곧 미주리주 세인트루이스St. Louis에 있는 이든신학교Eden Seminary에 진학하여 신학 수업을 받았다. 이어 예일대학교Yale University에서 연구하고 1914년 신학사神學士 학위B.D.를, 이듬해 문학 석사 학위M.A.를 받았다. 23세 때인 1915년에는 목사 안수를 받았고, 미시간주 디트로이트Detroit의 벧엘복음교회Bethel Evangelical Church 목회자로 부임했다. 교회에 처음 부임할 때 신도의 수는 65명에 불과했으나 1928년 그곳을 떠날 때는 700명에 이르는 큰 교회로 성장했다. 당시 디트로이트시가 자동차 산업의 호황으로 인구 유입이 많았기 때문이다. 이때의 목회에서 산업화된 노동 현장에서 나타나는 인간 본성과 사회 구조의 비도덕적 현실을 목격한 것이 그의 윤리 사상 형성에 큰 영향을 끼쳤다. 또 사회 현실의 비인간성을 경험하면서 사회 개혁과 구원을 동일시하는 사회복음주의社會福音主義, social Gospel의 피상성을 보게 된다. 1923년에는 유럽을 방문하여 신학자들을 포함한 여러 지식인들과 교류하며 프랑스의 점령하에 있던 독일의 상황을 보게 되었을 때 비폭력 평화주의를 품게 되었다.

36세 때인 1928년에는 뉴욕에 있는 유니언신학교Union Theological Seminary의 교수가 되었고 이때부터 1960년까지 32년간 교수로 활동하게 된다. 그는 생애 후반의 대부분을 교수로 활동하며 많은 학생에게 영향을 끼쳤는데, 독일의 신학자 디트리히 본회퍼Dietrich Bonhoeffer도 그중 한 사람이었다. 교수로 활동하는 동안 여러 저술을 남겼는데,[17] 『도덕

---

17. 주요 저서를 출판연도순으로 정리하면 다음과 같다. *Does Civilization Need Religion?:*

적 인간과 비도덕적 사회Moral Man and Immoral Society』는 대표적인 저술이었다. 이 책에서 니버는 개인의 도덕과 집단의 도덕을 엄격하게 구분하면서, 개인의 도덕에는 사랑이, 집단 간의 도덕에는 정의의 규범이 적용되어야 한다고 주장했다. 니버가 말하는 정의란 힘의 균형이었다. 이 책은 디트로이트의 목회 현장에서 얻은 인간과 사회에 대한 성찰의 결실이었다.

여러 저술 활동 외에도 1941년부터 1966년까지 『기독교와 위기 Christianity and Crisis』의 편집자로서 활동했다. 1931년에는 유니언 신학교로 유학 온 영국의 신학자 우르술라 케셀 콤프턴Ursula Kessel-Compton과 결혼하였고, 슬하에 1남 1녀를 두었다. 그는 정치에도 활발히 참여하여 1930년대 미국 사회당社會黨, Socialist Party of America에 관여한 바 있고, 여러 사회단체에서도 활동했다. 1952년부터 동맥경화로 건강상의 어려움을 겪었고, 병고와 회복을 반복하다가 메사추세츠 스탁브릿지 Stockbridge에서 1971년 6월 1일 78세를 일기로 세상을 떠났다. 그의 제

A Study in the Social Resources and Limitations of Religion in Modern Life (1927), Leaves from the Notebook of a Tamed Cynic (1930), Moral Man and Immoral Society (1932), The Contribution of Religion to Social Work (1932), Reflections on the End of an Era (1934), An Interpretation of Christian Ethics (1935), Beyond Tragedy (1937), The Nature and Destiny of Man (1941), The Children of Light and the Children of Darkness (1944), Discerning the Signs of the Times (1946), Faith and History (1949), The Irony of American History (1952), Christian Realism and Political Problems (1953), The Self and the Dramas of History (1955), Love and Justice (1957), Pious and Secular America (1958), The Structure of Nations and Empires (1959), A Nation So Conceived (1963), Man's Nature and His Communities (1965), The Democratic Experience (1969), Justice and Mercy (1974) 등이 있다.

자로서 미국장로교PCUSA 피츠버그신학교Pittsburgh Theological Seminary 교수였던 로널드 스톤Ronald H. Stone은 그를 '21세기를 위한 스승a Mentor to the Twentieth Century'이라고 불렀는데, 21세기에 끼친 그의 영향을 고려한다면 지나친 찬사가 아니었다.[18]

기독교 현실주의

라인홀드 니버의 신학적 혹은 사상적 여정에서 가장 큰 영향을 끼친 것은 디트로이트에서의 목회와 제2차 대전이었다. 디트로이트에서의 목회 기간은 인간의 죄로 물든 본성에 대해 깊이 숙고하는 기회가 되었다. 니버는 본래 자유주의적自由主義的, Liberal 이상, 즉 이성의 능력을 신뢰하여 "인간은 자신이 속한 사회에서 정의와 평화를 실현할 수 있는 능력을 가진 존재"라고 보는 낙관론적인 인간관의 소유자였고, 사회의 점진적인 발전을 믿은 진보주의進步主義, Progressivism 신봉자였다. 그래서 예수님께서 가르치신 모범을 따라 살면 이 세상은 점점 희망적인 세상으로 변해 갈 수 있고 지상의 평화를 이룰 수 있다고 생각했다. 그래서 그는 처음에는 월터 라우션부쉬Walter Rauschenbusch, 1861-1918와 같은 사회복음주의자였다고 할 수 있다.

그러나 자동차 산업이 융성한 디트로이트에서 목회하면서 노동자의 이기주의, 고용주들의 임금 착취와 같은 노동사회의 현실을 목도하면서 인간 본성의 죄와 타락에 대해 깊이 인식하게 된다. 그는 인간의 죄의 본질을 '자기중심성自己中心性, self-centeredness'이라고 규정했다. 자

---

18. Ronald H. Stone, *Professor Reinhold Niebuhr* (Louisville: Westminster Press, 1992).

기중심의 이기주의가 팽배한 사회에서는 성경이 가르치는 진정한 사랑agape과 정의가 실현될 수 없다는 점을 깨달았다. 바로 여기서 사랑과 정의에 대한 신학적 성찰이 시작되었다. 인간의 본성에 깊이 자리한 죄성罪性, Sinfulness을 보면서 당시 풍미하던 사회복음주의와 인간의 영성靈性, Spirituality을 인정하지 않는 유물론唯物論, Materialism인 마르크스주의Marxism와 결별하게 된다.[19] 다시 말하면 니버는 현실을 고려하지 않는 비관론적 이상주의나 낙관론적 사회복음주의 모두를 거부한 것이다.

그는 도리어 죄성을 지닌 인간 삶의 현실에서 기독교적 사랑과 공의를 성취하려는 이론을 제시했는데, 그것을 '기독교 현실주의Christian realism'라고 말한다. '기독교 현실주의'라는 용어는 두 가지 의미로 사용되는데, 첫째는 현실적 고려가 없는 이상주의도 아니고, 다른 하나는 극단적인 현실주의도 아니라는 의미였다. 그가 말하는 극단적인 현실주의란 그가 예전에 견지하던 자유주의적 사회복음주의를 의미했다. 앞에서 지적했듯이 그는 죄의 본질을 '자기중심성'으로 파악했다. 그는 "인간은 개인적으로 도덕적인 행동을 하고 다른 사람을 고려하여 이타

---

19. 니버는 민주주의(民主主義, Democracy)의 옹호자이자 철저한 반공주의자(反共主義者)였다. 그는 특히 당대의 스탈린식 공산주의(共産主義, Communism)가 일종의 종교로서 민주주의와 기독교를 위협하는 최대의 위협이라고 보았다. 그가 공산주의를 거절하는 이유는 아래의 다섯 가지로 정리될 수 있다. 첫째, 공산주의는 인간의 본성을 지나치게 낙관적으로 파악한다. 둘째, 공산주의는 사랑의 이상에 대해 냉소적이다. 셋째, 도덕적 힘을 불신한다. 넷째, 공산주의 역사관에 오류가 있다. 다섯째, 공산주의는 개별 인간에 대한 개념이 빈약하다. Edward D. McCreary, "The Social Thought of Reinhold Niebuhr," *Journal of Religious Thought* 10/1(1952-53), 28, 남태욱, 73.

심을 발휘하기도 하지만, 그러한 도덕적인 사람이라 하더라도 일단 집단과 사회에 속하게 되면 개인의 도덕심은 집단의 이기심에 의해 철저히 매몰되고 제 기능을 발휘하지 못한다."라고 분석하였다. 다시 말하면 개인이 집단화되면 개인의 도덕심보다는 집단의 이기심에 편승하여 비도덕적이고 이기적인 행동에 동조하게 된다는 것이다.

그래서 니버는 사회의 개혁과 변혁은 바로 집단의 이기심을 제도적으로 견제하고 억제할 때 가능하게 된다고 주장하고, 이를 위해서는 정치적 방법political method에 호소해야 한다고 말한다. 그가 말하는 정치적 방법이란 바로 억제하는 힘, 곧 사회적 강제력이다. 그래서 그는 사회적 강제력을 합법적으로 행사할 수 있는 기관인 정부가 필요하다고 주장하는데, 한편으로 그는 정치적 방법 곧 정부 권력의 조직과 분산, 그리고 견제와 균형을 강조하기도 했다.[20] 이렇게 볼 때 그가 말하는 정치 제도는 민주정체民主政體라고 할 수 있다. 니버는 이를 통해 인간의 이기주의인 자기중심성을 해소하고 사랑과 의를 이루어 갈 수 있다고 보았다. 이것이 그가 말하는 기독교 현실주의이다.

정리하면, 기독교 현실주의는 지나치게 이상적이거나 추상적 경향을 경계하면서 사랑과 의를 실현하기 위한 구체적이고 현실적인 방법, 곧 인간의 죄성을 억제할 수 있는 제도를 강구하는 것이다. 그의 평화론은 바로 이상이 아니라 현실에 기초한 기독교 현실주의에 기초하고 있다.

---

20. 남태욱, 『한반도 통일과 기독교현실주의』 (서울: 나눔사, 2012), 47.

현실주의적 평화주의

그렇다면 그가 말하는 현실주의적 평화주의Realistic pacifism'란 무엇인가? 앞에서 지적했지만 그는 낙관주의적 인간관에서 전통적인 비폭력 무저항 평화주의를 지지했으나, 디트로이트에서의 목회와 제2차 세계대전을 경험하면서 평화주의를 포기하게 된다. 평화주의가 죄성을 지닌 인간 본성에 대한 고려가 없는 현실성 없는 이상이거나 감상주의感傷主義라고 보았기 때문이다. 그래서 그는 정당전쟁론을 수용했으나, 전통적인 정당전쟁론을 수용하기에는 현실적인 문제가 있음을 발견했다. 정당전쟁론은 일반적으로 전쟁을 시행할 수 있는 정당한 근거jus ad bellum로 여섯 가지, 곧 정의로운 원인, 합법적 국가 권위에 의한 전쟁, 정당한 의도, 최후의 수단, 상대적 정의, 승리의 가능성을 요구한다. 그리고 전쟁 수행 중jus in bello 갖추어야 할 두 가지 조건, 곧 무력 사용의 제한과 비전투요원의 보호를 포함하여 모두 여덟 가지 조건을 말하는데, 이 조건들이 어떤 전쟁을 '정당하다'라고 확인해 줄 수 있는 현실성이 없다는 것이다.

특히 전쟁은 최후 수단이어야 하고 또 승리의 가능성이 전제되어야 한다고 말하지만, 최첨단 무기가 개발된 오늘의 현실에서 이런 조건은 받아들이기 어렵다고 보았다. 승리의 가능성은 누구도 장담할 수 없고, 피아 양측의 회복할 수 없는 파멸만은 확실히 가져올 뿐이기 때문이다. 자국이 당한 피해를 능가해서는 안 된다는 조건 또한 이론적으로 성립하기 어렵다. 그래서 니버는 정당전쟁론을 받아들이되, 현실적 상황을 고려한 현실적 평화론을 제시하게 되었다. 그는 힘의 균형이라는 바탕에서 군사적, 정치적 전략을 추구하도록 해야 한다고 보았는데, 이것이 그가 말하는 현실주의적 평화론이었다. 다시 말하면 권력 균형이나 힘의 우위에 바탕을 둔 평화 유지가 그가 말하는 현실주의적 평화론이었다. 니버는 국가 간의 질서를 결정하는 것은 역학관계라고 보았고, 국가 간의 힘의 균형이 이루어질 때 전쟁이 억제될 수 있다고 본 것이다.[21]

그는 전쟁 중 유럽에서 파시즘Fascism, 全體主義의 가공할 위협을 보면서 이에 대항하기 위해서는 기독교인이라도 힘으로 맞서야 한다고 생각했다. 그래서 그는 제2차 세계대전에서 미국의 적극적인 활동과 반공주의, 그리고 핵무기 개발을 지지했다. 이렇게 볼 때 라인홀드 니버의 평화론은 냉전 체제라는 시대 상황의 반영이었고, 미국의 군사 외교 전략과 괘를 같이 하는 것이었다. 그는 결코 반전 평화주의자가 아니었다. 그는 한때 기담했던 평화주의적인 조직 '화해의 동지회Fellowship of Reconciliation'를 1934년 탈퇴했다. 평화주의를 견지할 경우 히틀러의 제3제국第三帝國, Third Reich과의 전쟁 가운데 국제적 정의를 이룰 수 없다고 판단했기 때문이었다. 더욱이 그는 국제적인 무정부상태와 파시스트 독재에 맞서서 민주주의를 지키기 위해서는 전쟁도 불사해야 한다고 믿었다. 대량 살상을 자행하는 폭정을 방치하기보다는 정의와 질서를 지키는 전쟁에 가담하는 것이 보다 현실주의적인 선택이라고 본 것이다.[22] 국가 간의 힘의 균형을 평화의 조건으로 여겼던 그는 상대 국가들에 의해 생존권이 침해되지 않기 위한 군사력 증강을 당연하게 받

---

21. Reinhold Niebuhr, *The Structure of Nations and Empires* (NY: Charles Scriber's Son, 1959), 28-31. 강원돈, "한반도 평화와 현실주의" 「신학과 교회」 9(2018, 여름), 309.

22. James E. Tull, "Peace and War in the Thought of Reinhold Niebuhr," *Faith and Mission* 4(Fall, 1986), 36. 강원돈, 309. 남태욱, 121.

아들였다. 심지어는 1945년 8월 6일과 9일 일본에 대한 원자폭탄原子爆彈, Atomic Bomb 투하는 전쟁을 조기에 종식시키고 인명 손실을 줄일 수 있는 군사 전략이기 때문에 받아들일 수 있다고 생각했을 정도였다.[23]

냉전 체제 상황을 반영하는 니버의 현실주의적 평화주의는 미국의 대외 정책에 큰 영향을 끼쳤다. 이런 견해는 다양한 그룹의 학자들로부터 비판을 받기도 했다. 드류대학교Drew University의 종교학 교수 윌 허버그Will Herberg, 퍼시픽신학교Pacific School of Religion의 사회윤리학 교수 로버츠 피츠Robert Fitch, 마르크시즘적 계급주의를 벗어난 새로운 신좌파新左翼, New Left에 속하는 리처드 숄Richard Shaull 등이 그들이다.[24] 로날드 스톤Ronald Stone, 그리고 다음 항에서 논의할 존 하워드 요더 John H. Yoder는 니버에 대한 가장 강력한 반대자였다.[25]

5) 존 요더

메노나이트교회Mennonite Church 윤리학자인 존 하워드 요더John Haward Yoder, 1927-1997는 우리 시대 대표적인 평화신학자平和神學者, Peace

---

23. 강원돈, 312.

24. 이상원, 『라인홀드 니버』 (서울: 살림, 2006), 41.

25. 필자가 라인홀드 니버를 처음 알게 된 것은 1970년으로 기억되는데, 우연하게 습득한 당시의 신민당보(新民黨報) 1면에 게재된 그가 했다는 말이 늘 마음에 남아 있었다. "인간의 선함이 민주주의를 가능케 하고, 인간의 악함이 민주주의를 필요로 한다." 인간의 본성에 대해 생각하게 하는 말이었는데, 그가 인간 본성의 문제로 씨름했다는 점을 알 게 된 것은 훨씬 이후의 일이었다.

Theologian로서 널리 알려져 있다. 그는 1972년에 쓴 『예수의 정치학 Politics of Jesus』이 많은 대학의 교재로 사용될 만큼 저명한 신학자였다.

학구의 날들

1927년 12월 29일 메노나이트교도 가정에서 출생한 그는 메노나이트계 학교에서 교육을 받고 22세가 되던 1949년 메노나이트 중앙위원회MCC 요원으로 프랑스로 갔다. 거기서 일하던 중 프랑스 여성 애니Annie를 만나 1952년 파리에서 결혼했다. 1954년부터 1957년까지는 스위스 바젤대학Basel University의 칼 바르트Karl Barth, 1886-1968 휘하에서 수학하여 박사학위Th. D.를 받았는데, 학위 논문 주제는 재세례파와 다른 종교개혁지들의 관계에 대한 문제였다. 유럽에서 수학하는 동안 학위 지도교수였던 바르트 외에도 저명한 학자들인 오스카 쿨만Oscar Cullman, 1902-1999으로부터 신약을, 카를 야스퍼스Karl Jaspers1883-1969에게 철학을 배웠다.

미국으로 돌아온 그는 1958년부터 1959년까지는 인디애나 주 고센 Goshen의 고센대학Goshen College에서 교수로 일했다. 그 후에는 메노나이트 연합 성경 신학교Associated Mennonite Biblical Seminary, AMBS에서 가르쳤다. 그러다가 1976년에는 인디애나주에 있는 가톨릭 명문대학교인 노터데임대학교University of Notre Dame, 노트르담대학교의 신학 교수가 되었다. 그는 가톨릭 대학에서 신학을 가르치게 된 최초의 개신교인 학자였다. 이때부터 1997년 12월 30일 세상을 떠나기까지 21년간 이 대학의 교수로 일했다. 물론 그는 메노나이트계 신학교에서 교수한 바가 있고 아르헨티나의 부에노스아이레스Buenos Aires에서 1년, 예루살렘에서

1년 동안 가르치고 연구한 일도 있었으며, 또 한국을 방문하기도 했다. 요더가 활동할 당시 북미 메노나이트교회는 WCC와 관계하지 않았으나, 요더는 WCC에도 관여하는 등 폭넓은 활동을 전개했다. 그는 10여 권이 넘는 저서와 100여 편 이상의 논문을 남겼다.

예수의 정치학

그가 쓴 『예수의 정치학』은 산상수훈의 평화주의적 정신에 기초한 국가-교회 간의 관계와 양 세계에 서 있는 기독교인들의 제자로서의 삶의 방식을 제시한 작품인데, 1972년 어드만스Eerdmans 출판사에서 출간된 이래 판을 거듭했다. 요더의 윤리 사상의 핵심은 "오늘의 기독교인들은 사회적 삶에서도 예수 그리스도께서 보여 주신 모범을 본받아야 한다."라는 것이다. 요더는 예수 그리스도의 탄생과 삶 그리고 죽음에 이르는 모든 여정은 정치적 삶이었고, 그분의 삶과 교훈은 사회 윤리적 의미를 지닌다고 주장한다.

미국의 복음주의적인 기독교 주간지 『크리스채너티 투데이Christianity Today』는 20세기 가장 큰 영향을 끼친 책이 무엇인가에 대해 백 명이 넘는 미국의 교회지도자들의 의견을 듣고 종합하여, 지난 2000년 4월 24일 가장 많은 지지를 받은 백 권의 도서를 발표했다. 또 그 책들 중에서도 가장 많은 추천을 받은 열 권의 책을 발표했는데, 다섯 번째 책이 바로 존 요더의 『예수의 정치학』이었다. 첫 번째 책은 C. S. 루이스의 『순전한 기독교Mere Christianity』였고, 두 번째 책은 본회퍼의 『제자직 Nachfolge, The Cost of Discipleship』, 세 번째 책은 칼 바르트의 『교회교의학Church Dogmatics』, 네 번째 책은 J. R. R. 톨킨John Ronald Reuel Tolkien,

1892-1973의 『반지의 제왕The Lord of the Rings』이었다. 요더는 이 책을 통해 일약 세계적인 학자로 부상했다. 그의 책은 50년이 지난 오늘에 이르기까지 미국의 많은 대학교의 교양학부와 신학부에서 교재로 사용되고 있고 전 세계적으로 광범위하게 읽히고 있으므로 한국의 독자들에게도 낯설지 않다. 그의 이력을 보면 그의 저작이 오랜 신학적 수련과 성경의 가르침에 대한 통찰력, 그리고 교회와 사회를 동시에 굽어보며 기독교인의 삶의 문제를 진지하게 숙고했던 학구의 산물임을 알게 된다.[26]

요더는 특히 언어 능력이 탁월했다. 성경 언어는 말할 것도 없지만 독일어, 불어, 스페인어에도 능통했다고 한다. 프랑스에서 살 때는 불어 발음이 정확해서 사람들이 그가 미국인임을 알지 못했다고 한다. 스페인어 공부를 시작한 지 6주 만에 스페인어로 강의를 할 수 있었을 정도였다.

요더는 『예수의 정치학』을 비롯하여 약 25권의 저서를 남겼고 자녀

---

26. 나는 2000년 8월 12일 요더 박사의 집을 방문한 일이 있었다. 마침 연구년으로 인디애나 주 엘크하트(Elkhart)의 메노나이트신학교(AMBS)를 방문했을 때 나의 숙소로부터 도보로 불과 5분 거리에 요더 박사의 집이 있다는 것을 알고 그 집을 방문하게 된 것이다. 그 때는 요더 박사가 서거하지 2년 8개월이 지난 때였는데, 먼 한국에서 온 손님이라고 요더 박사의 부인 애니는 나의 방문을 허락해 주었다. 대학자의 서재를 구경하는 것은 큰 기쁨이었다. 요더의 집은 지하와 지상 1층으로 된 집이었는데 곳곳이 책으로 가득했고, 그가 공부했던 연구 파일들과 문서들이 그대로 보관되고 있어 대학자의 숨결을 느낄 수 있었다. 그의 서재에는 단 한 권의 한국신학 관련 책이 있었는데, 그것이 김용복 박사가 편집한 『민중신학(Minjung Theology)』이었다. 그가 한국을 방문했을 때 선물받은 책이었다. 애니는 그 책을 다시 내게 선물했다. 요더 박사 집에는 방마다 책상이 있었는데, 책상이 높고 의자가 없었다. 이유를 물었더니 그는 건강했고 늘 서서 공부하기를 좋아했다고 한다. 그가 가장 큰 영향을 받은 학자는 메노나이트 학자로서 미국기독교역사학회장을 역임한 헤롤드 벤더(Herold Bender)와 프랑스의 평화주의자인 존 고스(John Goss)였다고 한다.

는 6남매를 두었다. 1997년 12월 29일, 그는 70회 생일을 맞아 온 식구들과 모여 축하 파티를 하고 잠자리에 들었고, 이튿날인 12월 30일 평소처럼 가족들에게 인사하고 일찍 학교 연구실로 출근했다. 그런데 그날 점심때쯤 연구실에서 심장마비로 세상을 떠났다.

요더의 평화주의

요더의 평화주의는 『예수의 정치학』을 비롯하여 『언제 전쟁은 정당하지 못한가When War is Unjust?』, 『제사장 나라The Priestly Kingdom』, 『그럼에도 불구하고Nevertheless』, 『비폭력 평화주의의 역사Nonviolence, A Brief History』 등에서 집중적으로 논의되고 있고, 예수님의 평화에 대한 가르침에 대해서는 『선포된 평화: 예수의 평화 설교He came Preaching Peace』1985에서, 또 기독교 평화주의에 대한 간명한 입장은 『근원적 혁명The Original Revolution』1971에서 드러난다. 또 바르트의 전쟁관에 대한 논평인 『칼 바르트와 전쟁 문제Karl Barth and the Problem of War』 또한 요더의 평화주의를 이해하는 데 도움을 준다.

그의 평화주의는 단순하다. 그는 평화란 일차적으로 구약에서 기원하여 산상수훈의 가르침과 예수님의 십자가 죽음에서 확인된 제자도弟子道라고 정의한다. 다시 말하면 평화에 대한 가르침과 평화를 만드신 분, 곧 성경과 예수님의 삶이 비폭력 평화사상을 보여 주었기 때문에, 그리스도의 제자를 자처하는 우리들은 평화를 지향해야 한다는 것이다. 그가 말하는 평화란 두 가지를 포함하는데, 첫째는 폭력의 거부이고, 둘째는 폭력의 행사인 전쟁에 대한 거부이다. 양자는 사실상 분리될

수 없는 하나라고 할 수 있다.[27]

그런데 유의할 점은, 요더가 말하는 평화는 무조건적으로 혹은 맹목적으로 일체의 폭력을 거부하는 것이 아니다. 로마서 13장에서 가르치는 바대로 요더는 하나님께서 국가에 주신 검劍은 범죄자를 징벌하고 시민의 안녕을 지키기 위한 것이므로, 이를 위한 경찰의 무력 사용까지 반대하지는 않았다. 정당한 법 집행을 위한 공권력의 사용은 불가피한 것으로 받아들인 것이다. 그러나 요더는 그럼에도 사형과 전쟁까지 허용된 것은 아니라고 주장한다. 그는 정당한 법 집행이라 할지라도 인간 생명의 살상인 사형이나 전쟁은 하나님의 뜻을 이루는 거룩한 수단이 될 수 없다고 보아 이를 거부했다.

그렇다면 요더는 구약의 전쟁 기록은 이렇게 보는가? 평화주의자들에게 있어서 구약의 전쟁 기록은 난해한 주제가 되어 왔다. 요더는 구약을 해석하면서 흔히 범하는 두 가지 오류를 지적하고 있다. 첫째는 신약의 관점에서 구약을 약화시키는 오류다. 요더는 신약에 나타난 평화에 대한 개념으로 구약의 전쟁 기록을 무의미하게 만드는 것은 계시의 연속성을 무시하는 해석이자 마르키온적 해석이라고 비판했다. 이것이 실제로 평화주의 신학자들의 글에서 자주 발견되는 오류라고 할 수 있다. 둘째는 구약은 사회에 적용하고 신약은 교회와 개인의 차원으로 국한시키는 방식이다.[28] 이렇게 함으로써 구약의 전쟁 기사를 무력화시킨다. 이것은 성경의 맥락이나 구원사적 의미를 무시하는 전제前提주의적

---

27. 김기현, "신앙의 폭력과 전쟁을 넘어 평화주의로: 존 요더의 평화주의" 신학과 사회 34/3(2020) 100. 요더의 평화주의에 대해서는 김기현의 연구로부터 도움을 입었다.
28. 김기현, 102.

해석이라고 할 수 있다. 즉 자신이 보고 싶은 것만 보려는 자의적 시도라고 할 수 있다.

이런 해석 방식들과 달리 요더는 구약의 전쟁 기사는 고대 근동의 역사적 맥락historical context에서 해석되어야 하고, 연속적으로 전개되는 이야기narratives라는 맥락에서 해석되어야 한다고 보고 있다. 그는 구약의 전쟁 개념은 오늘의 전쟁 개념과 달리 종교적인 측면에서 관찰해야 한다고 주장한다. 그가 말하는 종교적인 측면은 '하나님의 전쟁'이라는 관점인데, 이 점에서 구약학자 폰 라트Gerhard von Rad, 1901-1971의 입장을 따른다. '하나님의 전쟁'이란 출애굽기 14장 14절의 "여호와께서 너희를 위하여 대신 싸우시리니 너희는 가만히 있을지어다."에서 보여 주는 바처럼 전쟁의 주체는 하나님이시라는 것이다. 폰 라트는 하나님의 전쟁에서 피 흘림은 생명을 취하는 것이 아니라 하나님께 드리는 피 흘림의 제사를 말한다고 주장한다. 결국 구약에서의 전쟁은 하나님을 의지하라는 가르침이라는 것이다. 여리고성 함락과 같은 경우가 보여 주듯이 구약의 전쟁 기록은 군사력이 아니라 하나님을 신뢰하는 믿음을 가질 때 승리한다는 점을 보여 주는 것으로서, 구약은 전쟁을 지지하는 것이 아니라고 말한다. 따라서 평화에 대한 구약의 입장도 신약과 다르지 않고 평화주의는 성경 전체의 사상이라고 말한다.

그렇다면 요더가 말하는 평화주의란 무엇인가? 평화사상 혹은 평화주의는 다양하지만, 특히 요더가 추구한 평화를 보통 '메시아적 평화Messianic peace'라고 말한다. 이것은 그리스도께서 가르치신 사랑과 비저항의 윤리를 기초로 하는 평화적 윤리를 의미하는 말로, 예수 그리스도께서 기독교인의 삶의 모범이라는 사실을 기초로 산상수훈의 가르침을 철저하게 따르는 제자도를 강조한다. 다시 말하면 예수님의 사상을 철저하게 따르는 급진적急進的, Radical 평화주의를 의미한다. 요더는 십자가적 윤리의 특징을 비폭력으로 보고 모든 종류의 폭력을 거부해야 한다고 주장하며, 이를 '메시아적 평화'라고 말한 것이다. 이런 점에서 그는 비폭력 반전 평화주의를 주창했던 여러 비폭력 평화주의자 중의 한 사람이었다.[29]

나쁜 사람이 훌륭한 신학자가 될 수 있는가?

철저한 제자도와 평화주의를 말한 요더에 대한 논의, 특히 그의 윤리학이 오늘 우리들에게 감동을 주지 못하는 것은 매우 아쉬운 일이다. 이제는 많은 이들에게 알려져 있지만, 요더의 성폭행 사건이 공개된 것은 충격적인 일이었다. 그가 1997년 사망에 이르기까지 20여 년 동안 적어도 100명 이상의 젊은 여성들을 "친밀함을 주제로 '해석학적 공동체' 실험에 동참해 달라"는 방식으로 유인하여 은밀한 성폭행을 자행했다는 점은 놀라운 일이었다. 1970년대부터 약간의 소문이 돌았고 1992년 피해 여성들의 증언과 함께 징계 절차가 진행되었으나, 요더의 영

---

29. 이 글에서는 소개하지 못했지만 '역사적 평화교회' 인물들 외에도 영국의 정치가 존 브라이트(John Bright, 1811-1889), 스위스의 평화운동가 피에르 세레솔(Pierre Cérésole, 1879-1945), 일본의 빈민운동가 가가와 도요히코(賀川豊彦, 1888-1960), 한국의 함석헌(咸錫憲, 1901-1989), 스웨덴의 외교관이자 제2대 유엔 사무총장이었던 다그 함마르셸드(Dag Hammarskjöld, 1905-1961), 미국의 흑인 인권운동가 마틴 루터 킹(Martin Luther King Jr, 1929-1968), 그리고 미국의 사회윤리학자 월터 뮬더(Walter G. Muelder, 1907-2004), 성공회 윤리신학자 스탠리 하우어워스(Stanley Hauerwas, 1940-현재) 등도 평화주의를 지향했던 인물로 알려져 있다.

향력 아래 이 불행한 사건은 은폐되었다. 요더가 사망한 뒤인 2013년 미국 아나뱁티스트메노나이트성경신학교AMBS 총장으로 사라 웽어 쉥크Sara Wagner Shenk라는 여성이 부임한 뒤 '요더 성폭력 문제'가 수면 위로 부상했고, 이와 관련한 레이첼 구슨Rachel Goossen의 논문 "야수의 송곳니를 뽑다: 존 하워드 요더의 성폭행에 대한 메노나이트교회의 대응Defanging the Beast": Mennonite Responses to John Howard Yoder's Sexual Abuse"라는 긴 논문이 메노나이트 계간지에 게재됨으로서 널리 알려지게 된 것이다.[30]

그해 10월 『뉴욕 타임즈The New York Times』에 요더의 성폭행 사건에 대한 기사, "나쁜 사람이 훌륭한 신학자가 될 수 있는가?Can a bad person be a good theologian?"가 게재되면서 요더의 성폭행 사건은 미국 사회에 신앙과 학문, 도덕성과 학문의 괴리라는 심각한 문제를 제기했다. 요더는 그리스도께서 기독교인의 모범이시라는 사실과 그리스도의 가르침에 대한 철저한 제자도를 강조했고, 또 그 제자도의 핵심이 비폭력 평화주의라고 주장했는데, 그의 행위는 그의 학문으로부터의 심각한 이탈이었기 때문이다. 요더의 실패는 신앙과 삶의 일치는 어느 시대 누구에게나 동일하게 강조되어야 하는 가치라는 점을 보여 주었다.[31]

---

30. 나는 논문을 심사하는 일로 서울 사당동의 총신대학교를 방문했다가 시간이 남아 도서관에 들렀을 때 메노나이트계간지 *Menonite Quarterly Review* 2015년 1월호에 게재된 이 논문을 보고 충격에 빠졌던 경험이 있다.

31. 존 요더의 성폭행에 관련된 국내의 대표적인 문서가, 존 로스 편집(김복기 역), 『야수의 송곳니를 뽑다』(서울: 대장간, 2018)와 김성한, 『실패한 요더의 정치학』(서울: ivp, 2021)이다.

11. 한국에서의 전쟁과 평화

1) 전쟁

한국은 19세기 이후 일본, 러시아, 중국과 같은 인접국 간의 분쟁과 대립 속에서 전쟁터가 되기도 하는 등 거듭된 외침外侵 전쟁을 경험했다. 한국을 강제 병합1910한 일제日帝, 일본 제국는 1938년 국가총동원國家總動員법을 제정한 이후 조선인을 강제 징용徵用으로 끌어가서 광산이나 공장에서 고통스러운 노동을 강요하였고, 지원병 모집뿐 아니라 강제 징병을 실시하여 학병學兵을 포함한 많은 청년들을 전쟁터로 내몰았다. 이때 동원된 한국인은 782만 7,355명에 달하는 것으로 알려져 있다. 약간의 중복 산정이 있을 수 있으나, 위안부는 포함되지 않은 숫자다. 1965년 한·일 국교國交 정상화 당시 한국 정부에 따르면 노동자·군인·군속 등으로 강제 동원되었던 한국인 피해자는 103만 2,684명이라고 하였으나, 사실은 이 통계보다 월등히 많은 약 800만 명이 강제 동원된 것으로 추산하고 있다.[1] 한국이 겪은 외침 전쟁의 고통은 심각했다. 그런데 당시 한국교회는 비록 강압에 의한 것이라 할지라도 일제의 전쟁 수행을 위해 국방헌금을 보내고 비행기를 헌납했으며, 동화정책의 일환으로 강요된 신사참배神社參拜를 시행하고 일본의 승리를 기원하는 무운장도武運壯途 기도회를 열기도 했다.

해방1945을 맞고 5년이 지난 후 발발한 6.25전쟁한국전쟁, Korean War은 민족상잔民族相殘의 수난이었다. 1950년 6월 25일 시작되어 1953년 7월 27일 정전협정停戰協定으로 휴전하게 되기까지 3년 1개월, 곧 1,129일간 계속된 전쟁은, 북한군이 소련소비에트 연방, Soviet Union과 중공中共, 중국 공산당의 후원을 얻어 선전포고 없이 남침南侵함으로써 벌어진 전쟁이었다. 이런 점에서 우리는 '6.25사변事變, 선전포고 없이 침략함,' '6.25동란動亂, 전쟁으로 사회가 소란스러워짐'이라고 부른다. 당시 미국 대통령 트루먼Harry Shippe Truman, 재임 1945-1953은, "6.25전쟁은 공산주의共產主義 Communism 세력이 대한민국을 공산화共產化하기 위해 도발한 불법 남침"이라고 정의했다. 전쟁을 일으킨 김일성金日成, 1912-1994의 목표는 적화통일赤化統一, 공산화 통일이었다. 그러나 국제연합군UN군의 참전으로 그의 목표는 좌절되었고, 남북한 간의 대립과 갈등만 고조시켜 민족분단民族分斷을 고착화시키는 결과를 가져왔다. 남북 간의 불신과 대립은 그 이후의 아픈 역사의 원인原因과 동인動因이 된다.

6.25전쟁의 피해는 엄청났다. 한국군 62만 명, 유엔군 16만 명[2], 북

---

1. 정혜경, "일제말기 조선인 강제연행·강제노동에 관한 기록사료," 「사림」 24(2005. 9), 1-42.
2. 한국전쟁 기간 중 미국은 가장 많은 485만 명(연인원)의 병력을 보냈는데, 이 중 5만4천246명이 전사했고, 46만8천659명이 부상을 입었다. 1950년 미국육군사관학교(웨스트포인트)

한군 93만 명, 중국군 100만 명 등 군인 270만여 명과, 남한에서 99만 968명, 북한에서 150만 명으로 도합 250만 명에 달하는 민간인이 죽거나 다쳤고, 남편을 잃은 과부는 30만 명이다, 이들에게 딸린 자녀들이 약 51만 7천 명에 달했다.[3] 또 10만 명의 고아가 생겨났고, 이산가족은 1천만 명에 달했다. 당시 남북한 전체 인구가 약 3천만 명이었으므로, 자비 없는 전쟁으로 전체 인구의 삼분의 일이 전화戰禍의 고통을 경험한 것이다. 한반도는 황폐화되었고, 각종 시설물과 건물, 도로, 철도, 교량, 항만 시설 등 국가 기간산업이 파괴되었다. 주택, 교육 및 의료 시설, 교회당 등 종교시설, 문화재도 훼손되거나 파괴되었다. 학교 피해는 4,023개소, 의료기관 930개소, 공장 914개소, 금융기관 443개소, 민간 가옥 61만 2천 호가 파괴되있다. 또 남한 세조업 시설의 42퍼센트가, 북한에서는 60퍼센트가 파괴되었다. 그래서 UN군 총사령관이었던 미국의 맥아더Douglas MacArthur, 1980-1964 장군은 "이 나라를 복구하는 데 최소한 100년이 걸릴 것"이라고 전망했다.

이른바 '위험사회론危險社會論'을 제안했던 독일 뮌헨대학교의 울리히 벡Ulrich Beck, 1944-2015은 현대의 재난에는 두 가지 특징이 있다고 했다. 첫째는 그 재난의 원인 규명이 어렵고, 둘째는 그 재난의 범위가 무한정하다는 점이다. 6.25전쟁이야말로 그런 경우였다. 물론 이 전쟁은

임관자 365명 중 41명이 한국전쟁에서 사망했고 70명이 부상을 입었다. 다음으로 많은 병력을 보낸 영국은 6만 2천 명을 파병했는데, 1,078명이 전사하고 2,674명이 부상을 입었다. 유엔 참전국 전체 피해 규모는 사망 5만 7천933명, 부상자 48만 1천155명이었다. 「조선일보」, 2009. 6. 25.

3. 한국기독교역사학회, 『한국기독교의 역사3』 (서울: 한국기독교역사연구소, 2009), 67.

직접적으로는 북한 공산군의 남침으로 시작되었지만, 그 배후를 보면 복합적인 국제사회의 이해관계가 얽혀 있었다. 냉전 구조와 함께 북한과 소련 및 중국과의 상호 연쇄 구조가 영향을 끼쳤다. 또 3년간의 전쟁이 초래한 재난이나 폐해는 상기한 물량적 피해만이 아니라 정신적으로 엄청난 고통을 초래했다. 가족의 상실, 이산의 아픔과 그로 인한 고통은 70년이 지난 지금까지도 끝나지 않고 있다. 이런 점에서 재난의 범위가 무한정하다.

6.25전쟁을 경험한 이후 남북 간의 긴장은 고조되었고, 상호 불신과 적대적 대립, 미움의 감정은 평화만 앗아간 것이 아니라 평화 논의 자체를 앗아갔다. 전쟁은 평화의 소중함을 일깨워 주었으나 미움과 대립의 감정이 평화의 염원을 압도한 것이다. 그러나 시간이 지나면서 이런 전쟁 경험이 끝내 평화 논의의 싹을 틔운 것은 부인하지 못할 것이다.

우리가 전쟁을 경험한 또 하나의 사례가 베트남 전쟁Vietnam War이었다. 흔히 월남전越南戰이라고 부르는 이 전쟁은 프랑스 식민지이던 베트남의 독립전쟁인 제1차 인도차이나전쟁Indochina wars, 1946. 12. 19-1954. 8. 1 이후 분단되었던 베트남에서 1955년 11월 1일부터 1975년 4월 30일까지 20년간 지속된 전쟁이었다. 이 전쟁은 분단된 남북 베트남 간의 내전이자 냉전 시대 민주주의 진영과 공산주의 진영 간의 대결이었다. 1964년 8월부터는 미군을 비롯한 외국 군대가 참전하게 되는데, 우리나라는 미국으로부터 후방 지원 부대의 파병을 요청받자 파병을 결정하고 비둘기부대를 창설했다. 1965년 3월 10일 인천항을 통해 파병된 비둘기 부대는 3월 16일 사이공에 도착하였고, 사이공Saigon, 지금의 호치민 동북부에 주둔하여 건설 지원 임무를 수행하였다.

이후 우리나라는 미국으로부터 추가로 전투 병력 파병을 요청받았다. 국회는 논란 끝에 1965년 8월 13일 파병을 결의했고, 곧 주월駐越한 국군사령부를 창설하고 수도사단장 채명신蔡命新 소장을 사령관으로 임명하였다. 이로써 1965년 10월 9일에는 청룡부대가, 11월 1일에는 맹호 부대가 베트남에 상륙하였다. 이렇게 시작된 베트남 파병 병력 누계는 총 32만 명이었다. 파병이 최고조에 달했던 1968년 당시 베트남 주둔 한국군 수는 5만여 명에 달했다. 미국 다음으로 많은 병력이 베트남 전쟁에 참여한 것이다. 한국군은 8년간 참전한 후 미군과 마찬가지로 1973년 3월 말까지 베트남 전쟁에서 철수하였다. 1975년 4월 30일에는 북베트남군이 사이공을 함락함으로써 무력통일이 이루어져 1976년 베트남사회주의공화국Socialist Republic of Vietnam 성립이 선포되었다.

이 전쟁 또한 처참했다. 전쟁 기간 중 우리 군 전사자는 4,960명으로 거의 5천여 명에 달했고, 부상자는 1만 1천여 명에 달했다. 한국군은 전쟁 중에 약 4만 1천여 명의 베트남 민족해방전선vietnam National Liberation Front, NLF 전투원속칭 베트콩, Viet Cong을 사살하였다고 밝히고 있다. 수없는 전투와 엄청난 공습 폭격과 포격으로 수많은 군인과 민간인이 피살되었다.[4] 20여 년에 걸친 베트남 전쟁으로 베트남 군인 및 민

---

4. 베트남 파병 이후 한국군의 해외 파견은 1991년 걸프전(Gulf War) 때 의료지원단과 공군 수송단 314명을 파병한 일이 첫 해외 파병이었다. 이후 한국군 파병은 평화 유지 활동을 중심으로 계속되었는데, 1993년 소말리아에 공병대대(연인원 기준 516명), 1995년 앙골라에 공병대대(600명), 1999년 동티모르에 특전사 중심의 상록수부대가 파견된 바 있다. 상록수부대는 베트남전쟁 이후 첫 전투병 파병이었는데, 2003년까지 연인원 3,283명 규모였다. 2004년 이라크에 자이툰(Zaytun)부대의 파병은 베트남 이후 최대 규모였는데, 2008년 12월까지 연인원 1만7천708명이 파병되었다. 2007년 이후에는 레바논에 359명의 동명부대가 유엔평화

간인은 총 3백만 명이 숨졌고, 베트콩 근거지인 밀림을 고사시키기 위해 뿌린 인체에 치명적인 고엽제枯葉劑 등의 화학무기로 불구자가 된 인구는 2백만 명에 달한다고 한다.[5] 한국군 고엽제 환자만 15만 9천 명에 달했다. 베트남 전쟁은 미국을 비롯한 서방국가에서 반전 운동을 촉발시켰을 뿐만 아니라, 우리나라에서도 반전과 평화에 대한 관심을 불러일으키는 또 하나의 계기가 되었다. 그러나 이때까지도 평화 논의는 소수 사람들의 관심사에 불과했다.

2) 통일 운동[6]

남북 간의 긴장과 군사적 대립, 6.25전쟁, 그리고 분단국 베트남 전쟁에의 참전을 경험하면서 한국에서는 분단 상황이 모든 문제의 근원이라는 인식이 자리 잡기 시작했다. 결국 분단의 해결인 민족 통일이 우리의 우선적 과제라고 인식하게 된 것이다. 1961년 5.16군사정변軍事政變 이후에는 통일이 되면 군부 독재가 명분을 잃게 되고 자유와 평화를 가져올 수 있다고 여기고 통일에 대한 무관심을 반민족적인 것으로 치부

유지군의 일원으로 파견된 바 있다. 2009년에는 해군 청해부대 298명이 소말리아에 파송되어 해적에 억류되어 있던 인질을 구출하고 선박 호송 작전을 수행했는데, 이는 건국 이후 첫 해군 전투함의 해외 파병이었다. 합동참모본부에 의하면 건국 이후 해외에 파병된 한국 군인은 총 34만 4천602명이었다고 한다. 「조선일보」, 2009. 10. 31.

5. 「한국경제신문」, 1993. 6. 22.

6. 이 점에 대한 자세한 논의는, 필자의 "민족과 교회: 한국교회 통일운동에 대한 복음주의적 평가", 「성경과 신학」 37(2005.4), 119-150을 참고할 것.

하는 분위기가 형성되기도 했다. 이런 상황에서 통일 논의가 전개된 것이다. 한국교회도 통일을 중요한 과제로 인식했고, 특히 진보적 교계 지도자들은 '통일이 곧 선교이며, 선교는 곧 통일'이라고 주장하기까지 했다. 우리 사회가 통일을 최우선 과제로 인식하게 된 것이다.

그래서 1980년대 전반기까지 교회에서도 민주화民主化, democratization가 주된 관심사였다면, 1980년대 후반에 와서는 통일 문제가 교회의 큰 관심사로 대두되었다. 그동안 통일 논의는 관官 주도의 제한된 범위 안에서 이루어졌으나 1980년대 이후 민간 차원에서 통일 논의가 시작되었고, 진보적 교회들이 그 선두에 서 있었다. 이것은 전쟁에 대한 두려움과 평화에 대한 갈망이 결합되어 이루어진 일이기도 하지만, 더 직접적으로는 구소련 연방의 해체, 냉전체제의 종식, 공산권의 개방 정책 등 국제정세의 변화가 가져다준 결과였다.

되돌아볼 때 이승만 정부의 통일론은 북진통일론北進統一論이었다. 북한은 소련의 위성국가衛星國家이며 괴뢰傀儡, 꼭두각시였고, 따라서 북한의 정치적 실체를 인정할 수 없었다. 이러한 북한부인론北韓否認論은 북한과의 협상불가론으로 이어졌다. 그러나 사실상 이승만 정부가 북진통일을 추진할 군사적 자주 능력을 지니지 못했다는 점을 고려해 볼 때 북진통일론은 대내적 통합과 대외적 선전을 고려한 정책이었을 뿐이다. 그럼에도 불구하고 6.25전쟁의 경험으로 북진통일론은 상당한 힘을 얻게 된다. 전쟁을 통해 공산주의라는 이데올로기의 실체를 인식하는 계기가 되었고 공산주의와의 타협은 사실상 불가능하다고 보았기 때문이다.

이 시기 한국교회도 이승만의 정책을 따랐다. 1945년 해방 당시 이

북에는 30만 명의 기독교인과 2천여 교회가 존재했으나 김일성의 등장 이후 주일 선거 실시, 예배 방해, 교회 폐쇄, 재산 몰수, 지도자 납치 및 구금, 어용御用 단체인 조선 기독교도 연맹의 조직과 회유 등으로 교회의 존립마저 위기에 처하게 되었다. 6.25전쟁 전후 월남越南한 기독교인들의 이러한 북한 경험은 이승만의 자유당自由黨 정권에 심정적으로 동조하는 데 커다란 영향을 끼쳤다. 월남한 기독교 지도자들이 공산주의에 대한 체험에서 확신적 반공주의 성향을 지니고 민주 진영의 기독교 정치세력과 밀접한 관계를 가지게 된 것이다. 이런 배경에서 한국교회는 이승만 정부의 통일관을 지지하면서 북진통일을 유일한 대안으로 이해하게 되었다. 한편 해방 이후부터 전쟁기까지 월남한 인구는 120만에서 140만 명에 달하는 것으로 파악되는데, 전쟁 직전의 북한 인구를 950만 정도로 볼 때 북한 인구의 12.6에서 14.7퍼센트가 월남한 셈이다.[7]

1960년 학생들이 주도한 4.19혁명으로 자유당 정권이 붕괴되자 그동안 제한적이던 통일 논의가 민간인, 특히 학생들 사이에서 활발하게 전개되었다. 남북협상론, 남북교역론, 남북인사 교류론, 중립화 통일론

7. 강인철, "해방 후 북한에서의 혁명과 교회," 「희년신학과 통일 희년 운동」, 381. 미국의 FBIS가 제공한 *Daily Report*는 1945년 10월부터 1948년 4월까지 2년 6개월간 약 80만 명이 월남했다고 보고했고(*Daily Report*, Nov. 1948, 12쪽), 루돌프(R. Rudolf)는 같은 기간에 200만명이 월남했다고 주장했다(P. Rudolf, *North Korea's Political and Economic Structure*, NY, 1957, 17쪽). 이 같은 사실은 월남인들은 공산주의 사회체제에 불만했음을 보여주고 있다. 장병욱에 의하면 이들 중 70% 이상이 기독교인이었고, 그 중 절반이 서북지역 출신이라고 추정했지만[장병욱, 「6.25 공산남침과 교회」(한국교육공사, 1981), 97], 이 주장은 옳지 않다. 월남인구가 80만이라면 이중 70%는 56만 명이 되는데 이 당시 북한의 전 기독교인 수도 여기에 미치지 못했기 때문이다.

등 다소 새로운 주장이 대두되기도 했으나, 이때의 논의는 학생 중심의 감상적인 논의에 불과했다. 이승만 정부의 북진통일론에 비하면 전향적 변화를 보여 주었으나 이러한 주장들은 통일 정책으로의 실현 가능성이 희박했다. 1960년대 초에 비록 이전 시대와 다른 통일론이 제기되기도 했으나 한국교회는 여전히 공산주의와는 타협할 수 없다는 점을 강조하며 반공통일을 고수하고 있었다. 시민 혁명의 결과로 정권을 잡은 민주당 정부의 보다 시급한 과제는 내부의 혼란을 막고 질서를 유지하는 일이었다. 따라서 구체적인 통일정책으로 발전되지 못했다.

1961년 5.16군사정변으로 통일 논의는 다시 정부가 독점하게 된다. 쿠데타로 권력을 잡은 박정희 군사정권은 경제 성장을 제일의 가치로 추구하여 경제 개발을 최우선 과제로 삼았다. 이 시기 박정희 정권의 통일정책 기조는 '선 건설개발, 후 통일' 정책으로 정리될 수 있다. 국토통일을 이루기 위해서는 우선 경제 건설에 매진하여 북한 공산주의 세력과 대결할 수 있는 힘을 키우고, 그 힘을 바탕으로 통일의 선취권을 취한다는 입장이었다. 한국교회는 멸공滅共통일 혹은 승공勝共통일론을 견지하며, 북한 주민은 공산주의 압제에서 해방되어야 할 선교의 대상으로 인식하고 있었다. 말하자면 한국교회는 국토의 통일보다 북한 주민의 삶의 환경과 종교적 현실을 중시했다. 그래서 '북한 선교'는 남한 교회가 감당해야 할 교회적 과제라고 의식하고 있었다.

그러다가 1970년대에 통일 문제 논의에 있어서 중요한 변화가 보였다. 그 분깃점이 1972년의 '7.4남북공동성명'이었다. 남북한 쌍방이 다음과 같은 조국 통일의 원칙 세 개 항에 합의한 것이다.

첫째, 통일은 외세에 의존하거나 간섭 없이 자주적으로 해결하여
야 한다.

둘째, 통일은 상대방을 반대하는 무력 행사에 의거하지 않고 평화
적 방법으로 실현하여야 한다.

셋째, 사상과 이념, 제도의 차이를 초월하여 민족적 대단결을 도모
하여야 한다.

비록 남북한 양측이 합의하기는 했지만 실질적으로 남북한 간의 통
일 논의를 한 단계 발전시키지는 못했다. 그러나 7.4남북공동성명의 발
표는 한국교회로 하여금 통일 문제를 보다 적극적으로 논구하지 못했
다는 반성과 함께 통일문제에 대한 관심을 환기하는 계기가 되었다. 그
리고 결과적으로 그때까지의 정부 주도 통일 논의에서 벗어나 통일 논
의의 다변화를 가져오는 계기가 되었다.

1980년대는 한국사회의 격변기라고 할 수 있을 만큼 변화의 시기였
다. 박정희 대통령이 암살당한 1979년 10.26사태로 인한 유신정권의 붕
괴, 1979년 12.12군사반란을 통한 신군부 군사정권의 등장과 1980년의
5.18광주민주화운동은 민주주의로의 길이 험난하리라는 예고였다. 통
일 논의는 여전히 권위주의적인 정권이 독점했지만, 그럼에도 불구하
고 1980년대에 와서 새로운 단계로 접어들게 된다. 1988년 7월 7일 노
태우 정부는 흔히 '7.7선언'이라고 불리는 '민족자존과 통일번영을 위한
특별선언'을 발표했으나 이전의 통일 방안과 크게 다른 것은 아니었다.
단지 민족대단결과 자유민주주의 원칙을 강조했을 뿐이다. 그러나 남
북한의 UN 동시 가입과 탈脫냉전, 중국과 구소련의 개방 등 세계정세

의 변화와 소위 '북방외교北方外交'라는 이름의 적극적인 대對공산권 외교의 노력 등 일련의 국내 상황의 변화는 통일에 대한 국민적 관심을 불러일으키게 된다. 이로써 통일 문제에 대한 발전적인 변화가 나타났는데, 해외 거주 한국인들에 의해 추진된 이산가족들의 상봉, 독일과 미국 교회, 특히 세계교회협의회World Council of Churches, WCC의 중재로 남북한 교회 지도자들의 만남이 이루어지게 된다.

이런 국외에서의 접촉과 더불어 국내에서도 통일 문제 해결을 위한 적극적인 시도가 이루어졌는데, 1985년 3월에 모인 한국기독교교회협의회Korea National Council of Churches, KNCC 제34차 총회에서는 '한국교회 평화통일 선언'이 채택되었다. 이 선언에서는 통일 운동의 주체를 민중으로, 통일 운동의 방법을 평화적 통일로, 통일의 목표는 민주화와 정의사회 실현으로 규정하였다. 이어서 1988년 2월 29일 한국기독교교회협의회는 '민족의 통일과 평화에 대한 한국 기독교 선언'[8]을 채택했는데, 이것은 통일 문제에 대한 기독교계의 관심과 통일론을 보여 주는 중요한 문서였다. 그러나 한국교회 전체의 지지를 받지는 못했다. 반공 이데올로기의 폐기, 미군 철수 등 급진적 주장을 담고 있었기 때문이었다. 보수적 개신교회 연합인 한국복음주의협의회Korea Evangelical Fellowship

---

8. 이 선언서에서는 1972년의 7.4남북공동성명에서 밝힌 자주, 평화, 민족 대단결의 3대 기본 원칙에 동의하면서 인도주의의 원칙, (민중 참여를 우선적으로 고려하는) 통일 논의의 민주화 원칙 등 5대 원칙을 제시하고, 분단의 극복과 통일 성취를 위한 구체적인 방안으로 남북한 상호 간의 적대 감정의 해소와 민족 동질성 회복, 남북한 평화 협정 체결, 주한 미군 철수, 핵무기의 철수와 군비 감축 등을 들었다. 그리고 이 선언에서는 오늘과 같은 한반도의 분단은 세계의 정치 구조와 이념 체계가 낳은 죄의 열매임을 전제하고, 분단 상황에서 한국 기독교가 반공(反共) 이데올로기의 우상화를 범했음을 고백해야 한다고 주장하였다.

는 그해 3월 30일자로 발표한 'KNCC 통일론에 대한 복음주의의 입장'에서 다음과 같은 여섯 가지 문제점을 지적하였다.[9]

첫째, 평화운동을 정치적인 운동으로 인식하는 것에 동의할 수 없다.

둘째, 북한교회의 실정을 정확하게 파악하지 못하고 있다.

셋째, 한국교회의 선교적 전통과 활동을 민족해방운동의 일환으로 보는 것은 잘못이다.

넷째, 한국기독교교회협의회가 한국교회 전체를 대표, 대변하는 듯한 자세를 취하는 것은 옳지 않다.

다섯째, 미군 철수 등은 결과적으로 국제 여론을 북한에 유리하게 해 준다.

여섯째, 민주주의와 공산주의 이데올로기를 동등하게 평가하는 것은 받아들일 수 없다.

KNCC의 '민족의 평화와 통일에 관한 한국 기독교 선언'의 과격한 내용에 대해서는 일부 가맹교단조차도 거세게 반발했다. 그러나 1988년의 선언이 이후 1990년대 남북 교회 간의 교류를 가능하게 해 주었다는 점을 고려해 볼 때, 통일 논의에 대한 긍정적인 변화를 가져온 것은 분명했다. 그럼에도 이 선언은 북한 주민의 인권 문제에 무관심했고, 북

---

9. 한국 기독교 남북문제 대책협의회가 4월 19일 발표한 '남북통일 논의에 대한 우리의 견해'도 이와 유사한 지적을 하고 있다.

한의 적화 통일에의 의지가 포기되지 않는 상황에서 군비 축소, 미군 철수를 주장한 점은 한국교회 내의 보수 진영과 진보 진영 간의 통일 논의의 분열을 가져왔다. 이런 시기에 발생한 사건이 문익환文益煥, 1918-1994 목사의 방북이었다. 그의 방북은 통일의 물꼬를 틀겠다는 의도로 기획된 것이었으나 결실은 아무것도 없었다. 역사상 유례가 없는 독재자 김일성에 대한 경하의 칭송이 정치적으로 이용되기만 했을 뿐, 아무런 변화를 가져오지 못했기 때문이다.

1990년 이후 통일 논의는 더욱 심화되었다. 독일 통일이 준 자극의 결과였을 것이다. 제2차 세계대전 후 자유주의와 사회주의의 이념적 대립으로 분단된 나라는 우리나라 외에도 베트남, 독일, 예맨 등이 있었는데, 베트남은 약 20년간의 내전 후 1975년 4월 30일 공산주의자들에 의해 무력으로 통일되었고, 예멘과 독일은 탈냉전의 화해 분위기 속에서 예멘은 1990년 5월 22일, 독일은 1990년 10월 3일 각각 통일을 선포하였다. 이러한 국제적인 변화의 길목에서 남북관계의 새로운 변화가 요청되었다. 그 결과 남북한은 1991년 9월 UN 회원국이 되었고, 1992년 2월에는 '남북기본합의서'와 '비핵화 공동선언'을 발효發效시켰다. 1993년 2월에는 32년 만에 군사정부가 아닌 문민정부文民政府가 출범하였다. 김영삼의 문민정부는 이전 정권들의 '흡수통일' 정책을 지양止揚하고 '합의통일'을 토대로 하는 3단계 3기조 통일 정책을 천명하였다. 특히 통일 방안에서 자유민주주의自由民主主義를 강조하였다.

이 시기에 기독교계에서 나타난 한 가지 변화는 지금까지 소극적인 자세를 취하던 보수적인 교회가 통일 논의에 깊이 관여하기 시작했다는 점이다. 그것은 북한 동포 지원이라는 새로운 형태의 통일 운동이라

할 수 있다. 1994년 5월 한국기독교총연합회한기총가 발표한 '통일 및 북한 선교를 위한 결의문'은 보수적인 교회의 통일 운동과 선교관을 보여 주는 것이었다. 분명한 것은 복음주의 교회와 단체는 분단된 국토와 그 구성원의 통일보다는 북한 주민에 대한 인도적 후원과 북한 지역 복음화에 더 큰 관심을 두었다는 사실이다. '북방 선교' 운동이라고 부를 수 있을 정도로 북한 교회 재건과 북한 선교에 대한 관심이 높아졌다. 그래서 북한을 돕기 위한 여러 기구를 창립하고 탈북자를 돕기 위한 구체적인 노력을 기울이는 등, 보수적인 교회들이 통일에 대한 괄목할 만한 변화를 보여 주었다. 통일관에 있어서 이 시기 보수적 교회와 진보적 교회의 뚜렷한 차이도 주목할 만하다. 진보적 교회는 '통일 곧 선교'로 이해했지만, 복음적 교회는 '통일은 선교를 위한 준비' 과정으로 이해했다는 점이다. 진보적 교회가 선교의 개념을 사회 개혁으로 확장하는 '하나님의 선교missio dei'를 반영한다면, 보수적인 교회는 전도Evangelism 중심의 전통적인 선교관을 보여 준다.

통일 문제와 관련하여 남한 측이 일관된 인식에서 주장했던 기본 원칙은 북한의 민주화를 포기할 수 없다는 것이었다. 그것은 해방 이후 1990년대까지의 통일 논의에서 남한 정부가 견지해 온 기본 입장이었다. 그러나 1998년 출범한 김대중 정권 이후 이와 같은 신념은 크게 후퇴했다. 김대중 정부의 햇볕정책은 이후 노무현 정부에서도 계승되는데, 북한에 대한 협력과 지원을 통해 평화적인 통일을 이루자는 대북화해정책, 대북포용정책이라고 할 수 있다. 남북한 간의 교류를 기반으로 하는 화해, 협력 등을 강조하여 중견기업인 현대아산을 필두로 한 여러 중소기업들이 참여하여 금강산 관광과 이산가족 상봉, 개성공단 조성 등을 전개하였다. 그러나 햇볕정책이 실시되는 와중에서도 북한은 1, 2차 연평해전1999. 6. 15, 2002. 6. 29과 같은 무력 도발을 감행하고 핵무기의 실험 및 개발을 실시하였다. 사실상 북한 지원을 골자로 하는 햇볕정책은 결과적으로는 핵무기 개발 등 군사적 무장을 지원하는 결과가 되고 말았다는 비판을 받고 있다.

그러나 이후 보수적인 이명박 정부가 들어서고 3년 후인 2010년 3월 26일, 백령도 근처 해상에서 대한민국 해군의 초계함인 천안함이 북한 해군 잠수함의 어뢰에 의해서 격침된 사건이 발생했다. 이 사건으로 우리나라 해군 장병 40명이 사망했고, 6명이 실종되었다. 이명박 정부를 이은 박근혜 대통령의 보수 정부는 이전 정부들의 대북 정책이 효과가 없었음을 지적히며 견제와 교류의 균형을 강조하는 새로운 '한반도 신뢰 프로세스'를 추구하였으나, 북한이 제4차 핵실험, 개성공단 폐쇄, 제5차 핵실험을 일으킨 데 이어 대통령이 탄핵됨으로써 유의미한 결과를 얻지 못했다. 2017년 이후 문재인 정부는 다시 남과 북의 화해를 시도하면서 세 번째 남북 정상회담을 성사하는 등 햇볕정책보다 진일보된 북한 지원 정책을 실시하고 있지만, 북한은 끝내 핵 개발 계획을 포기하지 않고 있다.

한반도의 평화 정착을 위해서는 분단의 해결 곧 통일이 우선 과제라는 인식에서 이루어진 그간의 통일 노력은 군사적 대결을 완화하거나 전쟁의 위협을 근본적으로 해소하지 못했다. 이것은 한반도에서의 평화, 아니 지상에서의 평화 구축이 가장 난해한 과제임을 보여 주는 것이다. 세 차례의 정상회담으로도 세계 역사상 유례가 없는 북한의 3대 세습 정권의 체제 유지를 위한 핵무기 보유 의지를 꺾지 못했다. 북한은 처음부터 핵을 포기할 의도가 없었던 것으로 보이기도 한다. 이로써 남북 정상회담이 진정성 없는 보여 주기식 회담이 아니었느냐는 비판을 낳았다.

3) 함석헌의 반전 평화주의

한국에서 반전 평화운동은 1980년대 이후 소수의 사람들에게서도 확인되지만 이보다 앞서 반전 평화운동을 지향한 인물로는 함석헌咸錫憲, 1901-1989을 들 수 있다. 종교인, 무교회주의자, 퀘이커교도이고 생애 후기에는 범汎종교론자로 전향한 그는 중국 춘추시대 사상가 노자老子와 전국시대 사상가 장자莊子의 사상과 도덕경道德經을 소개하는 등 동양 사상에 심취한 인물이었다. 그는 독립운동가이자 민주화운동가인 장준하張俊河, 1918-1975가 발행하던 『사상계思想界』 1956년 1월호에 "한국 기독교는 무엇을 하고 있는가"와 1958년 5월호에 "생각하는 백성이라야 산다"라는 논설을 발표하면서 정부의 정책에 비평을 가하기 시작하였고, 이 일로 그는 재야在野 사상가로 알려지게 되었다.

일제강점기에는 무교회주의無敎會主義를 주장한 김교신金敎臣, 1901-1945과 더불어 1927년부터 『성서조선聖書朝鮮』을 발간하였고, 이 잡지에 연재했던 "성서적 입장에서 본 조선역사"는 후일 『뜻으로 본 한국역사』라는 제목의 단행본으로 출간되었다. 1970년 4월에는 『씨올의 소리』 창간호를 발간했는데, 1980년 7월 95호를 끝으로 폐간되기까지 10년간 발행인 겸 주간主幹이었다. 당시 문화공보부文化公報部의 등록 취소로 종간終刊하게 된 것이다. 1970년대 이후에는 민주화운동에 앞장서서, 특히 1974년에는 윤보선, 김대중, 계훈제 등과 함께 민주화운동가들의 연대체인 민주회복국민회의民主回復國民會議에 가담하고 시국선언 발표에 동참하여 큰 파장을 일으켰다. 노벨상을 수상한 바 있는 미국 퀘이커 봉사위원회AFSC는 1979년과 1985년 두 차례에 걸쳐 함석헌을 노벨평화상 후보로 추천한 바 있다. 1988년에는 함석헌의 저작을 수합한 『함석헌 전집』 20권이 완간되었다. 격변의 시대를 살았던 그는 1989년 2월 4일 88세의 나이로 서거하였다.

그가 무교회주의를 거쳐 '역사적 평화교회'인 퀘이커교도로 전향했고, 간디를 추종하고, 박정희의 군사주의나 군사정권을 비판했다는 점에서 그를 평화주의자로 일길어 왔다. 득히 그는 『사상계』 1958년 5월호에 쓴 논설에서 6.25전쟁을 아래와 같이 비판했다.

전쟁이 지나가면 서로 이겼노라 했다. 형제 쌈에 서로 이겼노라니 정말 진 것 아닌가? 어떤 승전축하를 할까? 슬피 울어도 부족한 일인데. 어느 군인도 어느 장교도 주는 훈장 자랑으로 달고 다녔지 '형제를 죽이고 훈장이 무슨 훈장이냐?' 하고 떼어 던진 것을 보지 못했다. 로자는 전쟁에 이기면 상례喪禮, 초상을 치를 때의 예절로 처한다 했건만. 허기는 제이국민병 사건을 만들어내고 졸병의 못 밥 깍아서 제 집 짓고 호사하는 군인들께 바래기가 과한 일이다. 그러나 그것이 나라의 울타리인가?

6.25전쟁 관련자 훈장에 대해 "형제를 죽이고도 무슨 훈장이냐"라

고 전쟁을 비판한 것이다. 또 그는 "한국전쟁에 대해 비판하고 전쟁하는 국가와 거리를 두어보려는 목사를 한 번도 만나지 못한 것이 놀라운 일"이라고 말했다. 1968년 베트남 전쟁에 파병을 결정했을 때도 양심적 병역 거부이를 반대하고 단식한 일이 있었다. 이런 점에서 그는 흔히 평화주의자로 평가된다. 그가 살아온 삶의 여정을 참고해 본다면 그는 초기 기독교 전통의 평화주의보다는 간디의 실용적 평화주의를 계승했다고 할 수 있을 것이다.

4) 종교적 신념에 의한 병역 거부

한국에서 전쟁을 반대하는 입장에서 공개적으로 병역을 거부한 집단은 '여호와의 증인Jehovah's Witnesses'이었다. 1870년 미국의 찰스 테이즈 러셀Charles T. Russel로부터 시작된 이 집단은 삼위일체와 지옥의 형벌을 부인하고 영혼불멸靈魂不滅을 주장하는 종파로서 "피를 먹지 말라"라는 레위기의 율법3:17, 17:11-12과 초기 교회를 위한 "목매어 죽인 것과 피를 멀리하라"라는 말씀행15:20을 근거로 의료적 수혈輸血을 거부한다. 또 칼의 사용을 거부하는 구약의 가르침사2:1-4과 예수님의 모범마26:52, 그리고 초기 교회의 가르침을 따라 집총執銃, 총을 듦을 거부하므로 병역을 거부한다. 정통 교회에서 이단으로 간주하는 이 '여호와의 증인'이 우리나라에 소개된 것은 1912년이었다.

대한민국에서 군 복무는 납세의 의무, 교육의 의무, 근로의 의무와 함께 국민의 4대 의무인 국방의 의무에 속한다. 대한민국 헌법 제39조

제1항은 "모든 국민은 법률이 정하는 바에 의하여 국방의 의무를 진다."
라고 규정하고 있는데, 이 의무를 지키지 않으면 법률에 의거하여 처벌
을 받게 된다. 그럼에도 불구하고 여호와의 증인 신자들은 종교적 이유
로 병역을 거부해 왔다. 그 첫 사례가 1939년 6월의 병역 거부 사건이
었다. 일제 치하에서 '등대사燈臺社'라고 불린 '여호와의 증인'은 1939년
6월 천황天皇, 일왕 숭배와 징병을 거부한 이유로 66명이 체포되었는데,
이것이 한국에서 일어난 여호와의 증인의 첫 병역 거부 사건이었다. 죄
목은 치안유지법 위반 및 불경죄였다. 이들은 평균 4년 6개월을 복역했
고, 구금된 이들 중 6명은 옥사했다고 한다. 해방 이후, 특히 한국 전쟁
이후 병역법 위반으로 수감된 여호와의 증인 신도는 모두 1만 9천350
명에 달한다고 한다.

'안식교安息敎, 제칠일안식일예수재림교회'도 집총을 거부했던 집단이었
다. 그러나 '여호와의 증인'과 다른 점은, '여호와의 증인'은 입영을 포
함한 전쟁과 관련된 일체의 행위를 반대했지만 안식교인들은 군 입영
은 하되 입영 이후 집총을 거부하고 비전투요원으로 복무하기를 원했
다는 점이다. 집총을 거부하는 안식교인들에 대한 형사 처벌이 시작된
것은 1956년부터였다고 한다. 그러나 1975년 이후 안식교인 가운데 병
역을 거부하는 이들은 나타나지 않았다고 한다.[10]

입영이나 병역을 거부하는 '여호와의 증인' 신도들을 '양심적 병역
거부자' 혹은 '양심에 의한 병역 거부자'라고 말하지만, 실제로 한국에
서 양심적 병역 거부자는 극히 소수에 불과하고 엄밀하게 말하면 '여호

---

10. 김두식, 『평화의 얼굴』(서울: 교양인, 2007), 269.

와의 증인' 병역 거부자들은 '종교적 신념에 의한 병역 거부자'라고 불러야 할 것이다. 종교적 신념에 의한 병역 거부이든 양심적 병역 거부이든 병역 거부 문제는 1970년대 이후 많은 논란을 겪었고, 이들 비전론자非戰論者들을 보호하는 법률을 만들어야 한다는 주장이나 대체 복무에 대한 제도적인 고려가 필요하다는 주장이 제기되었다. 병역 관련법이나 군형법의 개정을 요구하는 목소리도 강하게 제기되었다.

그러다가 2000년 이후 전향적인 견해가 대두되었는데, 2001년 6월에는 대체복무제법 입법이 추진되었다. 종교적 신념에 의한 양심상의 이유로 집총을 거부하는 이들에게 형사 처벌을 부과하는 대신 공익근무요원으로 복무하게 하되 복무 기간을 장기화한다는 안이었다. 그러나 이런 제도는 남북한이 대치하고 있는 상황에서 형평의 원리에 어긋나고 악용될 소지가 있다는 점에서 기독교계는 반대 입장을 분명히 했고, 또 시기상조라는 여론에 밀려 바로 성사되지 못했다.

이를 기점으로 병역 거부와 관련하여 여러 논란이 있었으나, 2004년 5월 21일 서울남부지원은 여호와의 증인 신자로서 병역 소집을 거부한 혐의로 기소된 두 사람과 예비군 소집 훈련을 거부한 한 사람에게 "병역법상의 입영 또는 소집을 거부하는 행위가 오직 양심상의 결정에 따른 것으로서 양심의 자유라는 헌법적 보호대상이 되기에 충분한 경우에는 정당한 사유에 해당한다"라며 무죄를 선고했다. 이것이 이른바 '양심적 병역 거부자'에 대한 첫 무죄판결이었다.[11] 그러자 여호와의 증인 신도들은 2004년 종교적 신념을 위하여 입대를 거부한 여호와의 증인 신

---

11. 「조선일보」, 2014. 5. 22

도에게 '병역법상 양심적·종교적 병역 거부에 따른 대체복무代替服務의 기회를 주지 않는 것은 헌법에 위배 된다'라며 위헌심판 소송을 제기했다. 그러나 헌법재판소는 2004년 8월 26일 "병역법 88조가 헌법에 위배되지 않는다"라며 합헌 결정을 내렸다. 헌법재판소는 이 위헌 심판에서 "양심의 자유가 인격 발현과 존엄성 실현에 매우 중요한 기본권이나 그 본질이 법질서에 대한 복종을 거부할 수 있는 권리가 아니다"라는 결정문과 함께 양심적 병역 거부자를 처벌하는 것이 합헌이라고 결론을 내린 것이다.[12]

이에 준하여 대법원은 2004년 7월 15일, 종교적 이유로 병역을 기피한 여호와의 증인 신도에게 유죄를 선고했다. 재판부는 "헌법상 기본권의 행사가 국가공동체 내에서 타인과의 공동생활을 가능하게 하고 나른 헌법적 가치와 국가의 법질서를 위태롭게 하지 않는 범위 내에서 이뤄져야 한다는 것은 양심·종교 자유를 포함한 모든 기본권 행사의 원칙적 한계"라고 지적했다. 재판부가 유죄를 선고한 것은 양심이라는 추상적 개념보다 국가 안보라는 현실을 더 강조한 것으로 볼 수 있다. 개인적인 양심은 국가 안보를 위해 제한될 수 있다고 판단한 것이다. 이 당시 이른바 양심적 병역 거부자는 연간 600여 명 정도였는데, 연간 징집인원 약 30만 명의 0.2퍼센트에 해당한다. 이 위헌 소송은 2011년 다시 제기되었다. 이때도 헌법재판소는 입영의 기피 등의 처벌조항인 병역법 88조에 대해 재판관 7대 2로 다시 합헌 결정을 내렸다.

그러다가 2016년 10월에는 큰 변화가 일어나게 된다. 10월 18일 광

---

12. 「중앙일보」, 2004. 8. 27.

주지법 제3형사부는 입영통지서를 받고도 입영하지 않은 혐의로 기소된 여호와의 증인 신자 세 명에 대한 항소심 공판에서 전원 무죄를 선고한 것이다. 2004년 서울 남부지법 판결을 시작으로 병역법 위반에 대한 1심에서 총 12건의 무죄 판결이 있었으나, 항소심에서 무죄가 선고되기는 처음 있는 일이었다.[13] 병역법 88조 1항은 정당한 사유 없이 입영하지 않을 경우 3년 이하의 징역에 처하도록 규정하고 있는데, 재판부는 종교적 신념이 병역 거부의 '정당한 사유'라고 판단한 것이다. 재판부는 "종교적 이유로 집총을 거부하는 것은 양심의 자유이며 국제적 추세에 따라 우리도 이를 권리로 인정해야 한다."라며, "대체복무제를 도입하지 않고 종교적 병역 거부자들을 형사처벌하는 것은 국가의 의무를 저버리고 양심의 자유를 침해하는 것"이라고 본 것이다. 2006년부터 2016년 10월까지 종교적 이유로 병역을 거부한 입영 대상자는 5,723명이었는데, 이 중 여호와의 증인 신도는 5,686명으로 전체 입영거부자의 99.4퍼센트에 달했다. 이 때문에 이 판결은 여호와의 증인에게 종교적 신념을 법으로 보호받는 특권을 준 것으로서 형평성을 잃은 판결이라는 비난이 뒤따랐다.

2017년 6월에는 대법원이 종교적 이유의 병역 거부를 양심의 자유로 인정하지 않고 실형을 선고하는 판결을 했다. 6월 25일 대법원 2부는 여호와의 증인 신자가 2015년 11월 입영통지서를 받고도 입대를 거부한 사안에 대하여 "종교적 병역 거부자의 양심의 자유가 헌법상 병역의 의무에 비해 우월한 가치로 보기 어렵고 이들을 처벌하는 병역법은

13. 「국민일보」, 2006. 10. 20, 「한겨레」, 2016. 10. 19.

지켜져야 한다."라고 판시했다.[14] 이 건에 대하여 1심에서는 "군대 입영이 신에게 죄를 짓는 행위라고 믿는 이에게 무조건 입영을 강요하는 것은 종교의 자유뿐 아니라 양심의 자유의 본질을 침해하는 것"이라는 취지에서 무죄를 선고한 바 있다. 그러나 2심과 대법원에서는 "이른바 양심에 의한 병역 거부는 병역법에서 처벌 예외 사유로 규정한 정당한 사유에 해당하지 않는다."라고 본 것이다. 2017년 9월까지 대법원은 이른바 양심적 병역 거부자 열세 명의 유죄를 확정했는데, 이 기간 동안 1심에서는 열여섯 명에게 실형을 선고한 반면 다른 서른두 건에 대해서는 무죄를 선고했다. 정리하면 이때까지는 종교에 의한 병역 거부에 대해 법원에 따라 각기 다른 판단이 내려졌음을 알 수 있다.

2018년 6월 28일 헌법재판소는 양심적 병역 기부 처벌 조항으로 사용되던 병역법 제88조 제1항에 대해서, 법원이 정당한 사유로 해석한다면 양심적 병역 거부자에 대해 현행 조항으로도 충분히 무죄 선고가 가능하며, 병역 기피자들을 처벌하는 조항으로서 여전히 기능할 수 있다는 취지로 합헌 결정을 내렸다. 그러면서도 대체복무제가 없는 병역법 제5조 제1항에 대해서는 헌법 불합치不合致 판결을 내렸다. 양심적 병역 거부자를 위해 대체복무제도를 마련하지 않는 것이 헌법에 어긋난다고 보고 2019년 12월 31일까지 양심적 병역 거부자들을 위한 대체 복무제도를 마련하라고 판결하여, 양심적 병역 거부자들이 수감 대신 대체복무를 할 수 있는 길을 열어 주었다. 이에 2018년 12월에 36개월당시 일반 복무는 최장 21개월의 교정 시설교도소 근무를 골자로 하는 대체복무안이 확

---

14. 「조선일보」, 2017. 6. 26.

정되어 입법 예고되었다. 이런 제도가 병역 기피 수단으로 악용될 소지가 있다며 기독교계가 반대했으나 결국 한국도 국제적인 추세를 거역하기 어렵게 되어 대체복무제도를 도입한 것이다. 2021년 2월 현재 160명의 병역 거부자들이 대체복무 중이라고 한다.[15] 독일은 1960년 대체복무제를 도입했고, 대만은 2000년 종교적 병역 거부자들에게 대체복무를 허용한 바 있다. 2018년 11월 1일, 대법원 전원합의체는 여호와의 증인 신자의 양심에 따른 병역 거부 사건에 대해 9대 4로 종교적인 양심도 입영 거부의 '정당한 사유'에 해당한다고 인정하여 무죄 취지로 선고하였다. 이 판결은 14년 전의 대법원 판례를 뒤집은 것이다.

최근에는 종교적 이유에 따른 병역 거부에서 진일보한 '비종교적 이유에 따른 양심적 병역 거부'를 인정하는 대법원 판결이 나왔다. 대법원은 2018년 11월 전원 합의체 판결을 통해 종교적 병역 거부를 인정한 바 있으나, 2021년 2월에는 비종교적 신념에 따른 양심적 병역 거부를 인정한 것이다. 즉 대법원은 2월 25일 비폭력주의 신념을 이유로 16차례 예비군 훈련을 거부하여 재판에 넘겨진 이에게 무죄를 선고한 원심을 확정한 것이다. 대법원 1부는 "종교적 신념이 아닌 윤리적, 도덕적, 철학적 신념에 의한 경우라도 진정한 양심에 따른 병역 거부에 해당한다면 예비군법, 병역법으로 처벌할 수 없는 정당한 사유에 해당한다."라고 판시했다. 이렇게 하여 여호와의 증인 등 종교가 아닌 개인의 신념도 양심적 병역 거부의 사유로 받아들이게 된 것이다. 이제 한국은 종교적 신념에 의한 양심적 병역 거부만이 아니라 비종교적 이유에 따른 양

---

15. 「조선일보」 2021. 2. 26.

심적 병역 거부도 인정하는 나라가 되었다. 다시 말하면 입영, 집총 등 군사 훈련이나 전쟁에 참여하지 않을 양심의 자유가 법률적으로 인정된 것이다.

5) 평화를 이루어 가는 교회

살펴본 것처럼 한국에서 어떻게 평화를 이루어 갈 것인가 하는 문제는 간단한 문제가 아니다. 우리는 분단과 전쟁의 참화를 경험하였고, 해방 이후 80여 년이 되었지만 남북한 간의 군사적 대립과 긴장이 계속되고 있다. 특히 북한은 핵무기 개발 프로그램을 지속적으로 추진하여 핵무기 보유국 지위를 인정받으려 하고 있다. 핵확산금지조약NPT이 인정하는 핵무기 보유국은 미국, 영국, 러시아, 프랑스, 중국 등 5개국이지만 이스라엘, 인도, 파키스탄도 비공식 핵무기 보유국으로 지목된다. 북한은 사실상 핵무기 개발에 성공하였고, 인도와 파키스탄식의 핵무기 보유국으로 인정받기를 기대하고 있다. 미국의 북한 비핵화非核化 정책은 성공하지 못했고 북한의 은밀한 핵무기 개발은 국제사회에 커다란 위협이 되고 있다. 북한이 핵무기를 포기한다는 것은 우리의 희망과는 달리 기대할 수 없는 일이다. 북한의 핵무기는 독재 정권의 생존이 달린 문제로서 권력 유지와 세습의 수단이기 때문이다.

이런 현실에서 일방적으로 평화를 말한다는 것 자체가 용이하지 않다. 마땅한 해답이 없음에도 불구하고 포기할 수 없는 질문은, 우리가 어떻게 평화를 이룰 수 있을까 하는 질문이다. 우리도 핵무기를 개발하여 핵 균형을 통해 전쟁을 방지하고 평화를 유지할 수도 있다. 군비축소軍縮나, 국가 간의 조약, 비무장 운동, 힘의 균형 혹은 화해와 공존 의식 등이 평화 정착에 다소 도움을 줄 수 있겠지만, 그것이 진정한 평화를 담보하지 못함이 확인되었다. 지금까지 '평화'라는 말은 수없이 사용되었으나 정치적인 구호에 지나지 않았고, 실제적인 평화를 이루어 내지 못했다.

앞서 살펴본 평화에 대한 두 가지 전통이 지금까지 남아 있다. 첫째는 로마제국의 평화 개념인 '로마의 평화Pax Romana'이고, 다른 하나는 예수 그리스도께서 주시는 진정한 평화, 곧 '예수의 평화Pax Christi'이다. 로마의 평화는 군사적 우위에 기초한 혹은 힘의 균형에 의해 강요되는 전쟁이 없는非戰 상태라고 할 수 있다. 이 개념을 최초로 사용한 사람이 세네카Seneca였다. 로마의 평화는 공평과 정의에 기초한 평화가 아니라, 제국의 힘이 공의요, 제국의 군사력이 선이었다. 그러나 군사력에 의해 쟁취되고 지켜지는 평화는 한시적인 평화일 뿐 진정한 평화일 수 없다. 북한이 핵무기를 개발했으니 우리도 핵무기로 무장하고, 북한보다 우위의 군사력을 확보하고, 한미동맹을 굳건히 유지하면 북한이 감히 도발을 시도하지 못할 것이다. 이렇게 유지되는 평화는 로마의 평화라고 할 수 있는데, 이것은 진정한 평화라고 할 수는 없다.

'예수의 평화'가 진정한 평화라고 할 수 있다. 이는 사랑과 자비에 기초한 평화이다. 예수님의 삶과 가르침, 십자가의 죽음과 부활은 우주적인 화해와 포괄적인 평화의 기초가 된다골1:20. 그분께서 가르치신 사랑과 자비, 화해, 용서, 미운 감정의 해소, 희생이 진정한 평화의 기초가 된다. 그분의 십자가의 죽음은 이방인과 유대인의 담을 여시고 하나가 되게 하셨고, 적대와 불신의 고리를 끊고 화해케 하셨다. 그분께서는 유대인과 이방인, 자유인과 노예, 남자와 여자의 차별을 없애셨고갈3:28, 고전12:13, 골3:11, 원수진 자를 하나가 되게 하셨다엡2:14. 그리스도께서만 우리에게 진정한 평화를 주신다.

그리스도의 평화는 우리의 이상이지만, 그러나 오늘의 상황에서 이루어지기 어렵다. "오른뺨을 치거든 왼뺨도 돌려 대라"라는 가르침마5:39은 냉엄한 국제사회에서 실행되기 어렵고, "무리가 그 칼을 쳐서 보습을 만들고, 창을 쳐서 낫을 만들고, 다시는 전쟁을 연습하지 아니하는"사2:4 상황은 예수님 재림 전에는 거의 불가능한 일일 것이다.

그렇다면 남북 분단의 현실에서 우리가 할 수 있는 일은 무엇인가? 첫째는 북한 사회가 변화되게 만드는 역할을 해야 한다. 국제사회와 협력하여 북한이 세계화 시대의 정상적인 국가로 변화되고, 적화 통일의 꿈을 버리고 상호 공존의 길을 가도록 해야 한다. 비록 완전한 해결책은 못되더라도, 북한 내부의 변화는 전쟁 위험을 줄이는 한 가지 방안이 될 것이다. 북한 주민에 대한 인도적 지원도 도움이 될 수 있겠지만, 북한의 개방을 유도하는 일도 도움이 될 것이다. 그리고 둘째는 하나님의 주권적 역사를 위해 기도하는 일이다. 역사를 주관하시는 하나님께서 역사해 주시기를 기대하고 기도하는 일이다. 결국 이 냉혹한 현실에서 우리가 할 수 있는 가장 중요한 일은 "우리에게 평화를 주옵소서Dona nobis Pacem"라고 간구하는 일일 것이다.

12. 요약과 결론

    이상에서 성경과 역사를 통해 전쟁과 평화가 어떻게 이해되어 왔는가를 간명하게 정리하였다. 전쟁과 평화 문제에 대한 성경적 이해를 위해 '평화'를 칭하는 구약과 신약의 용어의 의미를 해명하고, 구약의 전쟁 기사가 어떻게 이해되어 왔는가를 살펴보았다. 평화주의平和主義, pacifism의 입장에서 볼 때 구약의 전쟁 기사는 논란을 불러일으킨다. 구약에는 전쟁과 학살의 기록이 많고 하나님을 용사로 기술하고 있다 출15:3. 역대상 5장 22절에서는 "죽임을 당한 자가 많았으니 이 싸움이 하나님께로 말미암았다"라고 말하고 있다. 전쟁이 하나님의 심판의 도구였음을 부인할 수 없다. 이에 대한 몇 가지 유형의 해석이 있어 왔음을 소개하였다. 그러나 하나님께서는 자연의 파괴나 인간 생명의 살상을 기뻐하지 않으시고, 심리적 미움이나 살인도 기뻐하지 않으신다. 오히려 이사야서2:4, 9:6-7, 40:4, 52:7, 54:10나 미가서4:2-4에서는 전쟁 없는 평화에 대한 더 높은 이상을 보여 주셨다.

    또한 신약성경에서 평화가 어떻게 이해되어 왔는가를 예수님과 바울의 가르침을 중심으로 살펴보았다. 신약에서 예수님께서는 평화의 왕으로 나타나셨고, 하나님의 사랑을 선포하시고 십자가상에서 원수를 용서하며 사랑을 가르치셨다. 그리고 우리를 이 세상에서 청지기로 부르시고, 평화를 위해 일하도록 부르셨다. 이런 점에서 기독교인은 평화의 수호자가 되어야 한다. 그래서 '화평케 하는 자는 복이 있다'고 하신 것이다마5:9. 이와 같은 예수님의 가르침을 개인과 집단이 실천한다면 전쟁은 사라지게 될 것이다.

다만 분명한 사실은, "칼을 쓰는 자는 칼로 망한다"마26:52라는 본문은 인간 사회의 원칙을 말한 것이지, 그것을 단순히 비전론非戰論을 지지하는 본문으로 해석할 수 없다는 점이다. 마찬가지로 "내가 세상에 화평을 주러 온 줄로 생각하지 말라. 화평이 아니요 검을 주러 왔노라"마10:34라는 본문은 믿음의 길에 충실할 때 위험과 핍박이 따른다는 점을 지적한 것이지, 그것을 군사력의 사용을 정당화하거나 참전론參戰論을 지지하는 본문으로 해석해서는 안 된다.

전쟁과 평화에 대한 성경적 검토에 이어 제4장 이하에서는 서구 기독교회가 평화에 대해 어떻게 인식해 왔는가 또는 어떻게 평화를 추구해 왔는가를 검토하였다. 여러 주장이 제시되었지만 평화에 대한 의견은 세 가지로 정리될 수 있는데, 어떤 경우에도 전쟁은 안 된다며 비폭력, 비전, 반전이 성경의 가르침이라고 믿는 '평화주의pacifism', 가능한 전쟁을 피해야 하지만 불가피한 몇 가지 조건을 충족시킬 경우에는 전쟁이 의로운 것으로서 용인될 수 있다는 '정당전쟁론just war theory', 그리고 전쟁은 현실적으로 불가피한데 힘의 균형을 유지함을 통해 전쟁을 피하고 평화를 유지해야 한다는 '기독교 현실주의Christian realism'

가 있다.

일반적으로 3세기 이전의 초기 기독교는 평화주의를 지향해 왔다고 할 수 있는데, 이를 흔히 기독교 평화주의Christian pacifism라고 부른다.[1] 초기 기독교는 비전, 비폭력, 반전의 평화주의를 지향하였는데, 이것을 그리스도께서 보여 주신 모범으로, 이 모범을 따르는 것을 제자도로 이해하였다. 평화주의자들은 대체로 다음의 몇 가지 성경적 근거에서 전쟁을 반대하고 평화주의를 지지했다.

1. 예수님께서는 우리에게 오른뺨을 치거든 왼뺨도 돌려대라 하시며마5:39 비폭력을 가르치셨다.
2. 예수님께서는 우리에게 이웃을 자신처럼 사랑하라마22:39 하셨으므로 전쟁을 할 수 없다.
3. 군사적 전투에 참여하는 것은 하나님을 믿고 의지하는 행위라고 볼 수 없다.
4. 폭력은 언제나 다른 폭력을 유발하므로 폭력의 악순환을 끊기 위해 자기희생적 평화주의를 선택해야 한다.
5. 우리는 전쟁을 하기보다는 평화로운 해결을 시도해야 한다.

---

1. 일반적으로 평화주의(pacifism)를 세 가지 유형으로 구분하는데, 첫째는 인도적 평화주의 (humanistic pacifism)이다. 전쟁이나 폭력 행사는 인간 생명의 살상 혹은 인간의 존엄성을 해치는 행위라는 점에서 허용될 수 없고 평화를 지향해야 한다는 주장이다. 둘째, 실용적 평화주의(pragmatic pacifism)는 폭력보다는 비폭력이 사회정치적으로 효율적이기 때문에 비폭력을 지향해야 한다는 입장이다. 셋째는 기독교회가 말하는 평화주의인데, 성경과 예수님께서 가르치고 보여 주셨고 초기 기독교회가 따랐던 삶의 방식이기 때문에 폭력과 전쟁을 용인할 수 없다는 입장이다. 이것이 기독교 평화주의(Christian pacifism)라고 불리고 있다.

그래서 초기 기독교회는 폭력이나 전쟁, 이를 가능하게 하는 군 복무나 무력 행위를 반대한 것이다. 초기 기독교회가 평화지향적인 교회였다는 점에 대해서는 의견의 일치를 보고 있다. 이 점은 독일의 교회사학자 하르나크A. Harnack, 옥스퍼드대학교의 캐둑스C. J. Cadoux, 레이든대학교의 헤링Gerrit J. Heering, 메노나이트 학자들인 홀쉬John Horsch와 헐스버그Guy F. Hershberger, 그리고 개신교 윤리학자 폴 램지Paul Ramsey와 존 하워드 요더John Howard Yoder 등의 연구를 통해 확인되었다.

초기 기독교회가 군 복무나 살상, 폭력, 전쟁을 반대한 것은 근본적으로 신약성경, 특히 산상수훈의 가르침을 문자적으로 따르려고 했기 때문이었다. 이들은 이교적인 그리스-로마의 질서로부터 심리적 이민을 떠났던 이들이었기 때문에 이 세상의 질서에 대해 무관심했다. 이런 점들을 보여 주는 흔적이 초기 교부들의 글 속에 나타나 있다. 폴리카르포스Polycarpos는 빌립보인들에게 악에게 대항하지 말라는 베드로 사도의 말씀벧전2:23에 순복하라고 했고, 180년경 변증가 아테나고라스Athenagoras도 동일한 취지의 기록을 남겼다. 분명한 증거는 기독교인들은 군 복무를 해서는 안 된다는 174년 테르툴리아누스Tertullianus의 보다 강력한 권면 속에 나타나 있다. 그는 군인이 신자가 되었을 경우 즉각적으로 군 복무를 그만두던지, 순교자가 될 각오를 해야 한다고 보았다.[2] 초기 기독교회가 군 복무를 반대하고 비폭력, 평화주의를 지향했다

---

2. 초기 기독교회가 군 복무를 반대한 이유가 무엇인가와 관련하여 이견이 상존한다. 비폭력 평화주의 전통 때문이라는 주장이 있는가 하면, 군 복무 중 당연히 제기될 수 있는 우상숭배의 위험성과 박해자인 로마제국에 대한 혐오감 때문이라는 주장도 있다. 또 어떤 이들은 초기 기독교인들의 반전 의지는 종말론에 근거한다고 보기도 한다. 비록 이런 점과 관련하여 이견이

는 점은 2세기 후반의 이교도 켈수스Celsus의 기독교 비판 속에도 암시되어 있다.

그러나 4세기, 곧 콘스탄티누스Constantinus I의 개종312과 기독교의 공인313, 그리고 테오도시우스Theodosius I의 기독교 국교화392 이후 기독교가 제국의 종교가 되면서 비폭력, 반전의 기독교 평화주의는 퇴조하여 힘을 잃기 시작한다. 캄펜하우젠Campenhausen은 이 점에 대해 "초기 기독교회는 평화주의적이었지만 콘스탄티누스 대제 이후 교회는 제국을 지켜야 할 책임을 부여받았고, 교회는 이런 책임을 회피할 수 없었다"라고 지적했다.3 4세기 이후 군 복무가 곧 우상숭배가 아닌가 하는 의문은 사라졌고, 이제 기독교인 군인들이 피를 흘려도 되는가 안 되는가의 문제가 아니라 피 흘림이 어떻게 정당화될 수 있는가가 문제가 되었다. 말하자면 전쟁 자체가 문제가 아니라 무엇이 '정당한 전쟁'인가가 중요한 논쟁점이 된 것이다. 350년경 교부 아타나시우스Athanasius는 "살인은 허용되지 않는다. 그러나 전쟁에서 적군을 죽이는 일은 합법적이며, 칭송받을 일"이라고 했다. 그로부터 25년 후 암브로시우스Ambrosius는 "야만인들에 대항하여 고향을 지키고, 가정에서 약자를 방어하고, 약탈자로부터 자국인을 구하는 싸움은 의로운 행위"라고 보았다. 암브로시우스와 아우구스티누스Augustinus는 무엇이 의로운 전쟁bellum iustum인가 하는 이른바 '정당전쟁론'의 대표적인 이론가가 되었다.

암브로시우스에게 있어서 전쟁의 정당성은 원인의 정당성에 있지

없지 않으나, 초기 기독교는 반전, 평화주의의 이상을 지녔음은 부인할 수 없다. 이런 점에 대한 더 자세한 논의는 이상규, "초기독교의 평화주의 전통", 『역사신학논총』11집(2006), 8-28.
3. Helgeland, 150.

않고 목적의 정당성에 있었다. 이 이론이 아우구스티누스에게 와서 기독교인의 참전권이 정당전쟁론으로 정당화된 것이다. 이렇게 기독교가 로마제국의 국가종교가 된 이후 기독교 평화주의는 크게 후퇴했다. 황제는 모든 군인들은 기독교신자가 되어야 한다고 공표했고, 이제 군 복무와 기독교 신앙 간에는 아무런 충돌도 없었다. 불과 1세기만에 기독교의 입장은 완전히 변화된 것이다.

중세시대에는 정당전쟁론이 여전히 유효하되, 보다 발전된 전쟁관이 대두했다. 그것이 십자군 전쟁十字軍戰爭을 전후하여 대두된 성전론聖戰論, Holy War Theory이었다. 1095년부터 1291년까지 예루살렘을 중심으로 한 레반트 지역의 지배권을 놓고 간헐적으로 일어난 이 전쟁은 약 200년간 지속된다. 비잔티움 제국의 황제 알렉시오스 1세의 "성스러운 교회를 수호할 수 있도록 이교도들에게 맞설 원군을 보내 달라"라는 요청에 응하여 교황 우르바누스 2세는 1095년 11월 클레르몽 공의회를 기점으로 이교도들과의 전쟁을 선언하게 되는데, 이 전쟁 전후로 이교도에게 맞선 폭력은 정의롭고 성스럽다는 주장이 제기되었다. 이것이 '성전론'이었다. 전쟁이 하나님의 뜻이며 하나님의 뜻을 이루는 과정이라는 인식은 죄의식 없이 폭력과 살상이 자행되게 하여 전쟁을 더욱 참혹하게 만들었다. 이런 상황에서 평화주의는 공허한 이상으로 여겨졌다.

그렇다고 해서 이 시기에 평화주의가 완전히 사라진 것은 아니었다. 중세에도 성 프란체스코1182-1226 같은 기독교 평화주의자가 있었고, 이른바 소종파들, 예컨대 11세기 카타르파Catharies, 12세기 왈도파Waldenses, 그리고 13세기 프랑스의 삐에르 드보와Pierre Dubois, c.1255-1321, 이탈리아 파두아의 마르실리오Marsilio of Padua, c.1275-1342, 14세기의 위클리프John Wycliffe, 1324-1384, 15세기의 피터 첼시Peter Chelcicky, c.1390-c.1460 등을 통해 면면히 계승되었다. 그러나 비폭력 평화에 대한 외침은 파도 치는 해변에서의 작은 호소에 불과했다.

그러다가 16세기 종교개혁이 일어나면서 정당전쟁론은 새로운 옷을 갈아입고 개혁자들의 입장에서 수용되기 시작했다. 전쟁은 억제하되 불가피한 경우, 즉 정당성을 담보할 경우 수용될 수 있다는 입장이었다. 유럽 사회의 복잡한 정치 구조 속에서 일어난 종교개혁의 와중에 신앙고백적 차이는 대립을 불가피하게 했고, 17세기는 종교전쟁기라고 불릴 만큼 가톨릭과 개신교 간의 대립이 심화되어 전쟁으로 발전했다. 이 시기의 30년 전쟁1618-1648은 참혹한 전쟁이었다. 종교 문제를 무력으로 해결하려고 할 때 발생하는 처참한 고통을 경험했고, 무력으로는 아무것도 해결할 수 없다는 점을 깨닫게 되었다. 결과적으로 종교의 자유, 혹은 종교적 관용에 대한 관심이 일어나게 되지만, 전쟁의 결과는 비참했다. 독일 인구의 삼분의 일이 희생되었다. 전쟁의 폐해 앞에 정당한 전쟁은 있을 수 없었고, 전쟁이 결코 정당화될 수도 없었다. 참혹한 전쟁이 불가피하다는 현실을 보여 준 것이다.

교회개혁, 신앙고백, 혁명, 전쟁으로 연결되는 16세기 격변기에도 평화주의는 소생했는데, 그 중심이 재세례파였고 대표적인 집단이 네덜란드에서 기원한 재세례파 메노나이트Mennonite였다. 이들의 평화주의는 초기 기독교 평화주의 전통의 계승이었다. 이런 전통이 17세기에는 퀘이커Quakers, 친우회, Religious Society of Friends, 18세기에는 독일의 형제교회The Brethren에 의해 계승된다. 그래서 이들 집단은 '역사적 평화교회Historic Peace Churches'라고 불리게 된다. 기독교 평화주의는 이들 집단에 의해 계승되었고, 이들은 평화주의를 보다 근원적으로 추구하여 비폭력Non-violence, 화해Reconciliation, 앙갚음하지 않음Un-retaliation, 그리고 기독교적 사랑Christian love의 실천을 통해 세계 평화를 지향하는 여러 운동을 전개하였다. 이런 일련의 운동이 오늘의 평화주의 사상의 연원이 된다.

제9장과 10장에서는 17세기 이후 평화론을 제시한 이들, 곧 그로티우스, 코메니우스, 윌리엄 펜, 루소, 칸트, 그리고 톨스토이, 간디, 안중근, 라인홀드 니버, 그리고 존 요더 등에 대해 소개했다. 이들은 평화주의자이거나 평화지향적이었고, 세계 평화를 제창한 이들이었으나, 이들도 광의廣義의 정당전쟁론 전통에 서 있었다. 특히 라인홀드 니버는 기독교 현실주의Christian realism를 제창했는데, 전쟁은 현실적으로 불가피하므로 힘의 균형을 유지함을 통해 전쟁을 억제할 수 있다는 주장이었다.

11장에서는 한국에서 전쟁과 평화가 어떻게 이해되어 왔는가를 정리하였다. 우선 전쟁의 경험, 곧 6.25동란과 월남전 참전을 통해 전쟁의 참혹한 현실을 보게 되었고, 이것은 결과적으로 반전과 평화에 대한 관심을 불러일으키는 계기가 되었음을 지적하였다. 남북 간의 전쟁의 위험을 포함한 모든 문제는 근원적으로 민족분단에 기인한다는 점에서 1980년대 이후 전개된 민족 통일운동의 전개 과정을 정리하였다. 특히 통일문제를 둘러싼 진보와 보수 기독교계의 견해를 소개하였다. 또 한국의 평화주의자라고 불리는 함석헌의 평화에 대한 생각을 소개하고, 병역 거부 문제를 둘러싼 그간의 전개 과정을 소개하면서, 한국의 교회가 평화를 이루어가는 교회가 될 것을 주문하였다.

정리하면, 전쟁과 평화에 대한 기독교회의 입장은 세 가지 유형으로 전개되어 왔는데, 평화주의, 정당전쟁론, 기독교현실주의였다. 그러나 그 어느 것도 전쟁이 없는 평화로운 세상에 대한 만족스러운 해답을 제시하지 못한다. 여러 주장과 시도들에도 불구하고 실제로 폭력이나 전쟁이 없는 평화를 이룩하지 못했다. 지금도 아프카니스탄에서는 죽음의 혈전이 계속되고 있고 세계 도처에서 폭력이 난무하고 있다. 그렇다고 해서 방관하고 있을 수만은 없는 일이다. 전쟁은 인간이 저지를 수 있는 가장 큰 만행이며, 수많은 사람들이 전화의 고통에 시달리고 있기 때문이다. 따라서 전쟁이 일어나지 않도록 해야 하고, 전쟁 중인 경우 가능한 희생을 줄이고, 전쟁이 의롭게 수행되도록 해야 하고, 가능한 빨리 전쟁이 종식되도록 해야 한다.

우리는 인류의 가장 기본적인 문제에 직면해 있다. 핵무기를 비롯한 첨단 무기가 생산되어 전 인류를 파멸시킬 수 있는 충분한 잠재력이 우리 세상 가운데 놓여 있다. 현대의 전쟁은 과거에는 상상도 못했던 무서운 파멸의 가능성을 지니고 있다. 우리 앞에는 두 가지 대안, 곧 공존이나 공멸이냐Co-existence or No-existence가 있을 뿐이다.

전쟁은 인간 공동체의 출현과 함께 시작되어 오늘날까지 계속되고 있는 무자비한 파괴이기에 '악마의 살인'이라고도 말한다. 지난 5,600년 동안 1만 4천5백 번의 크고 작은 전쟁이 있었고 약 35억 명이 전쟁의 와중에서 생명을 잃었다고 한다. 전쟁은 하나님의 창조에 대한 파멸이며 죄악이다. 따라서 어떠한 전쟁이든 일어나지 않도록 해야 한다. 그것은 모든 사람의 의무이자 특히 기독교인들의 의무라고 할 수 있다. 분명한 사실은, 인간 내부의 악이 제거되지 않는 한 영구적인 평화를 기대할 수는 없다는 것이다. 그러나 평화를 위한 우리의 노력을 포기할 수 없다. 비록 제한적이라 할지라도 지상의 항구적인 평화를 위해 노력하고 단결하고 연합해야 한다. 그리고 비록 불완전한 주장이라 할지라도, 앞에서 소개한 평화에 대한 구상과 증언에 귀를 기울여야 한다.

전쟁으로는 근본적인 평화를 담보할 수 없으며, 결국 평화를 위한 전쟁은 없다. 어떤 형태이든 침략 전쟁은 정당화될 수 없다. 평화는 전쟁을 통해 이룩될 수 없다. 평화에 대한 여러 시대의 가르침은 오늘의 한국사회와 한국교회를 향한 소중한 증언이 될 것이다. 베인튼의 지적은 여전히 유효한 것 같다. "오늘 우리들에게 평화에의 요구는 보편적이지만 평화에의 의지는 그렇지 않다." 평화를 이루는 사람Peacemaker은 복이 있다. 그는 하나님의 아들이라 불릴 것이다마5:9.

더 연구하실 분들을 위한 주요 관련도서 안내

요한 갈퉁, 『평화적 수단에 의한 평화』, 서울: 들녘, 2000.

김대식, 『함석헌의 평화론』, 서울: 모시는 사람들, 2018.

김두식, 『칼을 쳐서 보습을』, 서울: 뉴스앤조이, 2002.

........., 『평화의 얼굴』, 서울: 교양인, 2007.

남태욱, 『한반도 통일과 기독교현실주의』, 서울: 나눔사, 2012.

다케나카 치하루, 『왜 세계는 전쟁을 멈추지 않는가?』 서울: 갈라파고스, 2009.

존 드라이버, 『초기 그리스도인들이 본 전쟁과 평화』, 이상규 역, 춘천: KAP, 2010.

A. 마린, 『전쟁과 그리스도인의 양심』, 서울: 성광문화사, 1982.

울리치 모서, 『평화의 복음』, 서울: 장로교출판사, 2001.

존 매쿼리, 『평화의 개념』, 서울: 대한기독교서회, 1980.

맹용길, 『전쟁과 평화』, 서울: 쿰란 출판사, 1994.

박도현, 『정의로운 전쟁과 평화주의』, 서울: 예영, 2010.

박충구, 『종교의 두얼굴』, 서울: 홍성사, 2013.

베인튼, 『전쟁 평화 기독교』, 서울: 대한기독교출판사, 1981.

벵스트, 클라우스. 『로마의 평화』, 서울: 한국신학연구소, 1994.

블레이니, 지오프리, 『평화와 전쟁』, 서울: 지성, 1999.

손주철, 『평화학 입문』, 서울: 성광문화사, 2012.

신원하, 『전쟁과 정치』, 서울: 대한기독교서회, 2012.

아트킨슨, D. 『평화의 신학』, 서울: 나눔사, 1992.

오만규, 『초기기독교와 로마군대』, 서울: 한국신학연구소, 1999.

존 요더, 『예수의 정치학』, 서울: IVP, 2007.

.........., 『근원적 혁명』, 서울: 대장간, 2011.

.........., 『어린 양의 전쟁』, 서울: 대장간, 2012.

.........., 『비폭력 평화주의의 역사』, 서울: 대장간, 2015.

이리에 아키라, 『20세기의 전쟁과 평화』, 서울: 을유문화사, 1999.

이상규, "초기독교의 평화주의 전통," 『역사신학논총』 11(2006), 8-28.

........., "메노나이트교회의 평화주의 전통" 『한국교회사학회지』 44(2016), 207-242.

전우택 편, 『평화에 대한 기독교적 성찰』, 서울:홍성사, 2016.

지동식 편, 『로마제국과 기독교』, 서울: 한국신학연구소, 1983.

알렌 크라이더, 『평화교회는 가능한가?』, 춘천: KACP, 2007.

P. C. 크레이기, 『기독교와 전쟁 문제』, 김갑동 역, 서울: 성광문화사, 1985.

가이 허쉬버그, 『전쟁, 평화, 무저항』, 서울: 대장간, 2012.

李象奎, 渡辺信夫 外, 『キソスト者の 平和論, 戦争論』, 東京: いのちのことば社, 2009.

Bainton, R. *The Early Christian Attitude to War*, London: Headly Brothers, 1919.

.... *Christian Attitudes Toward War and Peace*, Nashville: Abingdon, 1960.

Cadoux, C. J. *The Early Christian Attitude to War*, London: Headly Brothers, 1919.

.... *The Early Church and the World*, Edinburgh: T&T Clark, 1925.

Cahill, L. S. *Love your Enemies*, Minneapolis: Fortress Press 1994.

Corey D. D. & Charles J. D. *The Just War Tradition*, Wilmington, ISI Books, 2018.

Campenhausen, Hans. *Christians and Military Service in the Early Church* Philadelphia, 1968

Driver, J. *How Christians Made Peace with War*, Scottdale: Herald Press, 1988.

Ford, J. *My Enemy Is My Guest: Jesus and Violence in Luke* Orbis Books, 1984.

Gillett, N. Men *Against War*, London: Vigtor Gollancz, 1965.

Harnack, A. *Militia Christi*, Tübingen, 1905.

Heering, G. J. *The Fall of Christianity, A Study of Christianity, The State and War*, London: Allen & Unwin, 1930.

Helgeland, J. "Christians and the Roman Army, AD 173-337," *Church History*, vol. 43, no. 2(1974).

Hershberger, G. F. *War, Peace and Nonresistance*, Scottdale: Herald Press, 1982.

Horsch, J. *The Principle of Nonresistance as Held by Mennonite Church*, Scottdale: Herald Press, 1951.

Kertesz, G. *Christians, War and Peace*, Melbourne: Broughton Press, 1989.

Lasserre, Jean. *War and the Gospel*, Scottdale: Herald Press, 1962.

Ramsey, Paul. *War and Christian Conscience: How Shall Modern War be Conducted Justly* Durham: Duke University Press, 1961.

Stassen, Glen ed. *Just Peacemaking* Cleveland: The Pilgrim Press, 1998.

Swartley, W. M. *Essays on War and Peace* Elkhart, IN: Institute of Mennonite Studies, 1986.

Swift, L. J. *The Early Fathers on War and Military Service*, Wilmington: Michael Glazier, 1983.

Yoder, John. *Karth Barth And the Problem of War*, NY: Abingdon, 1970.

.... *The Original Revolution*, Scottdale: Herald Press, 2003.

.... *He Came Preaching Peace*, Scottdale: Herald Press, 1985.

Wenger, J. C. *Pacifism and Biblical Non-resistance*, Scottdale: Herald Press, 1968.